《江西省工业和信息化发展报告（2023）》
编辑委员会

主　任

应　炯

编　委

江明成　辛清华　瞿小华　谢志锋　江绍龙

王　玮　陈　军　黄爱群　熊　健　黄美昌

杨金娥　汪细云

主　编

应　炯

副主编

辛清华

编　审

（按姓氏笔画排列）

万长霞　文　杰　石敬勇　付　筠　冯　亮

朱朝华　刘运明　李昌清　李晨炜　吴　斯

邱东鹰　余国坚　余战龙　宋　鹏　张小龙

张斌华　张鹏华　陈江宁　陈松青　陈焕标

陈锦文　幸　智　胡林高　胡练康　柯昌焕

饶建平　娄　琦　骆　军　聂云霞　殷卫华

高　琨　郭志方　郭　芳　郭银华　黄建平

龚　虹　彭　勇　彭　超　董文珠　傅玉辉

曾　伟　曾祥清　潜九庆

白皮书

江西省工业和信息化发展报告
（2023）

应炯 ⦿ 主编

图书在版编目(CIP)数据

江西省工业和信息化发展报告.2023／应炯主编
—南昌：江西人民出版社，2023.6
ISBN 978-7-210-14722-0

Ⅰ.①江… Ⅱ.①应… Ⅲ.①工业发展-研究报告-江西-2023②信息产业-产业发展-研究报告-江西-2023 Ⅳ.①F427.56②F49

中国国家版本馆 CIP 数据核字(2023)第 091162 号

江西省工业和信息化发展报告(2023)
JIANGXISHENG GONGYE HE XINXIHUA FAZHAN BAOGAO(2023)

应炯　主编

责任编辑：邓丽红
封面设计：同异设计事务

江西人民出版社　出版发行

地　　　址	江西省南昌市三经路 47 号附 1 号
网　　　址	www.jxpph.com
电子信箱	551904078@qq.com
编辑部电话	0791-86898702
发行部电话	0791-86898815
承　印　厂	江西千叶彩印有限公司
经　　　销	各地新华书店
开　　　本	787 毫米×1092 毫米　1/16
印　　　张	19.75
字　　　数	310 千字
版　　　次	2023 年 6 月第 1 版
印　　　次	2023 年 6 月第 1 次印刷
书　　　号	ISBN 978-7-210-14722-0
定　　　价	76.00 元

赣版权登字-01-2023-231

──────────────────────────

版权所有　侵权必究

赣人版图书凡属印刷、装订错误，请随时与江西人民出版社联系调换。
服务电话：0791-86898820

目　录

前　言 …………………………………………………………………… 1

一、领导讲话

中共江西省委书记尹弘同志在省委经济工作会议上的讲话（部分）……… 2
中共江西省委副书记、省长叶建春同志在全省产业链强链补链延链工作推进会上的讲话 ……………………………………………………………… 5

二、工作报告

坚定走新型工业化道路　奋力迈出新兴工业强省建设新步伐 ………… 16

三、地区发展报告

南昌市工业和信息化 2022 年主要情况和 2023 年工作重点 …………… 34

九江市工业和信息化 2022 年主要情况和 2023 年工作重点 …………… 41

景德镇市工业和信息化 2022 年主要情况和 2023 年工作重点 ………… 48

萍乡市工业和信息化 2022 年主要情况和 2023 年工作重点 …………… 54

新余市工业和信息化 2022 年主要情况和 2023 年工作重点 …………… 60

鹰潭市工业和信息化 2022 年主要情况和 2023 年工作重点 …………… 66

赣州市工业和信息化 2022 年主要情况和 2023 年工作重点 …………… 72

宜春市工业和信息化 2022 年主要情况和 2023 年工作重点 …………… 78

上饶市工业和信息化 2022 年主要情况和 2023 年工作重点 …………… 83

吉安市工业和信息化 2022 年主要情况和 2023 年工作重点 …………… 89

抚州市工业和信息化 2022 年主要情况和 2023 年工作重点 …………… 96

赣江新区工业和信息化 2022 年主要情况和 2023 年工作重点 ………… 103

四、专题发展报告

全省工业经济运行 2022 年工作情况和 2023 年工作重点 ……………… 110

全省工业投资 2022 年工作情况和 2023 年工作重点 …………………… 114

全省工业园区和产业集群 2022 年工作情况和 2023 年工作重点 ……… 118

全省中小企业发展 2022 年工作情况和 2023 年工作重点 ……………… 123

全省技术创新 2022 年工作情况和 2023 年工作重点 …………………… 128

全省企业管理创新 2022 年工作情况和 2023 年工作重点 ……………… 132

全省工业领域数字经济 2022 年工作情况和 2023 年工作重点 ………… 135

全省工业绿色发展 2022 年工作情况和 2023 年工作重点 ……………… 139

全省工信开放发展 2022 年工作情况和 2023 年工作重点 ……………… 142

全省工业安全生产 2022 年工作情况和 2023 年工作重点 ……………… 145

全省服务型制造 2022 年工作情况和 2023 年工作重点 ………………… 151

全省信息安全 2022 年工作情况和 2023 年工作重点 …………………… 155

全省无线电管理 2022 年工作情况和 2023 年工作重点 ………………… 159

全省工业军民融合发展2022年工作情况和2023年工作重点 ………… 165

五、产业发展报告

全省有色产业2022年发展情况和2023年发展重点 ……………… 170
全省电子信息(半导体照明)产业2022年发展情况和2023年发展重点 …
　………………………………………………………………………… 174
全省装备工业(含汽车)2022年发展情况和2023年发展重点 ………… 179
全省新能源产业(光伏和锂电)2022年发展情况和2023年发展重点 ……
　………………………………………………………………………… 183
全省新材料产业2022年发展情况和2023年发展重点 ……………… 188
全省石化产业2022年发展情况和2023年发展重点 ………………… 192
全省建材产业2022年发展情况和2023年发展重点 ………………… 197
全省钢铁产业2022年发展情况和2023年发展重点 ………………… 202
全省医药(中医药)产业2022年发展情况和2023年发展重点 ……… 207
全省纺织产业2022年发展情况和2023年发展重点 ………………… 212
全省轻工业(含食品)2022年发展情况和2023年发展重点 ………… 217
全省航空产业2022年发展情况和2023年发展重点 ………………… 222
全省船舶产业2022年发展情况和2023年发展重点 ………………… 227
全省物联网产业2022年发展情况和2023年发展重点 ……………… 232
全省虚拟现实(VR)产业2022年发展情况和2023年发展重点 ……… 237
全省大数据产业2022年发展情况和2023年发展重点 ……………… 242
全省软件和信息服务业2022年发展情况和2023年发展重点 ………… 247
全省民爆行业2022年发展情况和2023年发展重点 ………………… 253

六、重要文件

国务院促进中小企业发展工作领导小组办公室关于印发加力帮扶中小微企业纾困解难若干措施的通知(工信部企业函〔2022〕103号) …………… 258

国家发展改革委 工业和信息化部等12部门关于印发促进工业经济平稳增长的若干政策的通知(发改产业〔2022〕273号) …………… 262

中共江西省委 江西省人民政府关于新时代深入实施工业强省战略推动工业高质量跨越式发展的意见(赣发〔2022〕9号) …………… 267

江西省人民政府办公厅关于进一步加大帮扶力度促进中小企业平稳健康发展的通知(赣府厅字〔2022〕4号) …………… 274

江西省人民政府办公厅关于印发江西省打造全国传统产业转型升级高地实施方案(2022—2025年)的通知(赣府厅字〔2022〕24号) …………… 280

江西省人民政府办公厅关于印发江西省打造全国新兴产业培育发展高地实施方案(2022—2025年)的通知(赣府厅字〔2022〕69号) …………… 287

江西省工业和信息化厅关于印发推进数字经济做优做强"一号发展工程"实施方案的通知(赣工信信推字〔2022〕68号) …………… 294

后　记 …………… 302

前 言

2022年，全省工信系统坚持以习近平新时代中国特色社会主义思想为指导，认真贯彻党的二十大精神和习近平总书记视察江西重要讲话精神，深入落实省委、省政府的系列部署要求，积极应对外部多重超预期因素考验，聚精会神抓工业，全力以赴稳增长，取得了疫情高效防控和工业经济高质量发展"双胜利"，推进新兴工业强省建设实现良好开局，为全省经济社会高质量发展提供了强大支撑。

这一年，江西工业高质量跨越式发展更加亮眼。我们坚定推进工业强省战略，统筹实施"三大工程"，联动推进"六大路径"，切实抓好"五大载体"，工业综合实力明显提档。全省工业增加值达1.18万亿元，其中制造业增加值首次突破万亿元、达1.09万亿元；规模以上工业增加值同比增长7.1%、列全国第7位；营业收入48295.5亿元，同比增长9.0%、列全国第11位；利润总额3456.1亿元，同比增长11.6%、列全国第10位；全省规模以上企业总数达16362家。工业对全省经济、税收增长贡献率分别超过40%、80%。

这一年，江西工业现代产业体系架构更加完善。我们以新一轮工业强省战略政策为引领，深化实施"2+6+N"产业高质量跨越式发展行动计划，不断优化产业结构，具有江西特色的现代化产业体系加快构建。出台实施打造全国传统产业转型升级高地实施方案，传统产业持续优化升级。出台实施打造全国新兴产业培育发展高地实施方案，重点新兴优势产业加速壮大。组织编制未来产业发展中长期规划，前瞻布局培育发展未来产业。制造业与现代化服务业加快融合。全省战略性新兴产业、高新技术产业、装备制造业增加值占全省比重分别为27.1%、40.5%、30.9%，同比提高3.9、2.0、2.9个百分点。

这一年,江西工业动力动能接续转换更加高效。我们坚持创新驱动,深化数字赋能,加快绿色转型,扩大开放合作,做实安全发展,推动工业产业加快提能升级。全年新增省级产业技术研究院4家、企业技术中心149家,创新驱动更加强劲。"1+X"数字经济"一号发展工程"政策体系高效构建,国家工业互联网大数据中心、国家工业信息安全发展研究中心"两个江西分中心"落地建设,数字赋能不断深化。新增省级绿色工厂71家、绿色园区9家,全省规模以上单位工业增加值能耗同比下降3.4%,绿色转型步伐加快。成功举办2022世界VR产业大会,高效统筹发展与安全。

此次编辑出版《江西省工业和信息化发展报告(2023)》,旨在全面总结2022年全省工业和信息化工作成效和工作经验,指导和帮助全省工业和信息化系统做好2023年工业强省战略实施各项工作,开拓创新,锐意进取,真抓实干,干出第一等的工作,创造一流的业绩,加快新兴工业强省建设步伐,努力谱写全面建设社会主义现代化江西新的工信华章!

一 领导讲话
LINGDAO JIANGHUA

中共江西省委书记尹弘同志在省委经济工作会议上的讲话(部分)

(2022 年 12 月 28 日)

习近平总书记在中央经济工作会议上的重要讲话,高瞻远瞩、统揽全局,为做好当前和今后一个时期经济工作提供了根本遵循。我们要深入学习领会中央经济工作会议特别是习近平总书记系列重要讲话精神,充分认识我国经济社会发展取得的重大成就,深入领会中央确定的宏观政策取向,深刻把握做好2023年经济工作的重要方法,牢牢抓住全年经济工作的重大问题,深刻领悟"两个确立"的决定性意义,坚决做到"两个维护",坚定战略自信,保持战略定力,以高度的思想自觉、政治自觉、行动自觉,推动党中央各项决策部署在江西落地见效。

今年以来,全省上下深入贯彻习近平总书记视察江西重要讲话精神,坚决落实党中央"疫情要防住、经济要稳住、发展要安全"重要要求,全面做好稳增长、防风险、保稳定、惠民生等各项工作,全省经济运行恢复回稳快、动能后劲足、区域协调好,实现了稳中有进、稳中向好。当前和今后一个时期,江西发展面临的机遇与挑战并存,仍处于一个必须紧紧抓住并且大有可为的重要战略机遇期。只要我们保持清醒头脑和战略定力,辩证看待"危"与"机"、科学把握"时"与"势",克服外部压力带来的不利影响,把握多重叠加的优势机遇,充分调动一切积极因素、用好一切政策举措、挖掘一切潜力资源,鼓足干劲、攻坚克难,就一定能在机遇中乘势而上、在挑战中逆势前行,不断开辟高质量跨越式发展的新境界。

2023 年是全面贯彻落实党的二十大精神的开局之年,做好全年经济工作意义重大。总体要求是：以习近平新时代中国特色社会主义思想为指导，全面贯彻落实党的二十大和中央经济工作会议精神，深入贯彻习近平总书记视察江西重要讲话精神，扎实推进中国式现代化，坚持稳中求进工作总基调，完整、准确、全面贯彻新发展理念，加快构建新发展格局，更好统筹疫情防控和经济社会发展，更好统筹发展和安全，把实施扩大内需战略同深化供给侧结构性改革有机结合起来，突出做好稳增长、稳就业、稳物价工作，着力提振市场信心，着力畅通经济循环，着力强化创新驱动，着力深化改革开放，着力促进区域协调，着力保障改善民生，着力防范化解风险，推动经济实现质的有效提升和量的合理增长，奋力谱写全面建设社会主义现代化江西的新篇章。

要积极有效扩大内需，牢固树立大抓项目导向，打好促进消费"组合拳"，积极融入全国统一大市场建设，全面落实"两个毫不动摇"，提振市场主体发展信心，千方百计促进经济快速复苏。要强化创新驱动发展，深入实施人才强省战略，提升产业创新效能，夯实产业发展根基，增强产业园区活力，加快建设现代化产业体系。要深化改革扩大开放，深入实施全面深化改革攻坚行动，深化重点领域和关键环节改革，健全开放型经济新体制，推动外贸稳规模、优结构，大力吸引和利用外资，不断增添发展动力和活力。要统筹区域城乡发展，深入实施强省会战略，做强区域中心城市，持续壮大县域经济，全面推进乡村振兴，以协同联动加速经济恢复发展，着力增强发展平衡性、协调性。要持续增进民生福祉，落实落细就业优先政策，做好保供稳价工作，深入实施健康江西行动，加快推进文化强省建设，更高标准打造美丽中国"江西样板"，全面提升人民群众生活品质。要有效防范化解重大风险，增强风险意识，树牢底线思维，压实各方责任，加强房地产、金融、政府隐性债务风险防控，坚决守住不发生区域性系统性风险底线，确保社会大局安全稳定。

要切实加强党对经济工作的全面领导，把党的领导贯穿经济工作的各领域全过程，提高经济治理能力和水平，确保经济发展沿着正确的方向前进。要强化政治担当，善于从政治高度思考和推进经济社会发展工作，结合实际创造性抓好贯彻落实。要提升能力本领，在懂政策、懂产业、懂项目上下足功夫,善于用党的创新理论研究新情况、解决新问题。要树立实干导向,推动各项工作往实里做、做出实效,让干部敢为、地方敢闯、企业敢干、群众敢首创。要弘扬清廉作风,一体推进不敢腐、不能腐、不想腐,积极构建亲清政商关系,做到"亲"而有度,"清"而有为,共同营造干事创业的良好氛围。(根据公开报道整理)

中共江西省委副书记、省长叶建春同志在全省产业链强链补链延链工作推进会上的讲话

（2022年1月4日）

今天是新年开工第一天，我们召开全省产业链强链补链延链工作推进会，主要目的是深入学习贯彻党的十九大和十九届历次全会精神、中央经济工作会议精神、习近平总书记视察江西重要讲话精神以及省第十五次党代会精神、省委经济工作会议精神，总结2021年产业链链长制工作情况，协调解决重大问题，部署2022年任务，进一步细化思路、优化机制、强化措施、硬化责任，做深做实产业链链长制，凝心聚力夯实江西高质量跨越式发展的产业基础。

刚才，省工业和信息化厅、省科技厅分别汇报了全省产业链链长制和科技创新联合体组建工作情况。会议对产业链重大问题进行了协调解决，各主要承办部门的负责同志作了很好的表态，关键要进一步明确办理措施、责任人员、完成时限，确保解决到位。省工业和信息化厅要建立动态台账，加强跟踪督促，定期向各位链长和链主单位报送问题办理的进展情况。会议还书面审议并原则通过2022年全省产业链链长制工作要点、完善提升运行机制推动产业链链长制深入实施的意见、江西省制造业基础再造行动计划（2022—2025年）等三个文件。省工业和信息化厅要结合有关部门的意见建议，对文件进行修改完善后按程序报批印发实施。南昌市、赣州市政府的主要负责同志作了很好的发言。各位链长结合各自牵头的产业链实际，讲了很好的意见，具有很强的针对性、指导性和可操作性。我都赞同，请各

相关部门认真抓好落实。

过去一年,在省委、省政府的高度重视和各位链长的高位推动下,我省产业链链长制工作取得了明显成效。一是帮扶有了新提升。制定了产业关键共性技术发展指南,出台了产业链科技创新联合体建设方案,举办了产销对接、招商对接、产融对接、人才对接等各类活动752场,签订产销合作项目1125个、金额1649.6亿元,引进产业项目2140个、资金1.51万亿元,引进各类人才9113名,协调解决各类具体问题817个。二是规模跃上新量级。2021年1—11月,全省规模以上工业增加值同比增长12.2%,列全国第8位,重返全国第一方阵;全年营业收入有望突破4万亿元,电子信息产业有望突破6000亿元,钢铁产业有望突破3000亿元。三是平台实现新突破。中国工业互联网研究院江西分院、国家工业互联网大数据中心江西分中心成功落地,中国商飞江西生产制造中心竣工,南昌VR科创城、赣州信息安全产业园等产业平台加快建设,等等。这些成绩,值得充分肯定。

同时要清醒认识到,工作中还存在一些不足,主要有三个方面:一是思路理念还有待进一步转变,目前实施产业链链长制主要还是靠行政力量推动,发挥市场作用、激发社会力量还不够。二是政策举措还有待进一步实化,有些产业链的政策措施还不够精准,"干货"偏少,一些长期性、复杂性、突发性问题化解还不到位。三是工作合力还有待进一步强化,链长制责任部门出工出力多,其他相关部门参与参战不够,链长制运转机制需要进一步改进改良。对这些问题,要积极加以改进,在有效市场和有为政府两个方面都要再下功夫。

下面,我在各位链长讲话的基础上,再强调三点意见。

一、树牢"主战场"意识,矢志不渝推进工业高质量跨越式发展

工业是国民经济的主体、实体经济的核心。推进工业高质量跨越式发展,加快打造制造业这个"强省重器",是深入贯彻落实习近平总书记视察江西重要讲话精神,全面落实党中央、国务院决策部署和省委、省政府工作安排的具体行动。

首先,落实"作示范、勇争先",工业是"重头戏"。习近平总书记视察江

西时明确要求我们,推进经济高质量发展,聚焦主导产业铸链、补链、强链,做优做强做大优势产业,打造有影响力的产业集群。我省是工业主导型省份,2020年全部工业增加值、规模以上工业营业收入和利润总额分别居全国第14位、第13位、第10位,高于GDP在全国的位次。落实"作示范、勇争先"目标要求,工业是"主力",也必须成为"硬核"。

其次,全面建设"六个江西",工业是"顶梁柱"。省第十五次党代会提出了努力实现"五个一流"、全面建设"六个江西"的奋斗目标。我省工业领域大约创造了40%的GDP、贡献了50%的固定资产投资、提供了30%的税收、吸纳了30%的就业,占用了全社会65%的用电量。建设创新江西需要工业来承载,工业领域的需求是科技创新的重要动力,工业也是承接科技创新成果转化的主要载体;建设富裕江西需要工业来夯基,工业化是实现现代化的必经之路,没有强大的工业基础和支撑,富裕江西就是水中月、镜中花,新中国72年多来的实践也充分证明了这一点;建设美丽江西需要工业来转型,推动经济社会发展全面绿色转型,如期实现碳达峰碳中和目标,重点和难点也都在工业;建设幸福江西需要工业来稳岗,工业不仅直接创造大量就业岗位,也间接带动了服务业发展繁荣,具有很强的就业倍增效应;建设和谐江西需要工业来助力,解决发展不平衡不充分问题,最终要靠高质量发展,而工业发展是整个经济社会发展的重点和关键;建设勤廉江西需要工业来淬炼,愿不愿、会不会抓工业发展是检验干部能力素质的重要方面,工业也是体现亲清政商关系的重点领域。我们要站在江西发展全局的高度来看待工业、审视工业,坚定不移实施工业强省战略。

再次,实现"稳住、进好、调优",工业是"先手棋"。省委经济工作会议强调要牢牢把握"稳住、进好、调优"的原则要求。工业是"稳"的基础、"进"的重点、"调"的关键,在经济下行压力持续加大的情况下更是起着"定盘星"作用。比如,2020年,受疫情严重冲击,全省经济增速大幅下滑,但工业迅速稳住了阵脚并很快回升,全年增长4.6%,高于GDP增幅0.8个百分点,为全省经济平稳复苏作出了重要贡献。又如,2008年,面对国际金融危机带来的经济下行压力,工业贡献了全省42.7%的GDP,比上年提高1.3个百分点。对于2023年的经济形势,中央的判断是,外部环境更趋复杂严峻和不确定,我国经济发展面临多年未见的需求收缩、供给冲击、预期转弱三重压力,困难挑战明显增多。应对需求收缩压力,既需要工业来稳就业促增收,提高消费能力,也需要工业新产品来引领创造新需求;应对供给冲击压力,需要发挥工业在稳定供应链中的重要作用,增强供应链稳定性;应对预期转弱压力,需要工业保持景气,以确定性化解各类可以预见和不可预见的不确定性。所以,我们更要高度重视、大力推进工业经济发展,为实现"稳住、进好、调优"提供强有力支撑。

二、提升"主抓手"效能,锐意进取推动产业链链长制走深走实

实施产业链链长制,是省委、省政府贯彻落实党中央、国务院关于增强产业链供应链稳定性和竞争力决策部署的具体行动,是我省在全国省级层面首推的创新举措,是被实践证明行之有效的手段。从工作实践来看,我们推行产业链链长制的做法是对的,较好实现了有效市场和有为政府的良性互动。一项制度的生命力不仅在于符合客观需要的可行性,更在于具体实践中的精心操作。我们既要增强自信,毫不动摇地把产业链链长制实施下去,同时又不能安于现状,不能机械地执行,有的建议对产业链链长制提出疑义,但仔细研究,他们并不是否定链长制,而是建议要不断实化、优化和深化。

第一,要进一步强化目标引领。虽然省委、省政府对各产业发展制定了定量和定性的目标,但实施产业链链长制,目的是要努力使产业达到四重境界:一是"离不开",就是江西的产业在国内大循环、国内国际双循环中占据不可或缺的重要地位,缺少了江西这一环,产业循环、经济循环就不能有效畅通起来。二是"替不了",就是如果在江西之外另起"炉灶"、再搞一套,划不来甚至没办法做下去。三是"阻不断",就是核心技术、关键环节要掌握在我们手里,要防止外部因素使我省产业"掉链子",或者至少是对方"伤敌八百、自损一千"。四是"降不住",就是发展的主动权、市场的话语权、标准的制定权、产品的定价权要掌握在我们手里,不能被一些别有用心的势力和企业一恫吓或威胁就"忍辱退让""俯首称臣"。如果我省的特色优势产业能够达到上述境界,江西就能真正成为全国构建新发展格局的重要战略支点。

我们实施产业链链长制，就要朝这四重境界去努力，这就叫爬坡过坎。我们有制度优势、资源优势，包括4500多万赣鄱儿女的勤劳智慧和许许多多关心支持江西发展的友好人士，我们完全有这个自信。只要我们坚定不移、心无旁骛地爬过这个坡、越过这道坎，必将迎来一片光明前景。

第二，要进一步强化系统思维。实施产业链链长制，本身就是从局部思维、线性思维转向整体思维、系统思维。一要促进上中下游整体配套，加大产业链供应链补短板、强弱项，着力填补空白点加固易断点、夯实薄弱点，这也是实施产业链链长制的出发点。二要促进大中小企业密切协作，以分工为基础，以产品和服务为纽带，形成龙头企业引领、专业化企业支撑、中小微企业配套的大协作格局。三要促进产供销一体联动，建立信息闭环传递机制，打通生产、供应、销售各环节，使市场信号得到快速响应、链内企业能够快速反应。四是要促进产学研用金紧密衔接，坚持以产业链部署创新链，以创新链布局产业链，推动产业链创新链人才链资金链融为一体、协同增效。五要促进先进制造业与现代服务业双轮驱动，加快补齐工业设计、计量标准、检验检测论证、合同能源管理等生产性服务业的短板，推动实现互促共进。六要促进实体经济与数字经济深度融合，大力实施数字经济"一号工程"，推进企业"上云用数赋智"，加快产业数字化转型，推动"江西制造"向"江西智造"升级。如果做到了上述六点，我省产业链供应链的稳定性和竞争力就会大大提升。

需要指出的是，我们强调系统思维，不是要搞产业链"上下一般粗"，更不是要搞"削峰填谷""削足适履"。优势和长板始终是我省产业链竞争力所在，也是我省之所以能够补短板强弱项的基石所在，必须坚定不移把优势做优、把长板锻长。强调系统思维，也不是要搞"体内循环"、与外界"脱钩"，而是要在开放环境下推进，更好把江西的比较优势彰显出来。

第三，要进一步强化问题导向。做强做优做大产业的过程就是一个不断解决现实问题的过程，要全力将产业链链长制打造成为解决重大难题、突破重大瓶颈、清除重大障碍的实操平台。一要健全及时发现问题机制。进一步完善领导挂点联系开发区、重点企业帮扶工作专班、企业特派员等制度，及时发现和解决企业遇到的新问题。专班和特派员既要深入产业链全面掌握实际问题,又要跳出产业链思考和分析问题成因。要积极整合税务、市场监管、调查统计等部门数据,探索建立企业实时运行监测分析系统,重点对规模以上企业进行24小时监测,做到及时预警、及时响应。省工业和信息化厅正在谋划考虑,要下定决心,从快建立。二要健全深度把脉会诊机制。探索建设企业诊断专家库,及时组织有关专家对问题企业,特别是面临"退市""退规"风险的企业进行把脉会诊,提出个性化解决方案。方案要务实管用,关键要找到能够真正解决问题的人、找到真专家。与此同时,要组织有关专家对上市辅导企业进行把脉会诊,促进企业尽快符合上市条件。要结合问题收集梳理情况,定期或不定期召开专家咨询会,听取系统化解决问题的意见建议。三要健全立体破解问题机制。要对问题进行多维度分类,建好"五张清单"即针对产业领域的清单、针对具体企业的清单、针对问题类别的清单、针对职能部门的清单、针对各设区市的清单,为分析问题提供"全景图",为解决问题搭建"立交桥"。要大力推行"高位化推动、集成化作战、扁平化协调、一体化办理、常态化问效"的工作模式,提高解决问题的效率效果。四要健全常态长效工作机制。对于物流成本偏高、创新投入不足、引进留住人才难、融资难融资贵等普遍性问题,要结合开展降成本优环境专项行动,进一步出台普惠性政策。对于行政许可、项目审批、建设用地、科技支撑中的个性化问题,要着力实施好"一企一策""一事一议""特事特办",探索形成一批典型化解案例,为相关问题的破解提供"参照系"。这方面我们已经有了一些成功的经验做法,下一步要以制度化的形式固定下来、保持下去。

第四,要进一步强化分类施策。不同的产业,产业的不同发展阶段,会有不同的情况、特点和规律性要求。实施产业链链长制,决不能简单地"复制粘贴",而要坚持实事求是,做到因产施策。一要一链一策优化提升。比如,已形成强大龙头企业的产业链,要重点实施好以"链主"企业为主导的龙头企业保链稳链工程;供应链主导特征明显的产业,要重点实施好以供应链企业为牵引的铸链补链工程;有条件的工业园区和开发区,要加快实施"腾笼换鸟",提高产业集群发展水平。需要强调的是,在实施以龙头企业为主导的保链稳链等工作中,要防止其利用优势地位形成垄断、侵害相关企业利益。二要总链分链有效递进。从实际情况看,已经建立链长制的产业,有的涵括的细分行业边界分明,关联度不高。比如,有色金属产业链中的铜、稀土;电子信息产业链中的线路板印制、锂电;生物医药产业中的医药、医疗器械,等等。对这些产业,要灵活采取建立"链中链""分链"等模式,以更好适应"赛道化"竞争的需要。三要强化链链之间协同。14个产业链不是孤立的,特别是电子信息、商贸物流与其他产业,绿色食品产业与文化旅游业,钢铁产业与房地产建筑业等,都是互为支撑的。增强产业发展韧性,加强相关产业链之间的协同,既需要增强产业链上下游的协同,也需要提高产业链之间的协同。要加强不同产业链之间的互动,形成相互补台、相互成就的良性工作格局。

三、增强"主攻手"担当,毫不动摇扛实强链补链延链重大使命

各地各有关部门特别是各级领导干部,要以"主人翁"精神,找准本部门本单位在产业链发展中的职责定位和目标方位,主动靠前、通力协作、狠抓落实,确保产业链链长制工作见到更大实效。

一是要按"链式"体系扣紧扣实责任。链长制本质上就是责任制。链长制能否有效,首先看责任制是否落到实处。各级链长要切实担负起"第一责任人"职责,以身作则、以上率下、以点带面,统筹抓好强链补链延链所涉及的企业发展、项目建设、招商引资、技术创新等,决不能只挂帅不出征。各责任单位要坚持具体抓、抓具体,常态抓、抓常态,完善工作机制,细化任务清单,加强协调督促,不能只摇旗不出工。要激发企业参与链长制的内生动力,鼓励龙头企业对上下游企业开放资源,与中小微企业建立稳定合作关系,实现利益共享、风险共担、协同发展。

二是要按"链式"理念抓紧抓实招商。招商引资是强链补链延链最快捷的方式。要按照"高大上、链群配"要求,做好招商引资工作。要持续办好世界VR产业大会、江西与跨国公司(上海)合作交流、对接粤港澳大湾区经贸合作等重大活动,实施好"招大引强"和"三企"入赣,大力引进一批龙头企业。这些活动很有必要,既能够有效扩大江西的影响力,又能够直接对接一些符合我省发展战略的企业。同时,要深入实施集群式项目满园扩园和开发区"两型三化"管理提标提档行动,开展"填空式""补位式"招商,着力引进更多"5020"项目。要盯住我们想要的企业,有针对性制定招商引资方案,发动各方力量开展协同招商。希望大家在依法合规的前提下,解放思想、开动脑筋,开创招商引资工作新局面。当前,要抓住企业规划年度投资、在外赣商回乡过年的有利时机,加强沟通推介,争取更多我们急需的项目布局江西、更多我们急盼的赣商回乡创业,助推我省产业链强链补链延链。

三是要按"链式"要求跟紧跟实保障。产业链环环相扣,任何一个环节阻滞,相关企业就无法正常运转,所以必须构建全链条、全要素、全周期、全天候的"四全"服务保障体系。在政策保障上,要加快建设惠企政策兑现"惠企通",切实做到"应享尽享""免审即享""企业不知道也能享",不折不扣将已有政策落到实处;要立足当前经济形势,及时出台有利于稳定经济运行的政策、有利于激活力增动力的改革举措,慎重出台有收缩效应的政策,三重压力下决不能再雪上加霜;要加强政策集成,打好"组合拳",防止政策效应相互抵消,这也是有为政府首先要做的、必须要做好的,专班、特派员要在这方面多出主意、出好主意。在要素保障上,要大力实施产业链要素保障行动,着力解决企业在融资、用地、用工、用能、用料等方面的困难;要加快设立省现代产业发展升级引导基金,构建省产业投资大平台,促进省市县三级联动,发挥好财政性资金"四两拨千斤"的杠杆效应和引导作用。在科技保障上,要充分发挥中科院赣江创新研究院、中国工程院科技战略江西研究院以及国家级重点实验室、工程技术研究中心等重大创新平台作用,依托产业链建设一批创新联合体、产业研究院或者产业学院,推动信息、数据、技术、人才等要素向产业链关键环节集中,深化科研院所改革,着力攻克"卡脖子"关键核心技术问题,力争产生一批引领性、颠覆性科创成果。面对人才不足的现实,要善于借助用好外脑外力。在服务保障上,要树立"人人都是服务员、行行都是服务业、环环都是服务链"的理念,切实做到"不为不办找理由、只为办好想办法"。特别是安全、生态、国土、市场监管等部门,既要坚决守住原则底线,又要主动寓服务于管理之中,用心用情用力帮助企业解决问题,决不能只设"路障"不设"路标"、只开"红灯"不开"黄灯或绿灯"。

四要按"链式"标准严格督导考评。督导考评是推动落实的有效手段。

省工业和信息化厅要将已经明确的各项重点任务列出清单,明确完成时限,每月通报进度,对任务落实偏慢的要及时提醒。要把产业链链长制工作列为重点督办事项,通过"四不两直"方式,有计划地进行督促检查。要抓紧研究制定产业链链长制工作评价体系,组织第三方力量对各产业链链长制运行情况进行绩效评估,并将评估结果纳入省委、省政府绩效考核管理。会后,省工业和信息化厅要牵头抓任务清单的梳理,各产业链链长和有关责任单位要分头抓落实,省政府办公厅要严格抓督办。

同志们,主战场、主抓手、主攻手要求我们始终保持战斗状态,增强攻坚克难、攻城拔寨的勇气和本领。我们要更加紧密地团结在以习近平同志为核心的党中央周围,胸怀"两个全局"、牢记"国之大者",以"作示范、勇争先"的精神状态,加快打造我省产业链链长制升级版,提速产业强链补链延链,凝心聚力携手书写全面建设社会主义现代化江西的精彩华章,以优异成绩迎接党的二十大胜利召开!

二 工作报告

GONGZUO BAOGAO

坚定走新型工业化道路
奋力迈出新兴工业强省建设新步伐

——在 2023 年江西省工业和信息化工作会议上的报告

（2023 年 2 月 11 日）

一、2022 年工作及五年来工作成效

刚刚过去的 2022 年，在省委、省政府的坚强领导下，全省工信系统认真贯彻"疫情要防住、经济要稳住、发展要安全"重要要求，坚持"稳住、进好、调优"原则，积极应对不利因素多重叠加的影响，高效统筹疫情防控和工业经济发展，聚精会神抓工业，全力以赴稳增长，坚定不移强党建，压实责任保安全，新兴工业强省建设实现了良好开局。

总结 2022 年的工信工作，可谓是有声有色、可圈可点，最突出的有"六大亮点"。一是主要指标位次前移 1 位。规模以上工业增加值增速和工业营收、利润总额规模排位分别列全国第 7 位和第 11 位、第 10 位，均较 2021 年前移 1 位。二是荣获了两项国家级表彰。江西省坚持"五链合一"保链稳供经验做法获得国务院表彰，上饶市获评全国工业稳增长和转型升级十大成效明显市。此外，宜春市入选 2022 年度全国工业稳增长和转型升级十大成效明显市推荐名单，南昌市入选 2022 年度建设信息基础设施和推进产业数字化成效明显市推荐名单。三是获批了两个国家级平台。国家虚拟现实创新中心和中国工业互联网研究院江西分院成功落户南昌。四是争取了两个国家级试点。全国应急救援航空体系建设试点省份获批，国家两化融合度评价率先在江西试点。五是实现了两个"零的突破"。赣州市稀土新材料及应用集群入选国家先进制造业集群名单，实现零的突破；电子信息产业营业收入达 1.01 万亿元，实现江西省万亿产业零的突破。六是举办了两场重大活动。省委、省政府主要领导连续第五年出席全省工业强省大会并讲话，

发出加快建设新兴工业强省进军令;连续五年成功举办世界VR产业大会,VR行业风向标地位更加巩固。

围绕全年目标任务的高质量完成,做了以下工作:

(一)立足"稳住",全省工业经济运行"基本盘"更加牢固。一是抓项目扩投资。升级打好工业领域"项目大会战"。发挥专项资金撬动引领作用,全年安排省级工业发展专项资金支持500多个技改项目,撬动社会投入超1000亿。全年工业投资同比增长7.0%,占全省固定资产投资比重50.7%。二是促消费拓市场。出台促进工业领域消费10条,评选119项第二届"赣出精品"和148项省优秀新产品,连续三年开展新能源汽车下乡活动。三是强调度稳运行。成立稳定工业经济专班,建立惠企稳岗保运行周调度机制,强化运行调度监测和协调保障,开展重大节假日工业项目企业"两不停",牵头做好省政府两次稳增长督导工作,全力稳住工业经济大盘。全年规模以上工业增加值增长7.1%、高出全国平均水平3.5个百分点;营业收入48295.5亿元,同比增长9.0%、高出全国3.1个百分点;利润总额3456.1亿元,同比增长11.6%、高出全国15.6个百分点。工业对全省经济、税收增长贡献率分别超过40%、80%。

(二)聚焦"立起",全省重点产业链发展"硬脊梁"更加坚挺。一是链长制纵深推进。出台了《江西省推动产业链链长制深入实施工作机制》,为链长制高效实施提供了指引。全省收集涉及产业链发展的问题2539个,办结率97.2%、同比提高1.2个百分点,问题收集与办结均有大幅提高,彰显了链长制机制运转的高效与实效。二是系列对接高效开展。坚持从供需两端发力,开展全省钢铁产业产销对接会等各类对接活动3300余场、金额超1771亿元;推动金融机构与全省3600多家省重点产业链重点企业和骨干配套企业全覆盖对接,提供授信超2268亿元。三是堵点断点有力疏通。帮助218家企业协调解决零部件、原材料断供问题,推动40家企业纳入工信部重点保障"白名单",发布江西省重点产业链供应链首批"白名单"企业,协调600多家企业解决运输通行诉求。值得一提的是,2022年依托全省产业链供应链,主动调整物资生产保供战略,全力以赴加大布洛芬、对乙酰氨基酚等重点药品和N95口罩等重点医疗物资的生产供应,切实保障全省疫情防控需要。

（三）拼搏"进好"，全省工业高质量发展"新动能"更加强劲。一是创新驱动更加强劲。实施龙头骨干企业研发机构全覆盖行动，国家稀土功能材料创新中心完成验收。新增省级产业技术研究院4家、企业技术中心149家。开展"揭榜挂帅"技术攻关，在航空、新能源、新材料等领域取得一批重要成果。武器装备研制生产任务圆满完成，科技创新硕果累累。二是数字赋能不断深化。构建了工信领域"1+X"数字经济"一号发展工程"政策体系，国家工业互联网大数据中心、国家工业信息安全发展研究中心"两个江西分中心"落地建设。新开通5G基站2.9万多个，每万人拥有5G基站数超14个，上云企业数新增超10万家。出台开发区数字化转型实施方案，累计培育省级大数据示范企业90家，有16个智能制造优秀场景进入国家名单、数量位居全国第4。包括数据安全防护等在内的一批数字经济典型案例获工信部推广。江铜贵溪成为全国"数字领航企业"，打破江西省无"灯塔工厂"的历史。三是绿色转型步伐加快。制定出台工业领域碳达峰实施方案，新增省级绿色工厂71家、绿色园区9家，绿色制造体系加快构建。支持企业实施节能降碳改造升级，320家企业纳入工业能耗监测平台管理，全省规模以上单位工业增加值能耗下降3.4%。江西省国家级能效"领跑者"、绿色数据中心均实现"零的突破"。四是产业集群提能升级。发布"4+7"省级制造业高质量发展试验区名单，新增省级产业集群17个、总数达124个，新增过千亿元集群2个、总数达5个，新增过500亿元集群7个、总数达20个。印发贯彻强省会战略支持南昌市工业高质量跨越式发展"11条"、支持赣江新区激发活力增强实力"8条"，大力统筹抓好区域工业和信息化协调发展。

（四）全力"调优"，全省产业体系建设"主骨架"更加清晰。以实施"三大工程"为路径，以实施"2+6+N"产业高质量跨越式发展为主体，不断优化产业结构，具有江西特色的现代化产业体系加快构建。全省战略性新兴产业、高新技术产业、装备制造业增加值占全省比重分别为27.1%、40.5%、30.9%，同比提高3.9、2.0、2.9个百分点。一是传统产业持续优化升级。制定打造全国传统产业转型升级高地实施方案和制造业基础再造行动计划,实施工业结构调整专项、新一轮工业企业技改行动计划,推动有色、石化等行业逆势突围。中国稀土集团高质量重启赣南稀土矿开发,金力永磁成为全球首家稀土永磁行业"零碳工厂"。全年工业技改投资增长6.1%,占工业投资比重41.6%。二是新兴产业实现倍增发展。制定打造全国新兴产业培育发展高地实施方案,在全国率先制定了汽车电子产业三年行动计划,扶持了一批新兴产业倍增重点项目,重点新兴优势产业加速壮大、支撑作用明显。装备制造业营业收入突破7000亿元,锂电新能源产业突破4000亿元,节能环保、航空、物联网产业跃上千亿台阶;VR产业规模扩张近20倍,成为江西发展新名片。江西适航审定中心高质量运营,AC313A国产大型民用直升机成功首飞,全年交付ARJ21飞机20余架。三是未来产业开始谋篇布局。前瞻布局培育发展未来产业,围绕"现有产业未来化""未来技术产业化",组织编制未来产业发展中长期规划,提出打造赋能型、先导型两大方向的未来产业链群。四是现代化服务业深化融合发展。新认定19家省级服务型制造示范企业(平台),其中国家级7家、创历史新高。推动出台工业设计工程技术人才职称评定政策,培育省级工业设计中心13家,推进工业文化发展行动计划,制造业软实力不断提升。

(五)力求"满意",全省工信发展"大环境"更加优化。一是政策法规体系日趋完善。省委、省政府出台《新时代深入实施工业强省战略 推动工业高质量跨越式发展的意见》和制造业中长期发展规划纲要,强化了新一轮工业强省建设的战略指引。制(修)订无线电管理条例、企业负担监督条例。二是政务公开不断深化。深化"放管服"改革,推进"一网通办"智慧工信云平台与赣服通、全省"一窗式"综合服务平台、赣政通、电子证照库、厅OA等系统无缝对接,实现依申请权力事项100%一窗办理、95%网上可办目标。改版政务公开专栏,厅官网实现与省政府门户网站互联互通、更新同步。认真落实"双随机、一公开""谁执法谁普法"责任制,依法行政高效高质。三是助企纾困服务精准务实。出台专精特新中小企业办实事清单25条,首次推出"政策明白卡",健全完善中小企业款项支付投诉机制,全力防范和化解拖欠中小企业账款。深入实施企业特派员大走访行动,实现规模以上企业全覆盖,帮助企业解决约5000个困难问题。民参军企业军工保密资格办理时间缩短了 5 个工作日。四是企业梯度培育成效明显。制定培育发展制造业优质企业实施意见、"百企领航"行动计划等,全省规模以上企业总数达 16362 家。新增国家级专精特新"小巨人"企业 70 家、总数达 210 家,获评国家级制造业单项冠军企业和产品 6 家。

(六)聚力"落地",全厅党的建设"主责任"更加压实。一是全面加强党的领导。以捍卫"两个确立"为最高政治原则,以做到"两个维护"为最高行动准则,以对党绝对忠诚为最高政治要求,进一步强化了政治引领。以喜迎、学习宣传贯彻党的二十大为主题,及时跟进学习习近平总书记最新重要讲话精神,进一步强化理论武装。厅党组理论学习中心组集体学习 15 次,围绕学习贯彻党的二十大精神和党章(修正案)等开展专题研讨 7 次。认真履行意识形态工作责任制,牢牢把握意识形态工作领导权和主动权。全年召开新闻发布会 13 场,省级以上媒体刊发工信领域相关报道超 2000 篇。二是全面从严治党。扛牢压实管党治党主体责任,先后召开全面从严治党工作会议、全面从严治党形势分析会、作风建设专题会暨"七个有之"专项治理工作会议等,深入开展"3·23"警示教育,全年开展 2 轮政治谈话并实现谈话对象全覆盖。深入开展作风效能提升年活动,推动"我为群众办实事"实践活动制度化,机关工作面貌焕然一新。全面加强反腐倡廉建设,持续强化正风肃纪,工信政治生态向上向好。三是全面推进队伍建设。深入开展"五型"政府建设,全力打造模范机关。以创建"四强"党支部为引领,全面加强基层党组织建设,基层党组织战斗堡垒作用进一步发挥。出台促进厅属单位干事创业健康发展的指导意见,不断增强厅属单位发展活力。坚持正确用人导向,让"干活、出活、快出活、出好活"成为常态,努力营造"吃苦的吃香、实干的实惠、埋头的出头、有为的有位"的干事创业氛围,统筹产业增长与干部成长,全面锻造工信铁军。

一年来,省工信厅高效高质统筹推进平安建设、精神文明建设、乡村振兴、离退休干部工作、新闻宣传、档案管理、安全保密、政府网站监测、无线电管理和监督检查以及厅属单位改革创新发展等各项工作,荣获全省政府系统"五型"政府建设先进集体称号,全省平安建设工作先进单位,省直机关绩效考核优秀单位,厅领导班子获"优秀"等次,全省网络意识形态工作专题督查优秀等次,全省新闻发布工作优秀单位,全国两化融合标准应用先进单位,纪念人民军工创建90周年系列活动表现优秀集体等;省国防科工办获国家国防科工局、中央军委装备发展部通报表扬。

2022年工作的顺利收官,意味着过去五年的工作取得了骄人成绩。这五年,是全省工信工作发展极不寻常、极不平凡的五年。在全省工信战线的奋力拼搏下,全省工业和信息化取得历史性成就、发生历史性变化。主要体现为"一个标志性成就、五个明显变化"。

——一个标志性成就。即2021年全省工业增加值首次突破1万亿元、达1.08万亿元,标志着江西省成功建成了新兴工业大省,实现了从农业大省到工业大省的历史性转变;2022年全省制造业增加值首次突破万亿元、达1.09万亿元,工业、制造业增加值接续突破万亿元大关,意味着新兴工业大省地位更加稳固。

——五个明显变化。一是工业实力明显提档。2022年全省全部工业增加值和规模以上工业营业收入、利润总额分别达11770.3亿元和48295.5亿元、3456.1亿元,比2017年各增加3800多亿元和12700多亿元、980多亿元,过千亿级产业增加3个、达到14个,全省工业规模能级不断跃升。二是工业动能明显提级。工业的创新发展、融合发展、绿色发展、开放发展、安全发展五大动能不断夯实集聚。以企业为主体,企业技术中心、产业研究院、制造业创新中心共同参与的创新平台体系加速形成。数字产业化、产业数字化阔步前进,产业绿色化进程不断推进,产业开放发展水平和本质安全水平更加提升。三是工业地位明显提高。全省规模以上工业增加值年均增长超过8%,远高于全国平均,工业对经济社会发展的贡献不断提升,工业对建设社会主义现代化江西的产业支撑作用愈发显著。2022年全省工业增加值、营业收入和利润总额在全国排位均好于GDP全国排位。四是工业化进程明显提速。根据工信部赛迪研究院按照2021年数据权威评估,江西省成功跨越了工业化中期、并加速向工业化中后期迈进。五是工信治理水平明显提升。工信治理体系更加健全。坚持体系推进、重点突破的工作方法,形成了比较完整的工业强省建设思路体系、规划体系、政策体系、平台体系和推进体系。工信干部担当履职更加有为。工信干部能力素质明显增强,在应对疫情、汛情、旱情等急难险重任务中,在打赢工业高质量跨越式发展攻坚战中,打头阵、当主力、扛重担,展现了工信铁军的时代风貌。工业强省的氛围更加浓厚。经历连续五年工业强省推进大会,全省实施工业强省战略已深入人心,主攻工业、强攻产业已成为各级领导干部的自觉行为,加快建设新兴工业强省已成为赣鄱大地的最强音。

这五年来,各地工信部门克服疫情等多重不利影响,勇于担当、主动作为,为全省工信事业发展作出了重要贡献。南昌市持续用力推进南昌高新区光电及通信产业集群提能升级,2020年进入千亿集群行列;开通全省唯一的国家级互联网骨干直联点,获评全国首批"千兆城市"。九江市推进传统产业优化升级省级综合试点卓有成效,打造了6个过千亿制造业产业,是目前全省率先实现绿色制造四大载体均衡发展的地市。景德镇市全力打造中国陶瓷工业互联网平台,为陶瓷行业数智领航发展提供了"景德镇路径"。萍乡市老工业基地调整改造、资源枯竭型城市转型两项工作获国务院通报表彰,2020年、2021年连续两年在国家产业转型升级示范区建设进展评估中获评优秀。新余市锂电产业发展迅猛,建成全国唯一锂电标识解析二级节点,赣锋锂业建成全球最大锂盐生产加工基地,成为全国首个获"碳标签"的锂企业。鹰潭市着力打造江西铜产业大数据平台,成功建设了全国铜行业唯一一所、全省唯一一所纳入国家试点铜现代产业学院。赣州市主攻工业三年再翻番成效显著,政企圆桌会、企业精准帮扶App等创新举措有效助力企业发展。宜春市全力攻坚锂电新能源产业发展,跑出了百亿项目建设和千亿产业爆发增长的"宜春速度",为全省乃至全国新能源产业发展提供了重要支撑。上饶市建成全国首个光伏行业工业互联网标识解析二级节点平台,上饶经开区、高铁经济试验区入选国家新型工业化产业示范基地。吉安市规模以上工业增速连续十年保持全省前列,电子信息产业持续领跑全省,大自然制药有限公司成为全省境外生物医药上市"第一股"。抚州市创新实施工业项目"五未"工作法、推进工业企业提质增量"10%工作法",全力打好工业创新发展强攻战,2022年规模以上工业连续多个月当月增速保持在全省第一方阵。赣江新区着力加快中医药科创城建设步伐,成功举办上合组织传统医学论坛,形成"种植+研发+药品+器械+诊疗+疗养"的产业生态体系。五年来,省工业强省建设领导小组各成员单位特别是14条产业链链长办公室所在省直责任部门,并肩战斗,共同拼搏,为工业强省建设作出了特别贡献。

艰难困苦、玉汝于成。上述成绩和变化不是天上掉下来的,而是努力奋斗的结果。取得上述成绩,最根本在于始终坚持以习近平新时代中国特色社会主义思想为指导,坚持用习近平总书记视察江西重要讲话精神指引江西工业发展,全面落实党中央、国务院和省委、省政府关于工信工作的重大决策部署;最重要在于完整准确全面贯彻新发展理念,坚持稳中求进工作总基调,坚定实施工业强省战略,统筹实施传统产业转型升级、新兴产业倍增发展、未来产业培育壮大"三大工程",坚持改革推动、创新驱动、融合互动、绿色促动、开放带动、安全联动"六大路径",抓实项目、企业、园区、集群、产业"五大载体",推进"2+6+N"产业高质量跨越式发展行动计划,加快构建现代化产业体系;最直接在于在省委、省政府坚强领导下,聚焦工业强省建设,保持战略定力和实干定力,集中力量、集聚要素、集成政策,推动工业强省战略的各项部署落地落实、见行见效。这些重要的经验启示弥足珍贵,在今后的实践中要坚持好、继承好、发扬好,并不断创新提升,形成制度化成果。

二、工业发展面临形势及未来一段时期总体考虑

工业是全省高质量跨越式发展的主力军,是强赣之基、兴省之要。当前江西省已成功站上新兴工业大省新台阶,正处于加速向工业化中后期迈进,加快建设新兴工业强省的关键时期。全省工信系统要明辨形势、清晰思路、奋发作为,努力在建设新兴工业强省新征程上夺取新胜利。

一方面,要辩证分析当前及未来一段时期的发展形势。

当前,工业发展面临的国内外环境依然复杂严峻,不确定不稳定因素较多,可以说既有机遇又有挑战,机遇与挑战并存,希望与困难同在。

挑战在于:从国际看,当前世界百年未有之大变局加速演进,工业经济面临的外部环境总体趋紧。一是全球经济增长动能持续减弱,经济衰退风险上升。主要国际机构均预计2023年全球经济增速低于2022年并多次下调增长预期,将导致我国外需快速回落。二是国际通胀形势严峻,冲击经济体系。尤其是以美国和欧元区为主的发达经济体,通胀水平处于历史高位,激进加息外溢效应持续扩散,不仅对金融系统造成影响,也通过贸易、债务等渠道对实体经济造成冲击。三是俄乌冲突持续发酵,影响扩散。长期冲突加剧石油、天然气等能源供需失衡和价格震荡。进一步抬升能源要素成本,并加深国际社会对全球供应链安全的担忧,导致逆全球化、保护主义进一步抬头。此外,欧美日韩等国产业链供应链回迁本土的计划,以及对关键技术获取限制等做法,也对我国产业链供应链不断造成影响。从国内看,我国工业经济仍面临"三重压力",恢复仍不稳固。一是内需低迷,消费及投资持续减退。从消费看,居民消费能力和意愿大幅下降,消费者信心指数处于历史较低水平。轻工、纺织、消费电子等面向终端消费行业下行压力持续加大。从投资看,民营企业投资扩产的意愿不强,房地产投资仍处于低位,对钢铁、建材以及家具、家电等相关行业增长拉动作用减弱。二是结构性矛盾依然突出,要素保障压力增大。能源供需仍处于紧平衡状态,战略性矿产资源保障存在隐忧,电力缺口较大,土地供给更难,用工结构性矛盾凸显。三是企业生存发展承压,市场预期仍然偏弱。工业企业利润降幅持续扩大,部分企业特别是中小微企业销售承压、库存偏高、困难加重,市场预期转弱态势尚未扭转。

机遇在于:从国际看,新一轮科技革命和产业变革持续深化,数字资源成为重要的新型生产要素,制造业数字化、智能化成为重要发展趋势。依托江西省具有规模优势、技术优势和先发优势的产业领域,制造业发展将迎来产业链、创新链、供应链、价值链加快重构、不断攀升的良机。从国内看,一是我国经济长期向好的总体态势不会变。新时代10年我国经济实力实现历史性跃升,完整产业体系、完善配套能力和强大国内市场优势更加凸显。二是宏观政策红利不断释放。前期出台的各项稳增长政策持续落地见效,近期出台的优化疫情防控10条措施,有利于进一步畅通经济循环、促进市场需求恢复,加之积极的财政政策和稳健的货币政策仍是2023年的政策方向。三是江西省发展优势日益凸显。比如说锂电、稀土的资源优势,宜居宜业的生态优势,赣深高铁开通后进一步扩大的区位优势,电子信息、航空、中药、石化等产业优势,以及国家战略形成的政策叠加优势。

总的来看,还是机遇多于挑战,希望大于困难。全省工信系统要进一步把思想和行动统一到党中央对经济形势的科学判断和对经济工作的决策部署上来,统一到省委、省政府关于经济工作的总体要求和具体安排上来,保持战略定力,采取对冲措施,主动趋利避害,善于化危为机,着力抓好稳增长各项工作,促进工业经济进一步企稳回升,行稳致远。

另一方面,要准确把握今后几年工作的总体考虑。

党的二十大对全面建成社会主义现代化强国两步走战略安排进行宏观展望,确定了到2035年我国发展的总体目标。省委十五届三次全会审议通过的《中共江西省委关于深入学习宣传贯彻党的二十大精神　加快全面建设社会主义现代化江西的决定》,对全省工业和信息化今后发展作出了全面系统的部署安排。贯彻新发展理念、推动高质量发展是江西的根本出路,也是江西实现现代化的唯一出路。奋进新征程,全省工信系统要坚持"151"工作思路一以贯之,确保"127"工作目标如期实现,为全面建设社会主义现代化江西提供强大的产业支撑,充分展现中国式现代化在江西工信领域的生动实践。

——坚定"151"工作思路。即坚持推进工业强省战略"一个战略"不动摇。坚持贯彻创新发展、融合发展、绿色发展、开放发展、安全发展"五大路径"不松劲。坚持实施产业关键核心技术攻坚行动、新一轮技术改造行动、产业基础再造行动、产业链供应链提升行动、优质企业梯次培育行动、重点产业集群提能升级行动、绿色制造体系建设行动、制造业精品培育行动、新一代信息技术与制造业融合发展行动、"2+6+N"产业高质量跨越式发展行动计划"十大行动"不懈怠。

——锚定"127"工作目标。即确保建成中部制造业高质量发展示范区"一个示范区",打造全国传统产业转型升级高地、新兴产业培育发展高地"两个高地";建成全国有色金属产业基地、全国电子信息产业基地、全国航空及装备制造产业基地、全国新能源产业基地、全国新材料产业基地、全国中医药产业基地、全国数字经济发展基地"七个国家重要产业基地"。

三、2023年的工作要求和重点任务

2023年,是全面贯彻党的二十大精神的开局之年,是第十四届省人大、

省政府履职的第一年,也是"十四五"规划中期评估之年,更是推进新兴工业强省建设的关键之年,高质量推进全省工业和信息化发展,责任重大、意义重大。2023年工作的总体要求是:以习近平新时代中国特色社会主义思想为指导,全面贯彻党的二十大和中央经济工作会议精神,认真落实省委经济工作会议和省两会精神、以及2023年全国工业和信息化工作会议精神,聚焦"作示范、勇争先"目标定位,坚持稳中求进工作总基调,坚持"三新一高"总要求,坚持工业强省战略,更好统筹疫情防控和经济社会发展,更好统筹发展和安全,以高端化、智能化、绿色化、融合化、服务化为方向,以创新引领、数字赋能、绿色转型、高端跨越、结构优化为路径,全力以赴稳增长,千方百计提信心,多措并举强链条,持之以恒促升级,聚焦聚力建体系,压实责任保安全,坚定不移抓党建,全力推动工业经济质的有效提升和量的较快增长,加快推进新兴工业强省建设,在新的高度挺起江西现代化建设的产业脊梁,为全面建设社会主义现代化江西提供强大工信支撑。

主要预期目标是:全省规模以上工业增加值增长8.0%左右,工业投资增长8.5%,其中技改投资占工业投资比重40%左右;力争单位工业增加值能耗下降3%。

重点抓好七方面工作:

(一)聚力"稳增长",确保全省工业运行在合理区间。重点强化"四抓四稳":一是抓项目稳投资。以打好工业领域"项目大会战"为牵引,优化项目调度推进体系,实施重大项目"千项万亿"计划,力争全年调度推进投资10亿元以上项目1000个、年度投资1万亿元。组织实施省级工业发展专项,支持500个以上重点技改项目建设,撬动1000亿元以上社会投资。二是抓消费稳市场。优化落实促进工业领域消费政策,着力稳住汽车等大宗消费,持续开展智能家居下乡、绿色建材下乡等工业扩消费活动,不断扩大虚拟现实等信息消费。大力评选和推广一批"赣出精品"、优秀新产品。推进消费品工业数字"三品"行动,扩大适老化家居产品和生活用品供给。办好第七届"天工杯"工业设计大赛、第二届国家工业遗产峰会,提升工业遗产保护利用,扩大工业文化旅游等开放型消费。三是抓开放稳出口。深度参与"一带一路",主动对接RCEP,支持优势产业、优质企业与沿线国家和地区开展技术、产能合作,扩大赣产工业品出口。高质量举办2023世界VR产业大会等重大活动,坚持重大活动招商与点对点精准招商相结合,制定产业招商活动年度计划和产业招商指引,协同相关市县全面融入长江经济带、粤港澳大湾区建设、长三角一体化等,积极承接一批重大产业合作项目。四是抓调度稳运行。紧盯规模以上工业增加值、营业收入等主要二业经济指标,聚焦重点市县、重点行业、重点企业、重点产品,强化运行调度监测,提升前瞻研判处置水平。"一产一策""一行一计"推动工业平稳增长,适时研究出台促进工业平稳增长若干措施,确保全省工业运行在合理区间。

(二)聚力"提信心",不断激发工业企业主体发展活力动力。企业是工业和信息化发展的核心主体。企业主体发展有信心,工业高质量发展就更有强大支撑。一是全力推动惠企政策落地见效。持续抓好国家和省一揽子惠企政策和接续措施转化落实,切实提升企业获得感。现有系列惠企纾困政策,没有明确执行期限的要推动继续实行。坚持存量政策、增量政策同向发力,结合开展"十四五"规划中期评估,高标准研究制定先进制造业促进条例,高水平制定新兴工业强省建设行动方案,着力推动产业政策与惠企措施更加集成、协同落地。二是精准做好企业纾困解难。动态调整优化帮扶中小企业健康发展政策,做实做优企业特派员、产业救济部门协调、重点行业重点企业纾困解难帮扶专班等帮扶机制,"一企一方"纾困解难。抓好涉企违规收费专项整治、拖欠账款治理"防范"和"化解"两篇文章,最大限度挖掘降本减负空间。三是着力梯次培育优质企业。大力实施领航企业培育计划,支持制造业领航企业提升发展,引导中小企业走专精特新专业化发展之路,促进大中小企业融通发展,力争全年新增专精特新中小企业500家以上、"小巨人"企业50家以上、制造业单项冠军企业10家以上。四是持续优化营商环境。用好中小企业发展环境第三方评估结果,推动不断优化中小企业发展环境。充分发挥社会化公共服务机构作用,深入开展企业服务专项行动,增强企业个性化政策和重点要素等匹配服务。大力弘扬企业家精神,更好发挥企业家一线提信心、稳预期的效应。

(三)聚力"强链条",持续提升产业链供应链韧性和竞争力。坚持系统思维、底线思维,围绕制造业重点产业链,"一链一策"推动产业链供应链现代化发展。一是升级实施产业链链长制。探索开展工信领域产业链"链主"企业培育机制,推动链长制走深走实走细。大力开展一批产融对接、人才对接、技术对接等合作活动,着力畅通产业循环。强化问题办理,解决一批产业链难点、断点、堵点问题,保障服务好重点产业链供应链龙头企业和关键节点企业。二是深入推进产业基础再造。深入实施制造业基础再造行动计划,开展产业基础能力和竞争力现状调查、制造业产业基础再造重点领域和方向研究,编制制造业产业基础再造目录。支持引导企业围绕核心基础零部件、关键基础材料、先进基础工艺等重点领域,组织实施一批基础再造项目,大幅增强基础能力和竞争力。推进新一轮企业技改行动,指导各设区市编制分区域技改投资指南。研究出台全省重点产业竞争力加快提升工作方案。三是大力建设先进制造业集群。创新实施开发区集群式项目"满园扩园"和"两型三化"管理提标提档升级行动。大力推进赣州市稀土新材料及应用集群高质量发展,向世界先进制造业集群迈进。积极指导宜春锂电新能源、上饶光伏新能源、京九(江西)电子信息产业带等产业集群积极创建国家先进制造业集群,推动一批县域优势特色产业集群纳入国家库。抓实省级(含培育、特色)产业集群建设,形成国家级—省级—市级产业集群梯次发展格局。扎实推进制造业高质量发展试验区建设,分层分类强化指导评估,鼓励试验区先行先试,探索形成一批可复制可推广的经验。

(四)聚力"促升级",加快推动制造业提质效扩能级。坚持以推动制造业高端化、智能化、绿色化发展为引领,加快制造业转型升级步伐。一是技术创新再强化。突出企业创新主体地位,推动重点产业骨干企业研发机构全覆盖,重点要加快提升国家虚拟现实创新中心等"国字号"平台的创新带动力,全年新增省级企业技术中心100家以上。实施关键共性技术攻关专项、重点创新产业化升级工程,突破一批"卡脖子"技术难题,推动"临门一脚"关键技术产业化。加强国防科技工业能力建设,推进国防科技自主创新。二是数字赋能再深化。出台制造业数字化转型实施意见,培育一批数字化转型促进中心,培育数字化转型标杆工厂,建设5G全连接工厂,试点"产业大脑"建设,创建数字化转型示范区。深入实施开发区数字化转型"达标、创优、树标杆"行动,力争开发区数字化转型当年达标率达80%以上、优秀开发区15家、标杆园区1—2家。新建5G基站1.5万个以上,力争万人基站数达到18个。开展工业互联网一体化进园区"百城千园行"活动,积极争创国家工业互联网示范区、全国基础电信企业转型升级改革试验区。建设一批升级版智能车间、智能工厂,培育一批省级大数据示范企业和试点示范项目。三是绿色低碳转型再加速。稳妥推进工业领域碳达峰,强化重点用能企业动态监测分析,提升重点行业企业能效水平。探索完善绿色制造评价机制、实行名单动态管理,打造一批绿色制造标杆,全年新增省级绿色工厂60家、绿色园区5个。持续推进工业资源综合利用基地建设,完善新能源汽车旧动力电池回收利用体系。统筹打好工业污染防治攻坚战、抓好工业领域生态文明建设。深入实施服务型制造能力提升行动,加快服务型制造示范企业(平台)、工业设计中心提能建设。调整完善工业发展考核评价体系,提升企业亩产效益综合评价质量水平,更好发挥正向激励与反向倒逼作用。

（五）聚力"建体系",加快构建具有江西特色的现代化产业体系。坚持以"三大工程"为载体,坚定推动"2+6+N"产业高质量跨越式发展,更加夯实万亿级、五千亿级、千亿级"产业矩阵",构建具有江西特色的"四梁八柱"产业体系。一是传统产业转型升级要加快提质。深化推进传统产业转型升级行动,加大产业结构调整优化力度,加快打造全国传统产业转型升级高地。有色金属产业要加快全产业链发展,力争全年营业收入达到9000亿元;要加快提升中国稀土集团行业引领力,积极推进稀土行业资源高效整合,进一步夯实江西稀土行业地位实力。石化产业要推动化工园区提标建设,促进化工园区规范发展,加强化工重点监测点管理服务,不断提高行业绿色安全发展水平。钢铁产业要不断深化供给侧结构性改革,促进钢铁行业平稳运行,稳步推进"双碳"工作,加快绿色低碳改造,提升行业总体质量效益、促进产品迈向中高端。建材产业要推进"产业园区+基地+集群"三位一体,提升产业集群在经济总量上占比,重点在新型建材、绿色建材等领域着力形成一批优势特色产业集群。食品、纺织和船舶等产业要充分依托比较优势加快发展。二是新兴产业倍增发展要加快提能。以打造全国新兴产业培育发展高地为牵引,不断提升优势新兴产业在行业中的话语权和对全省经济的贡献度,加快形成新兴产业规模倍增与能级跃升并举的良好势头。电子信息产业要强化与粤港澳大湾区等对接合作,推动电子产品与汽车等智能装备、电子制造业与服务业融合发展,加快产业迈上中高端,力争全年营业收入突破 1.15 万亿元。装备制造业要积极引导产业链上下游企业加速聚集,加快在南昌小蓝汽车、抚州变电设备、萍乡电瓷、南昌及瑞金电线电缆等产业集聚区形成区域式产业集中的发展格局。锂电新能源产业要加快制定落实促进锂离子电池、光伏等能源电子产业发展的实施意见,着力培育一批高成长性企业、领军企业,力争全年营业收入突破 5000 亿元。生物医药产业要围绕"医药 + 创新"主线,加快推进进贤医疗器械、樟树医药等重点产业集群及各类产业创新载体建设,推进新一代信息技术在医药研发、供应、制造、服务、质控等产业链环节全覆盖。航空产业要加快南昌航空城、景德镇航空小镇重点产业集群提能升级,积极推进国产民机、军机的本土社会化配套项目实施。大力推动 VR、大数据、信息安全、信创等新一代信息技术产业,以及工业设计等生产性服务业加快发展。三是未来产业培育壮大要加快提速。认真宣贯解读未来产业发展中长期规划,加快实施未来产业培育发展三年行动,积极打造"3 + 3"未来产业链群。围绕传统产业裂变生长、新兴产业接续衍伸、未来技术孵化培育,在全省范围内比选若干个试点市县,启动未来产业先导试验区创建。加快新型储能项目战略布局,积极探索"光伏 + 储能"发展模式,推动光储一体化,力争在新型储能等未来产业若干细分领域率先破局。

(六)聚力"保安全",牢牢守住工业经济发展底线。更好统筹发展和安全,压实各方安全责任,确保生产安全、保密安全、信息安全、无线电安全和产业安全。一要坚决守住生产安全。聚焦民爆、军工等重点行业,健全全员安全生产责任体系,深入实施工业互联网 + 安全生产行动计划,持续开展安全检查和安全生产标准化考评一体推进,增强工业安全生产感知、监测、预警、处置和评估能力,着力提升本质安全水平,坚决遏制重特大事故发生。二要坚决守住信息安全。深入开展开发区数字化安全赋能行动、工业互联网安全深度行活动和全省工业控制系统安全检查、工业信息安全应急演练活动等,持续完善工业互联网安全监测与态势感知平台体系。加强数据分类分级管理、安全防护等工作。积极有效应对信息化、网络化发展带来的保密挑战,切实筑牢保密安全防线。三要坚决守住无线电安全。抓好《江西省无线电管理条例》宣贯,制定无线电系统人才培养培训规划。严厉打击"伪基站""黑广播"、GoIP、卫星电视干扰器、信号屏蔽器等涉及群众利益的违法案件。持续推进GPS干扰器保护航空安全等专项行动,强化保障重要时期重大活动期间无线电安全。四要坚决守住产业安全。开展部分重点产业安全风险评估与预警,引导企业合理增加关键设备、原材料、零部件的采购和备份,探索建立1+N多元化采购渠道。坚持科技自立自强,密切关注前沿科技创新趋势、行业发展方向和产业政策取向,遵循产业发展规律,强化协同攻关,着力增加关键领域关键产品的创新供给,确保江西省产业链技术自主、安全可控。全力抓好防疫重点物资常态化生产保供工作。

（七）聚力"抓党建",切实营造更加风清气正的工信政治生态。认真落实管党治党主体责任,以自我革命的精神和永远在路上的执着,推动全面从严治党走深走实。重点要抓好"五个建设"。一是以对党绝对忠诚为标准,加强政治建设。坚持以政治建设为统领,坚决捍卫"两个确立",增强"四个意识"、坚定"四个自信"、坚决做到"两个维护",以高度的思想自觉政治自觉行动自觉,推动党中央各项决策部署和省委、省政府重大工作安排在全省工信领域落地见效。二是以深入学习贯彻落实党的二十大精神为主线,加强思想建设。坚持不懈用习近平新时代中国特色社会主义思想凝心铸魂。以学习贯彻党的二十大精神为主线,以主题教育为载体,及时跟进学习习近平总书记最新重要讲话精神和重要指示批示精神,着力用习近平新时代中国特色社会主义思想武装头脑、指导实践、推动工作。三是以增强政治功能和组织力为重点,加强基层党组织建设。以打造模范机关为牵引,以创建"四强"党支部为抓手,不断增强基层党组织政治功能和组织功能,推动基层党组织建设全面进步、全面过硬。四是以深化落实中央八项规定精神为要求,加强作风建设。锲而不舍落实中央八项规定精神,持续深化纠治"四风"问题,重点纠治形式主义、官僚主义,消除作风顽疾。强化宗旨意识,把为企为民办实事办好事作为最大政绩,推动服务企业服务群众常态化制度化,以实干实绩赢得企业和群众的认可。五是以构建"三不腐"一体化体系为目标,加强反腐倡廉建设。聚焦重点部门、重点人员、关键环节、关键岗位,强化执纪问责,强化制度约束,强化廉政教育,运用"全周期管理"方式,一体推进"不敢腐、不能腐、不想腐"体系建设,坚决打赢反腐败斗争攻坚战持久战。

谋事借势,成事在人。建设新兴工业强省,需要锻造一支高素质的工信铁军。适应新形势,贯彻新要求,落实新任务,全省工信系统要做到"五个过硬"。一是强化政治引领,做到政治过硬。要把捍卫"两个确立"作为最高政治原则,坚定自觉地忠诚核心、拥戴核心、维护核心、捍卫核心,在思想上政治上行动上同以习近平同志为核心的党中央保持高度一致,坚决贯彻落实党中央重大决策部署。二是强化理论武装,做到信仰过硬。要学懂弄通做实习近平新时代中国特色社会主义思想,学习原理,搞清学理,悟透真理,牢固树立实现共产主义远大理想的信念,坚定中国特色社会主义的信仰,增强实现中华民族伟大复兴的信心。三是强化能力建设,确保本领过硬。要加强学习、增加学识,强化历练、增长见识,敢于斗争、增强胆识,着力提升把握方向的掌控力、团结群众的凝聚力、统筹谋划的决策力、狠抓落实的执行力、应对挑战的攻坚力、引领未来的创新力。四是强化担当实干,确保作风过硬。要重实干,坚持真抓实干,求真务实,注重实效,不做表面文章,不要花拳绣腿,真正把心思用在干事业上,把功夫下到察实情、出实招、办实事、求实效上。要有激情,鼓足"敢问路在何方"的闯劲、"初生牛犊不怕虎"的拼劲、"热风吹雨洒江天"的干劲、"衣带渐宽终不悔"的钻劲、"不破楼兰终不还"的韧劲,真正干出一番经得起群众、实践和历史检验的好事、实事。五是强化廉政建设,确保勤廉过硬。要常修为政之德,常怀律己之心,常思贪欲之害,时时自警自省自律自重,做到不仁之事不为,不义之财不取,不法之事不干,不正之风不染,不雅之好不沾,牢牢守住"不犯法、不违纪、不失德"三条底线,堂堂正正做人,干干净净干事,清清白白立身。

春回大地满目新,战鼓声声催征急。全省工信工作要更加紧密地团结在以习近平同志为核心的党中央周围,在省委、省政府的坚强领导下,以舍我其谁、勇于担当的责任感,以时不我待、只争朝夕的紧迫感,开拓创新,锐意进取,真抓实干,干出第一等的工作,创造一流的业绩,加快新兴工业强省建设步伐,努力谱写全面建设社会主义现代化江西新的工信华章!

三 地区发展报告
DIQU FAZHAN BAOGAO

南昌市工业和信息化 2022 年主要情况和 2023 年工作重点

一、2022 年主要情况

(一)总体情况

一是主要指标稳健运行。2022 年,全市规模以上工业增加值同比增长 6.0%,列全省设区市第 9 位,在中部省会城市、全国省会城市中分列第 4 位、第 10 位。全市规模以上工业营业收入 7872.7 亿元,同比增长 5.1%、列全省第 8 位。

二是主导产业稳固支撑。1—12 月份,全市重点打造的八大产业稳中有进,实现营业收入 6054.1 亿元。其中:生物医药、电子信息、绿色食品产业增速较快,同比分别增长 6.9%、7.9%、5.6%。

三是工业投资稳定增长。2022 年,全市工业投资同比增长 8.4%,列全省第 6 位,拉动全市固投增长 2.7 个百分点,工业投资占全市固投的 32.8%,同比提高 0.2 个百分点。

四是数字产业稳中向好。2022 年,全市信息传输、软件和信息服务业规模以上企业实现营业收入 264.45 亿元,同比增长 13.3%,其中软件和信息技术服务业规模以上企业营业收入总量占全省 60% 以上。VR 产业规模持续壮大,实现营业收入 657.2 亿元。入选 2022 年度全国建设信息基础设施和推进产业数字化成效明显市推荐名单。

五是园区经济稳步提升。加快构建"4+4"产业发展平台,2022 年,全市开发区实现营业收入 7722.9 亿元,其中南昌高新区实现营业收入 3313.1 亿元,继续保持全省首位。

(二)主要工作

1.抓产业谋划,规划设计持续完善。一是制定"一产一策"。对工业发展政策进行系统梳理,制定出台了电子信息、现代针纺、生物医药、航空、汽车与新能源汽车等支柱产业"一产一策",不断提高政策举措的精准性、有效性。二是谋划"一产一会"。成功举办了2022世界VR产业大会、2022中国航空产业大会暨南昌飞行大会、2022南昌市电子信息产业发展大会、2022南昌市现代针纺产业发展大会、南昌市生物医药产业政策宣贯会等大型活动,全市八大产业的集聚效应、品牌效应、带动效应日益凸显。三是强化产业分析。持续完善细化了产业链"四图""五清单",绘制了"南昌虚拟现实·元宇宙产业生态布局图"及重点目标企业清单。同时,加快编制了《南昌市大数据和云计划发展规划》《南昌市物联网发展规划》。

2.抓算力底座,数字经济持续攀升。一是稳步推进5G基站建设,2022年,全市共开通5G基站总数为18181个,是全省率先实现乡级行政区5G网络开通率达100%的城市。二是积极推动企业上云用数赋智,深入开展"万企上云上平台"专项活动,2022年,南昌市新增上云上平台企业14362家,上云上平台企业数累计达到37063家。三是加速推进工业互联网平台建设,获批建设全国第17个国家级互联网骨干直联点,并于5月5日顺利建成开通,互联网网络整体层级地位大幅提升。

3.抓产业变革,新兴产业持续壮大。加快壮大移动智能终端、半导体照明产业集群,推动电子信息产业扩量提质,2022年电子信息制造业首次突破2000亿元(达到2033亿元),实现较快增长。全力推进江铃晶马新能源乘用车资质获取工作,积极争取新能源汽车国补,协调江铃控股加快重组,帮助江铃集团应对疫情冲击影响,2022年,汽车与新能源汽车实现营业收入742亿元。加速医疗器械产业向价值链中高端转型,全年共有36个生物医药产业项目列入全市重大工业项目库,中医药科创城核心区基本建设项目已完成,2022年,生物医药产业实现营业收入249.9亿元。完善航空装备产业链,航空科创城标准厂房已实现企业入驻,商飞(江西)飞机制造中心CTI项目正式投产。

4.抓转型升级,传统产业持续增长。扎实推进"机器换人""设备换芯""生产换线",不断提升绿色食品、新型材料、现代针纺、机电装备制造等传统产业数字化、网络化、智能化水平,2022年全市推进实施的500万元以上技术改造项目261个。深入推进《南昌市推动"5G+智慧工厂"建设三年行动计划》,鼓励企业实施智能化改造,推广应用智能生产线、智能车间、智慧工厂等,江铃新能源汽车、华兴针织、泰豪科技、洪安化工等6个5G+智慧工厂项目全面建成,20余家5G+智慧工厂正在快速推进。落实《关于进一步促进工业企业"稳投资、小升规"的十条措施(试行)》等支持企业技改政策,调动企业实施技改积极性,鼓励企业实施设备更新、厂房改造、技术工艺升级等"零增地"技改项目。

5. 抓产业载体,发展后劲持续增强。一是聚焦项目推进。持续推进"工业领域项目大会战",2022年,全市推进亿元以上工业项目377个,平均单个项目体量超10.2亿元,完成投资908.9亿元,占年度计划投资的109.1%;其中,50亿级以上项目25个,10亿级以上项目92个;全年新竣工亿元以上工业项目151个,为全市工业经济发展提供强劲动能。二是聚焦产业链"链长制"。深入推进"链长+链主"的双链式"链长制",搭建"政府+重点企业+X"等产销对接、产融对接的三方联动平台,指导各产业链积极开展产业链技术对接、市场拓展、金融保链强链等综合活动。2022年,各产业链累计开展各类活动508次(场),产销对接、产业链招商合计107次(场),签约项目170个,签约金额783.1亿元;产融对接活动授信企业344户,授信额度达342.4亿元。三是聚焦科技创新。成功获批"国家虚拟现实创新中心"。加快推动年营收3亿元以上规模以上工业企业研发机构全覆盖,全年成功获批省级企业中心18家、市级企业中心61家,推动江西省铝型材产业技术研究院成功备案为省级产业技术研究院,全年共19家企业21项产品入选"赣出精品",成功推荐江西省企业管理创新示范企业12家。四是聚焦支柱培育。深入推进培育领航标杆企业三年行动计划,2022年,全市共有37家企业入库省级领航企业培育库,17家企业被评为省制造业领航企业(2022年新增9家),全省排名第一。

6. 抓为企服务,营商环境持续优化。一是惠企纾困"稳生产"。加快落实国家、省、市各类惠企纾困政策,印发《关于应对疫情影响推动工业高质量跨越式发展的10条措施》,帮助企业应对当前疫情影响,促进工业稳定增长;建立了全环节、全流程疫情防控台账,成立了企业复工复产、疫情防控督导专班,坚持定期定点督导,推进企业复工复产、稳定生产。二是精准帮扶"稳企业"。持续开展工业企业特派员"大走访、大帮扶"活动,市县两级共选派了 700 余名企业特派员联系对接企业,着重帮助企业协调解决生产经营的痛点、堵点和难点问题及政策诉求,助力企业稳定生产、增产增效。2022 年,全市共完成 5 期市工业企业"大走访、大帮扶"活动,协调解决企业诉求 169 个,办结率 100%,企业回访满意率 100%。三是全面发力"稳生态"。严防"地条钢"死灰复燃,深入推进绿色制造创建,全面开展工业节能诊断服务、节水型企业创建、预拌混凝土行业扬尘整治、工业资源综合利用等工作,坚决打好工业污染防治攻坚战,全年成功获评省级绿色园区 1 个、绿色工厂 3 个、绿色供应链管理企业 1 家。

二、2023 年工作重点

(一)工作思路

坚持以习近平新时代中国特色社会主义思想为指导,全面贯彻党的二十大以及中央经济工作会议精神,深入贯彻习近平总书记视察江西重要讲话精神,认真落实省、市全会精神,围绕"一枢纽四中心"发展定位和"两个大幅提升"目标要求,加快构建具有南昌特色的现代化产业体系,全力打造先进制造业集聚发展中心,为加快全面建设社会主义现代化南昌作出新的工信贡献。

(二)工作目标

2023 年,全市规模以上工业增加值同比增长 8.5% 左右;全市规模以上工业营业收入力争迈上 8500 亿元台阶。

(三)重点举措

1. 稳运行畅循环攻坚行动。一是全力稳工业运行。健全工业经济研判分析制度,每月召开工业经济研判会议,每季度开展重点企业问卷调查,加强前瞻性预判和综合性分析,扎实开展规模以上工业总产值与用电量、营业收入、增值税等指标的匹配情况联动分析,强化用电量常态性监测和针对性纾困,推动工业经济运行持续好转。二是全力畅通产业循环。深入实施产业链链长制,不断完善产业链"四图""五清单",探索实施重点产业链竞争力评估和监测,促进产业链融入全省乃至全国产业链分工体系。积极争取上级部门支持帮助,加强部门间横向协同联动,谋划开展移动智能终端供应链大会等一批产销对接活动,协同市金融办做好金融支持制造业对接会,拓宽企业融资渠道。三是全力确保工业领域安全稳定。切实保障重点产业链供应链安全稳定,提高防范化解重大风险能力。强化公共数据安全管理,全面提升全市工业信息安全领域的应急处置能力。扎实做好工业领域安全生产工作,强化隐患排查治理,坚决遏制各类工业生产安全事故发生。

2. 扩投资推项目攻坚行动。一是立足基础抓项目谋划。建立全市重点产业链比较优势清单和短板弱项清单,梳理强链、补链、延链重点方向,为商务部门和县区提供招商参考指引。建立与中央、省属制造业企业的交流机制,掌握中央、省属企业主营业务与南昌产业发展的契合度,积极争取其到南昌投资。建立与信通院、赛迪研究院、工联院等产业研究平台和专业投资机构的互动机制,利用其信息优势,谋划招商项目。二是主动服务抓项目落地。制定工业战线产业招商行动方案,调动工信系统产业招商积极性,主动协同、前置参与,围绕主导产业,瞄准重点区域,积极掌握招商信息。牵头做强世界VR产业大会、航空产业大会等会展平台,办出特色,增强吸引力,争取通过大会平台签约推进一批落地项目。三是完善机制抓项目见效。实施"双百"项目推进计划,建立完善项目清单管理制度和重大项目调度制度,定期调度项目推进情况,协调解决工业项目建设的难点和堵点,力争全年竣工100个战略性新兴产业项目和100个传统产业转型升级项目。

3. 强产业促升级攻坚行动。一是推动新兴产业增速崛起。持续深化与广东七市合作,加快推动洽谈项目尽快落地。加快推动LED产业向下游延伸,不断完善丰富智能终端产品谱系,做大做强电子信息产业。抢抓新能源汽车扩大消费机遇,推动新能源汽车产销促进,力争公共领域推广应用新能源汽车600辆以上。积极筹建南昌汽车和新能源汽车产业、航空产业联盟;积极协同市工商联筹建电子信息、生物医药、绿色食品3个行业商会,搭建完备的政企合作交流平台。加快培育本土优势企业承接更多国产大飞机制造任务,积极推进中航发飞行台项目,做大做强南昌航空科创城。加强产业前瞻性谋划,积极推进欣旺达南昌动力电池生产基地项目建设,引进相关配套企业,加快构建新能源产业链。二是推动传统产业技术改造。加快"5G+智慧工厂"建设,着力建成一批智能化改造示范标杆项目。加快新一代信息技术与制造业深度融合和集成应用,推动工业企业"上云用数赋智",力争2023年度新增上云企业1万家。积极推动能效提升技术改造,力争创建一批绿色工厂、绿色供应链管理企业。加强与上级部门沟通衔接,积极争取中央预算内资金、省级工业发展专项等对南昌市的支持,争取更多项目获得上级资金扶持。三是推动数字产业培育壮大。深入实施数字经济做优做强"一号发展工程",积极培育VR、5G、物联网等数字产业,加快推进国家虚拟现实创新中心建设,支持具备VR整机及零部件生产能力的移动智能终端企业开发、拓展VR硬件制造业务,引导龙旗、小派扩大在昌生产规模,支持江西科骏将自主研发的Kmax桌面一体机生产线落地南昌,助推南昌VR硬件环节快速壮大,力争VR及相关产业突破800亿元。适度超前布局新型基础设施建设,力争2023年累计开通5G基站19000个;积极布局算力基础设施,协调推进人工智能计算中心建设,力争年底前完成一期50P算力上线运营。

4. 优服务育企业攻坚行动。一是加快企业梯次培育。实施优强企业培育计划,扎实推进领航企业培育工作,加大企业培育入库力度,在现有17家省级领航企业的基础上,力争2023年度再培育10家省级领航企业。加快培育壮大一批骨干企业,在引导企业转型、争取政策支持、协调要素保障等方面为企业成长提供切实支撑,推动企业实现规模与效益快速增长。二是建立健全服务体系。探索建立政企早餐会长效机制,拓宽与企业沟通交流渠道,为企业发展排忧解难。持续深入开展工业企业"大走访、大帮扶"活动,建立健全问题收集、协调、上报等工作机制,加快构建全流程服务体系,真正做到"有求必应、无事不扰"。三是优化完善政策体系。加大产业政策落实力度,加快制定现代针纺、汽车和新能源汽车等"一产一策"配套实施细则,加大政策宣贯力度,全面提高政策知晓率。重塑政策兑现流程,加快政策兑现速度,让企业在依法合规的前提下尽早拿到奖补资金,切实以"真金白银"助力企业快速成长。

5. 锻平台提能级攻坚行动。一是提升发展平台能级。积极主动参与未来科学城建设,加强未来科学城产业谋划研究,引导红谷滩区做好产业布局;主动协同参与未来科学城产业招商,力争为未来科学城谋划争取一批战略性新兴产业落地。深入实施开发区"两型三化"管理提标提档行动、集群式项目满园扩园行动,依托工业互联网"百城千园行"伙伴计划,积极推进开发区数字化转型,加大两化融合贯标企业培育力度。二是提升产业集群能级。实施产业集群提能升级计划,健全完善产业集群综合评价机制,建立市级产业集群库,实施星级管理和分类指导,加快产业集群上档进位、提升星级。加强与上级部门沟通,积极推动优势产业集群申报国家先进制造业集群。

九江市工业和信息化 2022 年主要情况和 2023 年工作重点

一、2022 年主要情况

2022 年,聚焦"建设长江经济带重要节点城市,打造万亿临港产业带"目标定位,坚持"稳住、进好、调优"原则,努力克服疫情考验和外部环境影响,全面实施工业强市战略,以数字经济为引领,实施产业升级攻坚战,经济运行稳中向好,获批创建省级制造业高质量发展试验区。

(一)总体情况

1. 经济运行增量增质。全年规模以上工业营业收入 7847.1 亿元、全省第二,利润 704.4 亿元、全省排位第一,工业税收 260.6 亿元、全省排位第一;数字经济核心产业营业收入由 600 亿元增长至 942 亿元,数字经济增加值占 GDP 比重 39% 左右,保持全省排位前三。

2. 项目支撑有力有效。工业投资占比 63.19%、全省排位第一,技改投资占比 45.31%、全省排位第三。

3. 企业培育出新出彩。九江石化销售收入首次突破 500 亿元大关。新增营业收入过百亿元企业 1 家、50 亿元企业 3 家,新增税收过亿元企业 7 家,欧克科技成功上市,德福科技上市过会。

4. 平台建设提档提级。全市开发区累计实现营业收入总额 6850.7 亿元,总量居全省第二;实现利润总额 593.1 亿元,总量居全省第一;新增省级绿色园区 1 家,获批省级两化融合示范园区 6 个;创建省级以上技术创新中心、产业研究中心等创新平台 15 家。

5. 产业发展聚集聚力。新增电子信息产业营业收入过千亿元,千亿产业达 6 个;新增省级产业集群 2 个,省级产业集群达 15 个,居全省第一;创建3个省级战略性新兴产业集聚区,数量居全省前列,战略性新兴产业占营业收入工业比重提升3.3个百分点。

(二) 主要工作

1. 强化顶层设计,着力营造主攻工业氛围。一是加大政策引导。围绕工业赶超发展目标,先后出台了《九江市重点产业创新倍增行动方案》等2+8政策体系,为有效推动重点产业不断做大做强、加快构建现代产业体系提供政策支持。二是强化机制保障。出台《创新全链条工作模式促进工业经济数字经济稳增长提质量实施办法》,创新实施产业链链长制,坚持"五链"深度融合,"一行一计""一企一策",全链条管理,全生命周期服务。三是大造发展声势。先后组织召开项目推进、经济运行调度、工业强市推进大会,全市上下主攻工业、决战工业的信心更足、思路更清、劲头更大、氛围更浓。

2. 强化项目建设,着力培植工业经济增量。一是突出主导产业招商。设立"双百亿"产业引导基金,制定《产业链招商手册》,重点围绕"四新一优"主导产业进行精准招商。对接洽谈项目77个,签约项目14个,签约金额超300亿元。二是狠抓重大项目推进。聚焦"开工、竣工、投产、入统"四大环节,全力推动签约项目开工建设、竣工项目履约达效。139个亿元以上项目相继竣工投产,为工业增长构筑重要支撑。三是做好争资争项工作。共组织申报省级工业发展专项两批次,成功获批18个项目共计3200万元资金扶持。组织市级工业和信息化高质量发展专项评审,下达资金4676.5万元。

3. 强化园区建设,着力夯实工业发展平台。一是强化要素保障,优化园区发展空间。深入推行"标准地"出让模式和"亩产论英雄",加大"围墙企业"清理整治和"腾笼换鸟"力度,盘活低效土地。排查低效企业7家,僵尸企业7家。整改提升6家,兼并重组1家,腾笼换鸟2家,关闭退出6家。二是完善配套设施,打造优质园区平台。大力建设标准厂房,全市新建385万平方米标准厂房。大力推进产城融合,启动中心城区产城融合工作。大力推进两化融合,6个开发区获批省级两化融合示范园区,数量居全省前列。三是壮大产业集群,促进产业聚集发展。新增省级产业集群2个,永修有机硅产业集群、九江经开区电子电器产业集群被认定为四星级产业集群。石化产业发展在全省作经验交流。

4.强化产业升级,着力做优工业发展支柱。一是智能化提升。大力实施智能制造专项行动,6家企业获评江西省智能制造标杆企业;亚华电子入选全国"2022年度智能制造标准应用试点项目",全省唯一;城门山铜矿获第五届"绽放杯"5G应用征集大赛全国"二等奖",为全省获得最高奖项。二是绿色化改造。坚持节能监察和节能诊断"双轮驱动",大力推动全市工业绿色发展。入选工信部第四批工业产业绿色设计示范企业1家、国家重点用能行业能效"领跑者"2项,均为全省唯一,实现了绿色制造五大载体均衡发展,系全省唯一地市。三是高端化发展。把电子信息、新材料、新能源、高端装备制造等战略性新兴产业作为主攻方向,推动产业高端化发展。加快推动德福电子铜箔、巨石玻纤智能制造基地、天赐锂电材料延链补链等项目建设,加快实现战略性新兴产业链、价值链高端转型。

5.强化数字赋能,着力构建数字经济体系。一是全面构建推进体系。出台《深入推进数字经济做优做强"一号发展工程"实施方案》《九江市深入推进数字经济做优做强"一号发展工程"运行方案》等系列顶层设计文件,成功构建了九江数字经济推进体系。二是突出产业数字化转型。高质量推进新一代信息技术和制造业融合发展的产业升级攻坚行动,新增两化融合管理体系贯标企业30家,排名全省前三;接入标识解析二级节点企业713家,全省第一;德安万年青公司成功入选工信部建材工业智能制造数字化转型典型案例,是全省唯一入选企业。三是聚力数字产业化发展。出台数字经济发展28条"干货"政策,同步设立了50亿元规模的数字经济发展子基金,助力数字经济切入发展"快车道"。数字经济核心产业规模以上企业数292户,较2021年新增74户。

6.强化企业服务,着力做强工业发展主体。一是增强创新体系效能。出台《九江市急需紧缺高层次人才项目资金支持办法(试行)》等3个文件,着力引进A、B类及以上产业领军人才(团队)。出台《九江市打造服务型制造示范城市若干措施》,打造国家服务型制造示范城市。获评省级服务型制造示范企业8家,数量居全省第一。二是做好纾困解难工作。在全省率先制定出台了稳增长政策措施等纾困解难新政,市本级发放奖补资金逾1200万元。深入开展"千个部门进千企"等各项帮扶活动,解决困难问题1068余件,解决融资4.6亿元;清偿拖欠中小企业账款7858.18万元。三是浓厚尊企爱企氛围。举办2期电子信息企业管理人员培训班,以市委、市政府名义通报表扬奖励工业和信息化高质量发展贡献突出企业和个人,奖励资金共计3245万元。

二、2023年工作重点

2023年,是贯彻落实党的二十大精神开局之年,同时也是深入实施工业和信息化高质量发展"十四五"规划的关键之年、工业强市三年行动收官之年。坚决把思想和行动统一到中央、省委、市委经济工作会议的形势研判和工作部署上来,全面落实"三新一高"战略定位和使命任务,全力拼经济,奋力开新局。

(一)工作思路

牢牢把握高质量发展的根本要求,按照全省工信工作会议精神,大力实施工业强市主导战略、科技创新核心战略,构建以数字经济为引领、先进制造业为主体、先进制造业和现代服务业融合发展的现代产业体系。打造长江经济带重要工业节点和区域工业中心,全力建设制造业高质量发展试验区。

(二)主要目标

1. 在做大做强上有新跨越。规模以上工业增加值同比增长8.5%左右,营业收入同比增长8%以上;力争实现净增规模以上企业260户以上,营业收入过百亿元2户、营业收入过50亿元5户,税收过亿元企业30户,上市企业2户。

2. 在质量效益上有新提升。实施工业技改项目200个以上,工业技改增长30%以上。战略性新兴产业占规模以上工业比重提升5个百分点以上,全市规模以上工业企业R&D经费支出同比增长35%以上。

3. 在集群发展上有新成效。新增新能源产业营业收入过千亿元,七大重点产业营业收入全部迈入"千亿产业俱乐部";新增省级产业集群2个以上。

4.在县域工业上有新发展。九江经开区工业营业收入力争突破2000亿元,湖口高新区营业收入突破1000亿元。

5.在数字赋能上有新突破。力争全年数字经济规模达到1600亿元左右,占GDP比重达40%左右;数字经济核心产业营业收入突破1000亿元,核心产业增加值突破300亿元,占GDP比重达到8%左右。

(三)重点举措

1.实施五大工程,构建产业体系新优势。一是创新驱动工程。加快科技创新资源集聚,支持"一南一北"两大平台和"一县一院"建设,加快服务型制造先行示范区建设,积极创建国家级服务型制造示范城市。强化企业创新主体地位,鼓励企业加大研发投入,积极向"高新尖"转变,力争新增高新技术企业150家以上、省级以上企业技术中心10家以上。二是工业强基工程。出台《九江市建设全省制造业高质量发展试验区实施方案》,大力支持提升"六基"能力。实施重点产业创新倍增行动,培育德福科技、心连心等营业收入过百亿级和一批营业收入过五十亿级、十亿级及税收过亿元龙头骨干企业。加快振兴县域工业,各县(市、区)重点发展1个首位产业和2~3个主导产业。三是产业链提升工程。深入实施重点产业链链长制,培育一批具有九江特色、在全省走前列、在中部地区有影响力的千亿级产业集群。促进产业链融合发展,按照"要素+资源+产业"的融合导向,建立人才链、创新链、政策链、资金链、服务链与产业链深度融合工作机制,推动产业链迈向价值链中高端。四是新经济倍增工程。以电子信息、人工智能赛道为核心,通过做实招引一批、建设一批、投产一批、壮大一批梯次模式,加速产业集聚。推进发展大数据、云计算、物联网等新经济、新业态,引爆软件与信息技术业和信息消费倍增扩张。五是中小企业培育工程。支持"众创业、个转企、小升规、规提质、企上市"工作,遴选一批重点企业,实行一企一策,全力冲刺营业收入过50亿元、过百亿元、税收过亿元。省级专精特新中小企业新增50户以上、省级专业化"小巨人"企业10户以上、省级制造业单项冠军企业2户以上,国家级专精特新"小巨人"企业10户以上。

2.突出五大路径,构筑工业发展新动力。一是推进项目攻坚。主攻工业"5020"重大项目,促进招引大项目、培育大企业、打造大产业。力争引进"5020"项目40个以上,其中"100"项目5个以上,战略性新兴产业项目投资额占比达70%以上,数字经济核心产业项目投资额占比战略性新兴产业达50%以上。严格落实"五个一"项目推进机制,推进项目早落户开工、早投产见效。二是促进融合发展。推进制造业与服务业"双轮驱动",支持发展工业设计、现代物流等生产性服务业,打造一批服务型制造、个性化定制、柔性制造示范企业。推进中心城区产城融合发展,促进新型工业化和城市功能化。三是推进园区升级。大力推行"开发区+投融资公司"运营模式,实现园区投融资平台县(市、区)全覆盖。推动九江经开区、湖口高新区、瑞昌经开区向产业社区升级。全面推行"标准地"出让模式,大力推进标准厂房建设,推动"工业上楼"。推动5G基建、大数据中心和分布式数据中心等"新基建"落地园区。支持依托首位产业、主导产业的公共技术、检测、物流等公共平台建设并不断提高水平。探索建设跨江"飞地产业园区"。四是促进绿色制造。支持引导企业绿色化改造,每个县(市、区)打造一批省级和国家级绿色工厂、绿色设计产品、绿色供应链。持续开展工业节能诊断服务工作。积极实施工业节水行动,支持国家、省、市级节水型企业创建。加大工业节能监察力度,全市规模以上单位工业增加值能耗同比下降3.3%以上。五是打造质量品牌。引导龙头骨干企业制定品牌发展战略规划,推荐评选和推广应用一批"技术先进、质量优良、品牌知名、效益突出、特色鲜明"的"赣出精品",引导激励企业加强质量管理,大力开展"市长质量奖"评选活动,全面提升"九江制造"品牌形象。

3. 强化五大支撑,汇聚工业强市新合力。一是人才支撑。深入推进高层次人才产业园建设,搭建市高层次人才云平台和公共服务平台,促进产业链和人才链有机融合,打造全省重要的高层次人才集聚高地。采取订单式、建立实训基地、工学交替等方式帮助企业培训实用型、操作型高技能人才。二是金融支撑。加大对银行机构的考核力度,积极引导金融机构工业信贷投入,工业贷款占全部贷款的比重逐年提升,2023年比重达到10%以上。推进政府出资的担保机构对工业企业的担保金额年均增长50%以上。三是资金支撑。整合现有技术改造等工业发展扶持资金,合并设立全市工业和信息化高质量发展专项扶持资金,充分发挥两个百亿产业引导基金效应,着力构建"基金丛林",支持重点产业发展。四是土地支撑。通过盘活存量、优化增量,统筹新增工业用地,确保项目落地土地指标。对于首位产业和主导产业的重大项目优先解决工业用地需求。加快推行工业"标准地"供地制度。五是能源支撑。积极向上争取能耗、环境容量指标,优化盘整存量指标,为项目落地提供保障。强化首位产业和主导产业的用电、用气、用水等要素服务保障。

景德镇市工业和信息化 2022 年主要情况和 2023 年工作重点

一、2022 年主要情况

(一)总体情况

近年来,景德镇市聚焦"作示范、勇争先"目标要求,坚决贯彻工业强省战略,围绕"3+1+X"特色产业体系,全面推进工业倍增三年行动,发展工业的氛围日益浓厚、举措更加有力、成效逐步显现,主要工业指标增速实现争先进位,产业发展提能升级。

1. 主要指标争先进位:全市规模以上工业增加值同比增长 8.4%,列全省第 6 位;规模以上工业营业收入同比增长 27.6%,工业用电同比增长 8.01%、制造业用电同比增长 9.53%,均位居全省第一。

2. 主导产业持续壮大。陶瓷产业规模达到 660 亿元,其中规模以上营业收入同比增长 58.1%;精细化工和医药产业规模达到 630 亿元,规模以上营业收入同比增长 16.4%;航空产业规模达到 310 亿元,规模以上营业收入同比增长 58.2%。

3. 规模以上培育取得突破。新增规模以上工业企业 117 户、净增 112 户,创历史最好成绩,全市规模以上工业企业总数达到 621 户。

(二)主要工作

1. 聚焦优势产业,打造发展高地。一是做大陶瓷产业。把先进陶瓷作为主攻方向,成功举办全球先进陶瓷暨高科技产业发展大会,设立先进陶瓷产业发展基金,中日先进陶瓷产业合作园加快推进,电镀集控中心、先进陶瓷检测分析中心和"一室三中心"研发平台投入使用,先进陶瓷企业达 134 家,陶瓷产业营业收入达 660 亿元。二是做优精细化工和医药产业。依托乐平精细化工产业基地和鱼山医药产业园,立足基础化工、维生素、医药中间体、新材料、生物医药五大优势产业链,促进产业集群发展,营业收入达640亿元。三是做强航空产业。抢抓国家军民融合发展战略机遇,以航空小镇为依托,着力构建了整机制造、零部件配套、通航服务"三位一体"产业发展格局,推动航空产业强起来,营业收入达240亿元。四是推动数字赋能。全力实施数字经济"一号发展工程",推动产业数字化、数字产业化,成为国内首个获得陶瓷行业标识解析二级节点建设许可的城市。中国陶瓷工业互联网平台正式启动上线,获得央视等媒体广泛关注,平台运行以来,已汇聚超1.5万条陶瓷资源数据,吸引1万家产业服务商,3000余家全国陶瓷产业链上下游企业入驻平台。新增上云企业1.2万家,列四小市第一;新增省级两化融合示范企业43家,创历史最好成绩。

2.加快项目建设,添蓄发展动能。一是强化项目调度。树牢"项目为王"理念,全市纳入重大项目管理调度平台的亿元以上工业项目共407个,位列全省第5名,同比增长109.8%,总投资2172.2亿元,同比增长61.1%。二是实施专班推进。针对重大项目,成立工作专班,实施挂图作战,全力协调解决项目建设中的重难点问题,切实保障重大工业项目用能、用地、用工、资金等需求,为项目建设提供全要素保障。昌河汽车15万台商用车生产线改造加快建设,年产75万吨透光陶瓷一期基本建成,永泰汽摩配项目实现投产。三是开展项目考核。对各县(市、区)、园区亿元以上工业项目推进情况进行考核评价,设立骏马项目、合格项目、蜗牛项目三个档次,进一步激励先进、鞭策后进,推动项目建设跑出加速度,其中浮梁县以晴5G数字经济产业园从开工建设到部分投产仅用时99天,创造了景德镇速度,该项目已实现产值超过20亿元。

3.着力扶优扶强,优化发展环境。一是强化企业帮扶。坚持每月开展企业服务日活动,市委、市政府主要领导亲自挂帅,建立市级领导、联点市直部门、驻企特派员三级联动机制,先后对"老树发新芽""专精特新""数字经济""科技创新""升规入统"等企业分专题开展帮扶,累计帮助企业解决重难点问题超过120个。二是支持企业发展。出台扶优扶强16条政策措施,鼓励存量企业实施增资扩产,全力提升企业核心竞争力,推动"老树发新芽"。针对38个增资扩产项目进行重点调度和服务,其中16个项目实现建成投产。三是强化企业培育。实施企业培优行动,通过梯次培育和重点扶持,推动"个转企、企升规、规改股、股上市"。天新药业实现主板上市,全市主板上市的制造业企业达到6户,位居全省第4。宏柏新材料成功通过国家级单项冠军复核。新增国家级专精特新"小巨人"企业2家、省级专精特新企业43家,创历年最好成绩。连续两年新增规模以上工业企业破百。

4. 夯实平台建设,夯实发展根基。一是推进满园扩园。全面推进乐平工业园区、陶瓷工业园区调区扩区工作,浮梁产业园面积从348.24公顷扩大至791.06公顷。积极"筑巢引凤",推进标准厂房建设,全市新建成标准化厂房超过200多万平方米,创历史新高。二是推动融合发展。建立"飞地经济"模式,支持各县(市、区)、园区之间打破行政地域界限,建立招商利益共担共享机制,促进资源优化配置和项目合理布局,实现合作共赢。加快推进产城融合,大力推动高新区、昌江区"两区"融合发展。三是搭建数字平台。全力实施数字经济"一号发展工程",抢抓数字经济发展机遇,推动产业数字化、数字产业化。中国陶瓷工业互联网平台正式运营,平台运行以来,已汇聚超1.5万条陶瓷资源数据,已吸引1万家产业服务商,3000余家全国陶瓷产业链上下游企业入驻平台。新增上云企业1.2万家,超全年目标4倍,列四小市第一。

二、2023年工作重点

(一)工作思路

以习近平新时代中国特色社会主义思想为指导,全面贯彻党的二十大精神,深入贯彻习近平总书记视察江西重要讲话精神,全面落实中央、省委、市委经济工作会议精神,聚焦"作示范、勇争先"目标定位和建设"六个江西"部署,坚持稳中求进工作总基调,注重"稳住、进好、调优"协同发力,稳增长、强产业、优环境,围绕"三个千亿"的目标,全力做大总量、做强增量、做优质量、推动工业强市大提速,决胜工业倍增三年行动。

(二)工作目标

1. 营业收入:力争全市规模以上工业营业收入达到1800亿元,全市工业经济总量突破3000亿元。

2. 规模以上企业培育：力争全市规模以上工业企业新增80户，总数达到650户左右。

3. 招大引强：力争引进制造业百亿项目1个，重点产业优强项目15个。

（三）重点举措

1. 打造特色产业体系。一是打造千亿陶瓷产业。做大陶瓷首位产业，继续主攻先进陶瓷，加快发展日用陶瓷，巩固提升艺术陶瓷，力争陶瓷产业营业收入突破1000亿元。着力发展先进陶瓷，加快推动产业集聚，重点推进昌南新区压电陶瓷产业园、浮梁县高纯氧化铝粉体研发基地等项目建设，力争2023年先进陶瓷完成产值突破200亿元；鼓励陶瓷文化产业化，支持企业开发高附加值的陶瓷文化产品，推动更多陶瓷文化企业转企升规。推动陶瓷产业转型升级，支持有条件的企业实施数字化、智能化、绿色化改造。二是打造千亿精细化工和医药产业。全力支持黑猫集团、天新药业、宏柏新材、富祥药业等链主型企业做大做强，加快推进黑猫超导电炭黑，天新维生素科技园，宏柏二期、三期等重大项目建设，充分发挥企业引领带动作用。立足维生素、医药中间体等优势细分领域，着力引进上下游企业，加强产业配套，推动方圆新材料等项目落地，实现延链补链强链。引导产业向绿色化、高端化转型升级，强化技术创新平台发展，推动产业向产业链高端延伸、向终端市场延伸，提升产品市场竞争能力，力争精细化工和医药产业营业收入突破1000亿元。三是发展特色产业。做强航空产业，推动重型直升机、神州六合、中乌AK1-3直升机国产化等项目落地；规划建设浮梁低空经济产业园和高新区无人机产业园，积极布局无人机细分产业，力争航空产业营收突破500亿元。恢复汽车产业，支持北汽昌河改革调整，努力打造北汽福田商用车南方基地，确保福田汽车按计划实现量产；加快龙盛汽车、永泰汽摩配二期等项目建设。积极对接全省未来产业发展，立足自身优势，在新材料、新能源等领域，提前谋划，抢占未来产业发展新赛道，构建竞争新优势。2023年，力争全市战略性新兴产业、装备制造业占比持续提升，高新技术产业占比达到38.5%。

2. 加快推进项目建设。一是实施招大引强。突出"3+1+X"特色优势产业，围绕"高大上、链群配"开展产业链清单化、目标化招商，形成全市主导产业龙头骨干企业、主要配套企业等清单。重点聚焦目标企业，有计划、有步骤、有针对性开展招商活动,确保实现全年"招商热度不减、项目签约不断"。通过"大院大所"等科研机构,招引一批重大科技创新平台和新型研发机构,实现优势产业强链补链。全年力争引进制造业百亿项目1个,重点产业优强项目15个,亿元以上工业项目130个。二是推进项目建设。实施项目大提速行动,对重点工业项目实施联点帮扶机制,挂图作战,完善要素保障,分阶段全过程推动项目建设,全力推动一批带动效益大的项目早开工、早投产、早见效。加强对全市亿元以上工业项目的动态调整、滚动管理,全年至少重点推进亿元以上工业项目200个。继续按月开展项目考核评价,优化骏马项目、蜗牛项目考评标准,进一步激励先进、鞭策后进,力争建成投产项目100个,工业固投增速达到15%。三是鼓励增资扩产。鼓励和支持现有优质企业增资扩产,实现存量企业的提档升级。对30个重点增资扩产项目进行精准调度,靠前服务,确保项目早日建成投产。抓紧推进新一轮工业企业技术改造行动计划,着力提高企业生产效率、优化供给结构、提升产业能级,大力推动技术改造标杆项目,支持投资额大、带动性强的工业技改项目申报相关国家、省级财政专项资金,对30个重点项目(企业)提供担保贷款贴息扶持,力争全年工业技改增速达到35%。

3. 夯实发展平台建设。一是强化园区平台。实施集群式项目"满园扩园"和"两型三化"管理提标提档升级行动,力争2023年全市园区实现规模以上工业营业收入占全市的比重突破75%,高新区工业营业收入突破千亿大关。加快推进园区调区扩区,支持昌江产业园申报省级园区。大力推进产城融合,重点支持高新区、昌江区"两区"融合发展,实现合作共赢。继续开展"腾笼换鸟"、清理"僵尸企业"工作。全力提升标准化厂房的入驻率,鼓励存量企业优先使用标准化厂房扩大生产和进行技术改造,至2023年底,全市标准化厂房入驻率达到70%以上。二是完善创新平台。围绕市"3+1+X"特色优势产业的发展需求,积极发挥龙头企业在技术研发中的主导作用,打造一批产业创新平台。建设创新发展的基础支撑体系,鼓励企业建立创新研发平台,提高创新发展的技术支撑能力,力争全年新增市级企业技术中心10家、省级企业技术中心3家,新增高新技术企业80户,新增重点实验室和技术创新中心共5户。全年规模以上工业R&D经费支出占营业收入比重达1.1%,保持全省领先地位。三是推进数字平台。充分发挥中国陶瓷工业互联网作用,吸引陶瓷企业向平台集聚,力争全市规模以上陶瓷工业企业入驻率达到100%,并建设成全国特色领域工业互联网试点示范项目。积极创建一批两化融合示范试点企业,力争2023年新增示范企业50家,新增贯标的企业10家。加快实施"企业上云"工程,力争新增"上云"企业10000家。

4. 培育优质企业梯队。一是着力培育优质企业。围绕特色优势产业,着力打造主业突出、产业带动作用强的制造业领航企业,"一企一策"支持企业做大做强,支持黑猫炭黑、中科泛半导体营业收入突破100亿元。支持企业拥抱资本市场,大力实施企业上市"映山红行动",以龙头骨干企业和高新技术企业为重点,建立完善上市后备资源库,重点推动联晟电子上市步伐。支持中小企业发展,鼓励企业走专精特新发展道路,力争全年新增50户创新型中小企业、20户专精特新中小企业、4户省级以上专精特新"小巨人"企业、2户省级以上制造业单项冠军企业,培育省级以上小微企业创业创新示范基地和中小企业公共服务示范平台各2家。二是鼓励企业特色发展。引导企业智能化改造,在关键岗位开展"机器换人",支持昌飞公司、华意压缩等省级智能制造标杆企业申报国家级智能制造示范工厂和优秀场景。打造一批绿色制造示范项目,推动企业绿色转型,力争新增国家级绿色工厂1户,省级绿色工厂1户。加快推动制造业和服务业深度融合,力争新增省级以上工业设计中心1户、服务型制造示范企业1户。推动企业管理提升,举办送管理进园区活动,力争新增管理创新示范企业2户。三是强化规模以上企业培育。做优做实"管家"式帮扶,推动更多企业"小升规",建立滚动管理的工业企业升规入统培育库,将具有一定规模、发展前景较好的企业(项目)纳入并进行重点培育、重点帮扶。明确专人点对点负责企业升规入统工作,及时跟进服务企业(项目)。持续完善"升规入统"的工作措施和扶持政策,力争全年新增80户,总数突破650户。

萍乡市工业和信息化2022年主要情况和2023年工作重点

一、2022年工作情况

（一）总体情况

受疫情及市场等因素叠加影响，2022年萍乡市工业经济发展面临巨大挑战，下行压力不断增大。1—12月，全市工业用电量累计完成54.38亿千瓦时，同比下降2.12%；全市规模以上工业增加值同比下降9.9%；工业增值税同比增长2.3%。

（二）主要工作

1. 强化政策引导，凝聚发展合力。制定出台了《萍乡市"十四五"工业高质量发展规划》《萍乡电子信息产业"十四五"发展规划》《关于新时代深入实施工业强市战略推动工业高质量跨越式发展的实施方案》，为工业强市建设和产业发展保驾护航。印发了《萍乡市推动产业链链长制深入实施工作机制》，推进链长制工作走深走实。连续出台《促进工业企业扩产增效的奖励办法》《促进全市工业经济高质量发展若干意见》等政策文件，在政策、资金等方面不断给予工业发展更大倾斜，进一步调动全市上下抓项目、促投资、稳增长的积极性、主动性和创造性，凝聚工业强市建设强大合力。

2. 坚持项目为王，积蓄发展动能。切实把项目建设摆在更加突出的位置，深入推进工业领域"项目大会战"，严格落实"四个一批"滚动调度机制，坚持问题导向、效果导向，及时破瓶颈、解难题，确保重点项目尽早建成投用。1—12月，全市工业投资同比增长10.6%，比全省平均高3.6个百分点，占全部投资的64.1%，工业技改投资同比增长17.9%，工业技改投资占全部工业投资比重为29.4%，占比同比提高1.8个百分点。全市工业领域

"项目大会战"项目95个,总投资1210.55亿元,年计划完成投资378亿元,1—12月实际完成投资461.48亿元,当年投资完成率122.09%。列入市政府工作报告重点推进的37个重点项目进展顺利,其中金桥焊材三期、江华环保一期等13个项目已投产或试产,中材锂膜、天铭电子、佳禾智能、森萍科技、大莲电瓷等一批大项目全力推进,成为引领工业增长的强劲引擎。

3. 聚焦转型升级,调优发展结构。在传统产业改造升级方面,鼓励钢铁、水泥、陶瓷等传统产业技术改造,全力推动企业加大技改投入。2022年,全市共实施亿元以上技改项目105个。萍安钢公司2022年共实施9个环保提升改造项目,总投资5.23亿元;上栗县纵深推进烟花爆竹转型升级集中区建设,引导14家留存烟花爆竹企业实施改造提升,涌现出洋沣礼花、明达花炮等一大批示范企业。在培育壮大新兴产业方面,坚定不移将电子信息作为首位产业发展,充分发挥"链长制"作用,组织企业参加全省电子信息产业供应链大会、赣台电子信息产业对接会等重大活动,推动本土企业开展产业链合作对接。制定出台了《2022年萍乡市电子信息产业链链长制工作要点》《萍乡市电子信息产业链强链补链延链重点方向》《萍乡市新能源汽车及锂电产业"四图五清单"》等政策文件,强化产业发展指导。2022年,电子信息产业增加值同比增长24.7%、拉动规模以上工业增加值同比增长0.8个百分点,在规模以上工业中的比重达到12.2%,较2021年底提高3.9个百分点。制定出台了《关于加快推进锂电产业高质量发展的实施意见》,履行好全市锂电产业发展工作专班职责,每月调度产业发展情况,推动锂电产业加快发展。2022年,全市12家投产锂电企业完成营业收入25.12亿元,同比增长307%;实现利润1.45亿元,同比增长195%。截至2022年底,全市锂电在建项目共计15个,总投资426亿元。

4. 聚力园区建设,做优发展平台。坚持向规划要品质,推动各园区建立并完善了园区空间规划和产业规划,进一步强化产业功能定位,构建错位竞争和差异化发展格局。坚持向存量要空间,持续加大推进标准厂房建设和盘活闲置低效用地力度,2022年以来全市累计盘活闲置低效工业用地1962亩,建成工业标准厂房173万平方米。坚持向增量要效益,树牢"亩均论英雄"导向,制定了《萍乡市工业企业"亩均论英雄"考核评价办法》,对全市各县(区)、萍乡经济技术开发区和各省级工业园区的规模以上工业企业开展了"亩均论英雄"考核评价,2022年全市工业园区实现亩均营业收入497.19万元/亩,亩均税收10.68万元/亩。

5. 突出企业为上,做强发展主体。强化创新驱动,上栗县获批组建江西省印制电路板产业研究院;中材科技(萍乡)风电叶片有限公司、江西百新电瓷电气有限公司等11家企业技术中心获评省级企业技术中心。中材江西电瓷电气有限公司入围2022年度国家级智能制造示范工厂揭榜单位,为全省仅有的2家入围企业之一,也是萍乡市近几年来在智能制造领域获得的首次国家级荣誉。鑫通机械等7家企业获评2022年省级管理创新示范企业,萍安钢获评2022年江西省制造业领航企业,普天高科等44家企业进入2022年江西省产融合作主导产业重点企业名单,德博科技等3家企业入选2022年省级服务型制造示范企业,德博科技、泉新电气获评2022年省级智能制造标杆企业;安源煤矿入选国家"大思政课"实践教学基地。引导中小企业走专精特新发展道路,2022年全市新增63家省级专精特新企业,8家国家级专精特新"小巨人"企业。全市在有效期内省级专精特新认定企业总数达到190家,省级以上"小巨人"企业达到28家。组织开展企业特派员大走访行动,全市300余名干部进驻规模以上企业进行结对帮扶,建立一对一常态化联系,协调解决企业发展困难问题,共收集企业问题382个,解决问题326个。开展了防范和化解拖欠中小企业账款专项行动,排查出拖欠账款721.32万元,已全部清欠,偿还率100%。

6. 推进节能降碳,擦亮发展底色。积极引导企业减污降碳、节能降耗,对全市51户重点用能企业进行日常节能监察,推荐中材水泥接受全面节能诊断,推荐5户省级以上的专精特新中小企业接受专项节能诊断,众大高新、萍安钢等4户企业获评2022年省级节水标杆企业,龙发实业、金桥焊材等6户企业获评2022年省级节水型企业。坚持生态优先、绿色发展,编制了《萍乡市工业领域碳达峰实施方案》以及钢铁、建材两个行业的碳达峰实施方案,上栗工业园区被评为省级绿色园区,中材科技、萍安塑业等6户企业被评为省级绿色工厂。狠抓工业污染防治和落后产能淘汰,制定了《萍乡市2022年工业污染防治专项行动方案》,督促全市16户对大气污染物排放贡献率最大行业涉及企业全部出具废弃深度治理改造承诺书。开展了2022年淘汰落后产能专项行动，排查并淘汰落后产能企业2家。

7. 深化数字赋能，激发发展活力。大力实施数字经济做优做强"一号发展工程"，加快推进5G通信基础设施建设。2022年，全市新建成5G基站1225个，累计建成5G基站2668个；全市500M及以上宽带用户数达到22.7万户，荣获2022年度国家千兆城市。制定了《萍乡市制造业数字化转型实施方案（2022—2025年）》，推动重点产业与数字经济融合发展。深入推进工业企业"上云上平台"，全市新增上云4661家，企业上云总数达8995家。持续打造数字化转型标杆，德博科技和泉新电气2家企业入选省级智能制造标杆企业，志宏安防、网优科技等5家企业入选省级大数据示范企业，甘源食品、泉新电气等29家企业入选省级两化融合示范企业。

二、2023年工作安排

（一）工作思路

坚持以习近平新时代中国特色社会主义思想为指导，深入学习贯彻党的二十大和习近平总书记视察江西重要讲话精神，坚持工业强市战略不动摇，以推动工业高质量发展为主题、以改革创新为根本动力，努力推动经济运行更加稳健、产业结构持续优化、产业链现代化水平显著提升，为奋力推进"五区"建设、打造"最美转型城市"提供有力支撑。

（二）工作目标

规模以上工业增加值同比增长9%左右，工业固定资产投资和技改投资分别同比增长12%、15%左右，实施亿元以上技改项目80个以上，新增规模以上工业企业90家以上。

（三）重点举措

1. 以更大力度夯实"稳"的基础。一是稳运行。坚持"稳"字当头、稳中求进，持续加大工业经济运行调度力度和频次，重点抓好2023年可能会有新的较大增长的123个工业企业和项目的日常监测和月度分析，用好惠企稳岗保运行工作机制和市工业经济运行监测部门联席会议机制，及时掌握工业生产运行动态，助力企业稳产增产，实现工业经济主要指标进位赶超，打好工业运行"翻身仗"。二是稳投资。发挥好市级工业招商团牵头作用，坚持专业化招商、加强精细化招商、突出产业链招商，加速重点产业链上下游关键环节的优势企业引进落户。实施工业领域"项目大会战"专项行动，加强项目协调服务，重点调度创普斯、潮实、佳禾电声、森萍一体压铸等投资10亿元及以上重大项目，力促项目尽快投产达效。用好工业技改奖补政策，鼓励企业加大技改投入，力争在重点技改项目上有新突破，对全市工业产值形成强有力增量拉动。三是稳企业。密切关注重点工业企业，建立企业动态帮扶跟踪机制，统筹协调解决企业生产经营中所遇到的困难问题，一企一策助力企业扭亏为盈。加大规模以上企业培育力度，指导、扶持企业上规入统，持续推进降成本、清欠工作，推动惠企政策措施落地见效。

2. 以更高质量积蓄"进"的动能。一是壮大新兴产业。围绕全市"1+2+N"产业发展布局，积极实施战略性新兴产业倍增工程，以产业链"链长"制为抓手，落实执行好"十四五"产业发展规划，持续推进产业延链、补链、强链，培育打造特色产业集群，推动电子信息、节能环保等主导产业发展提速、规模壮大。聚焦电子信息产业细分领域、新能源新材料产业、新能源汽车零配件产业、食品（预制菜）产业四个方面，实施"一个产业、一套方案、一个专班"推进机制，大力培育新动能。二是提质传统产业。坚持把技术改造作为钢铁、建材等传统产业提质增效的重要抓手，积极引导企业实施技改项目，改进工艺技术，让传统产业"老树发新芽""老树嫁新枝"。以全国烟花爆竹转型升级集中区建设为契机，加强湘赣边区域产业合作，推动花炮产业向安全化、智能化、绿色化转型升级。三是深化数字赋能。全面推进制造业数字化转型，抢抓新基建机遇，加快推进5G基站建设和千兆光网建设，重点加快5G信号和千兆网络向行政村和工业园区覆盖。进一步深化新一代信息技术与制造业融合，不断深耕产业赛道、深化数字赋能，打造一批上云上平台标杆企业、两化融合示范企业和"5G+工业互联网"应用示范项目，加快推进工业互联网标识解析二级节点建设，紧盯电子信息、装备制造、节能环保等重点方向，促进产业数字化发展。

3. 以更高标准打造"强"的支撑。一是平台建设高标准。坚持筑巢引凤，打造优质平台，高标准建设完善各个工业园区的基础设施，持续发挥"四个论英雄"改革牵引作用,对规模以上工业企业开展综合评价,在政策享受、用地机制、用电用能机制、税收机制、金融机制等资源要素配置和支持上实施差别化措施,推动要素加速向优质成长型企业集聚,切实增强企业的创新力和竞争力。继续加大标准厂房建设力度,高效促进企业快速入驻,增强承接产业转移能力。二是企业培育高层次。鼓励和引导企业创新管理,帮助"1+2+N"产业重点企业接轨先进管理体系,提升企业管理创新水平。突出抓好企业梯次培育,加快培育发展一批以专精特新"小巨人"、制造业单项冠军为代表的优质企业,形成专精特新企业、单项冠军企业、制造业领航企业梯次发展的企业梯队。三是惠企帮扶高水平。强化精准服务意识,建立工业企业动态帮扶跟踪机制,深入开展领导干部挂点联系企业和企业特派员大走访等行动,采取主动服务、靠前服务、一对一服务,落实好国家、省市减税降费和产业扶持政策,在激励企业创新发展和纾困解难方面继续制定出台一批干货硬货措施,确保企业问题诉求有道、解决有效、落实有力,营造优质高效的良好工业发展环境。

新余市工业和信息化2022年主要情况和2023年工作重点

一、2022年主要情况

(一)总体情况

2022年,新余市工业战线扛牢稳增长重任,全力抗疫情、稳生产,促项目、强产业,推动工业经济逆势上扬,取得以下几方面明显成效:

一是经济指标迈上新台阶。2022年,全市规模以上工业增加值同比增长8.3%,其中制造业增加值同比增长10.2%、增速居全省第一。完成营业收入2057.1亿元,实现利润总额227.3亿元、增速连续22个月领跑全省。新增营业收入过200亿元企业1家、过50亿元企业3家。工业经济拉动GDP增长2.14个百分点,对全市经济社会发展的拉动作用持续增大;工业对GDP同比增长的贡献率为44.5%,较2021年提升了7个百分点;工业对就业、GDP、投资、研发、税收的贡献(比重)分别达到32.4%、36.8%、62.1%、87.2%、30.7%。"工小美"底色更亮,成色更足。

二是产业升级取得新突破。宝武集团成功联合重组新钢公司,钢铁产业发展迎来重大战略机遇,2022年产业营业收入1001.0亿元。抢占锂电"风口",锂盐年产能达22.9万吨,产量近20万吨,占全国产量的近30%。赣锋锂业集团营业收入超400亿元。锂电产业营业收入527.3亿元,向千亿级产业坚实迈进。锂电产业增加值同比增长180.6%,拉动全市规模工业增长15个百分点,贡献率高达180.0%。

三是项目建设跑出新速度。组织实施市重点工业项目157个,完成投资319.55亿元,超额完成年度计划,109个项目已建成投产或部分投产。实施技改投资项目239个,完成投资额231亿元,技改投资占工业投资比重

40.3%。赣锋锂电 10GWh 新型锂电池项目仅用 9 个月竣工投产，新钢电弧炉项目顺利开工。

四是数智赋能实现新跨越。新钢、赣锋分别牵头创建全省钢铁产业、锂产业科技创新联合体。新增获评省级企业技术中心 7 家、"赣出精品" 9 个；获评全国制造业单项冠军企业 1 家、国家级专精特新"小巨人"企业 3 家、省级专精特新企业 42 家。建成全国唯一锂电标识解析二级节点和全省首条开放智能网联无人驾驶公交测试与应用线。上云企业超 9000 家，两化融合贯标企业 55 家。

(二) 主要工作

1. 惠企纾困稳生产。组织重要节假日"两不停"，建立节假日不停产企业要素保障"白名单"，保持生产的企业数量、规模、产能利用率均远超往年同期。对企业生产经营实行周监测、月调度，确保工业经济运行稳定。深入推进优化营商环境"一号改革工程"，开展大走访大调研大服务活动，组织 450 名特派员联系服务 622 家工业企业，坚决兑现落实各项惠企政策，积极协调化解物流运输、天然气供应等困难问题，全力以赴保要素、稳生产、促增长。

2. 铆住龙头稳产业。坚定落实"支持新钢就是支持新余，支持新钢胜过支持新余"理念，全力实施钢铁产业转型升级千亿倍增行动，推进落实"支持新钢三十条"，主攻"优特钢带、金属制品、电工钢、钢结构"四大产业集群，加快新钢电弧炉改造、经开区特钢产业园等项目建设，推动钢铁产业稳步发展。牢牢抓住锂电产业"风口期、爆发期"，推进实施"支持锂电三十条"，支持链主企业做大做强，支持锂盐龙头企业收购盘活下游正极材料和电池生产厂商，推动锂电产业爆发式增长。

3. 补链强链稳链条。全力推进产业链链长制走深走实，开展产销对接活动 36 场，签约金额 49.2 亿元；开展产业链招商签约活动 79 场，签约金额 1272.19 亿元。建立重点产业链供应链"白名单"，保障产业链供应链稳定。积极推进"打造南昌都市圈产业承接地"工作，举办 2022 年中国锂业大会暨锂资源高峰论坛、全省电子信息产业工作座谈会，搭建产销对接平台，畅通产业循环。建成盘条酸洗平台、电镀产业园及锂电、光伏、LED 产品检测中心等产业公共服务平台34个,进一步完善产业配套服务体系。

4. 强攻项目稳投资。以项目建设为"赛马场",在比学赶超中促项目建设。积极发挥重点工业项目服务专班作用,对口协调项目建设问题,解决了新钢电弧炉易地升级改造项目产能置换等一批项目堵点、难点问题,督促、推动项目加速建设和投产。坚持"高大上、链群配",围绕产业链条扩项目。依托新钢、赣锋等龙头企业,瞄准宝武集团、海螺集团等500强企业,深挖现有企业潜力,助推"老树发新枝"。全年赣锋锂业实施新项目7个,投资总额148亿元;新钢公司实施新项目17个,投资总额117亿元。

5. 建强园区稳阵地。以亩产论英雄,强化正向激励和反向倒逼,亩均税收、亩均营收、亩均固投、单位能耗营业收入和单位排放营业收入五项评价指标同比分别增长18.82%、10.89%、8.01%、45.86%和17.27%。成功创建省级锂电产业创新服务综合体,园区智慧云平台入驻企业1357家,新增标准厂房52.6万平方米,建成市级产业集群公共服务平台21个、在线监管污水处理厂6个,高新区成功入选2022年全省开发区体制机制改革创新试点区,渝水区成功入选省制造业高质量发展试验区,园区核心竞争力持续增强。

6. 倾情服务稳企业。全力推进"四争"工作,帮助企业及项目争取省级工业发展专项扶持资金8906.04万元。健全专精特新中小企业"白名单"发布、共享、对接机制,帮助7户专精特新中小企业授信5.14亿元,22家中小企业获"工信通"续贷9100余万元。全力清理拖欠中小企业民营企业账款,清欠台账欠款清偿进度100%。对行业监管企业及工业制造领域企业定期开展安全生产检查和重要节假日专项督查。疫情期间全力做好防疫物资储备,指导帮助企业做到生产和防疫两不误。

7. 抓实党建强队伍。把习近平新时代中国特色社会主义思想作为"第一课"和"必修课",认真学习贯彻党的二十大精神,采取多种形式强化学习效果,党员干部深刻领悟"两个确立"决定性意义,坚决做到"两个维护"。把全面从严治党贯穿工信中心工作总体布局,不断压实主体责任,召开专题党组会分析党建、党风廉政、意识形态等工作,研究部署加强和改进工作的具体举措。全力打造模范机关,制定实施26条具体措施,结合业务工作深入开展党建品牌特色创建活动,党员队伍在推进各项业务工作中的模范带头作用不断增强。

二、2023年工作重点

(一)工作思路

坚持以习近平新时代中国特色社会主义思想为指导,深入贯彻落实党的二十大精神,坚持稳中求进工作总基调,完整、准确、全面贯彻新发展理念,全面落实中央和省委经济工作会议精神,聚焦"作示范、勇争先"的目标要求,围绕全面建设"六个江西",紧扣"四地"目标,大力实施"工业强市"战略,聚焦产业发展"五千五百工程",着力下好产业强市先手棋、项目建设制胜棋,持续强攻主导产业,推进延链补链强链,壮大产业集群,加强创新驱动,加速数智赋能,促进绿色发展,强化惠企纾困,全力稳生产、促项目、强动能、提质量,推动工业高质量跨越式发展,奋力谱写全面建设社会主义现代化幸福城市新篇章。

(二)工作目标

2023年,全市规模以上工业增加值同比增长8.5%左右,规模以上工业单位增加值能耗同比下降3.5%。工业技改投资同比增长20%以上,技改投资占工业投资比重40%以上。推动钢铁产业营业收入达1400亿元,力促锂电产业营业收入达800亿元,力争光伏产业营业收入达150亿元。

(三)重点举措

1.稳中求进做大总量。对标对表党的二十大部署要求,始终坚持工业强市不动摇,及时抢抓国家和江西省有关政策机遇,积极培育新增长点,在"调旧"与"育新"中推动工业经济实现质的明显提升和量的较快增长。积极做好企业培育工作,全力实施"支持新钢三十条""支持锂电三十条"等政策,支持钢铁、锂电等产业龙头企业做大做强,支持和引导中小企业向专业化、精细化、特色化和新颖化发展,培育壮大专精特新中小企业和专业化"小巨人"、制造业单项冠军企业队伍,打造具有持续创新力和竞争力的优质中小企业群体。

2.补链强链做优存量。树牢产业为主理念,全面落实"推动工业高质量发展三十条",主攻"优特钢带、金属制品、电工钢、钢结构"四大产业集群，全力实施钢铁产业转型升级千亿倍增行动，对接中国宝武争取一批项目落地，推动产业向下游延伸。抢抓锂电行业风口期，全力实施锂电产业千亿冲刺工程，加速布局新型储能赛道，充分发挥锂盐前端优势集聚一批下游配套企业，推动产业链延链补链强链。全力实施光伏产业重振计划，壮大光伏产业集群，擦亮新能源科技示范城品牌。继续推进大南昌都市圈产业承接地和新宜吉合作示范区建设，推动电子信息、装备制造、苎麻纺织、鞋业等产业深度融入全省产业链布局，推进产业协作，实现优势互补。

3. 增资扩产做强增量。坚持项目为王理念，实施项目集中攻坚行动，开展项目建设竞赛活动。按照"高大上、链群配"思路，瞄准"2+4+N"产业，特别是钢铁、锂电两大主导产业，发挥产业优势，依托龙头企业，立足产业链引项目。紧紧围绕重点产业，推进重大项目建设，全力支持和服务项目，加快新钢电弧炉改造、高品质冷轧硅钢和经开区特钢产业园等钢铁产业项目建设，加快赣锋锂业30GWh动力电池、新锂源年产6亿只小型聚合物锂电池、东鹏新材料3.5万吨高纯锂盐、江西雅保2.5万吨锂盐前端技改等锂电产业项目建设，积极推动江西海源2.7GW高效光伏电池等项目建设，掀起大干快上、比拼赛马的攻势，以项目建设做大增量。

4. 推进智造做精变量。加速推进数智赋能，贯彻落实数字经济"一号发展工程"，全力推进产业数字化转型升级。深化与京东、百度等头部企业合作，加快推动京东(新余)数字经济产业园二期、5G智慧物流产业园、人工智能产业生态园等项目建设。深入实施"上云用数赋智"行动，加强锂电行业云平台、工业互联网标识解析锂电二级节点平台应用，组织"千企上云上平台"。支持"数智新钢"建设，推进"5G数字工厂"建设，继续实施智能制造及机器换人试点示范，组织评定一批数字化车间/工厂，积极推动企业开展两化融合管理体系贯标，开展企业(园区)两化融合试点示范，促进先进制造业与工业互联网深度融合发展。

5. 绿色发展做高质量。认真落实工业碳达峰行动方案，有序推进工业领域碳达峰碳中和工作。加快绿色制造体系建设，积极创建绿色园区、绿色工厂和低碳园区、低碳企业，鼓励支持企业推进绿色制造项目和工业产品绿色设计。加大低碳技术应用,对钢铁、电力、化工、建材等传统产业实施低碳化改造,大力发展绿色低碳材料,推进绿色低碳技术大规模应用和迭代升级。加快编制重点行业碳达峰行动方案,推动重点领域生产工艺和装备更新。推进工业节能诊断,鼓励和引导企业加快实施节能技术改造。严格把握标准,依法依规坚决淘汰落后产能、设备和工艺,全面完成矿产品加工企业绿色验收工作。

6. 强化服务做足能量。组织开展企业技术中心、工业设计中心申报认定工作,支持企业科技创新示范、新产品研发。进一步深化产业链链长制,全力支持新钢、赣锋、赛维等产业链链主企业做大做优做强,及时收集解决产业链供应链困难问题。深入实施优化营商环境"一号改革工程",依托企业精准帮扶和"仙女湖夜话"等帮扶服务平台,组织各级领导、部门和特派员对口帮扶企业,及时帮助企业纾难解困,破解企业发展瓶颈。积极落实国家、省、市各项惠企政策,激发市场主体活力,增强企业发展信心和竞争力。切实发挥党建引领作用,深入开展"党建+项目建设"等活动,实施项目服务特色攻坚行动,将"支部建在项目上、党旗插在工地上",推动党建和业务进一步深度融合,全力帮助解决项目建设中的堵点、难点,切实为企业发展排忧解难、保驾护航。

鹰潭市工业和信息化2022年主要情况和2023年工作重点

一、2022年主要情况

(一)总体情况

1. 工业规模稳步攀升。2022年,全市规模以上工业企业突破520家,实现规模以上工业增加值同比增长8.3%;实现营业收入4163.2亿元,同比增长13.6%;实现利润总额159.4亿元,同比增长26.5%;实现工业税收139.8亿元,同比增长22.8%。工业投资额同比增长23.2%,技改投资额同比增长41.5%,两项指标均列全省第一。鹰潭高新区跃升千亿开发区行列,全市千亿园区数量2家,占全省20%。鹰潭市荣获2022年度全省工业高质量发展先进设区市,贵溪市获评全省工业高质量发展一类先进市,余江区获评全省工业高质量发展二类先进市(区)。

2. 现代化产业体系初步形成。首位产业能级提升,铜基新材料产业规模以上工业企业突破200家,完成工业增加值同比增长9.8%,实现营业收入3724亿元,占全省有色产业营业收入约45%,全年电解铜、铜材产量分别实现129.6万吨、205.88万吨。重点产业电子信息(物联网)产业规模以上工业企业达131家,营业收入突破750亿元;汽车配件产业规模首次突破百亿元,约130亿元。特色产业竞相发展,眼镜产业、大健康产业、节能照明产业规模分别为80亿元、55亿元和20亿元,较上年均呈现增长态势,眼镜产业集群获评国家级中小企业特色产业集群。

3. 企业实力显著增强。2022年,胜华金属跻身中国制造业500强,17家企业入围江西民营企业100强、入选数居全省第三,22家企业入围江西制造业民营企业100强、入选数居全省第一,全市新增规模200亿元企业1家、100亿元企业2家、50亿元企业5家,新增3家国家重点支持专精特新"小巨人"企业(全省15家)、9家国家级专精特新"小巨人"企业,国家制造业单项冠军产品实现零突破。

4. 转型升级成效明显。数字赋能成效显著,新增40家省级两化融合示范企业、11家省级智能制造标杆企业,上云企业超8500家。企业创新主体地位提升,新增省级企业技术中心、工业设计中心等平台15个,三川智慧获省科技进步一等奖。推进工业污染防治攻坚战取得阶段性成效,规模以上工业万元增加值能耗同比下降17.86%,六大高耗能产业增加值占规模以上工业增加值比重较2021年同期下降8.7个百分点。

(二)主要工作

1. 推进产业链链长制工作。出台了《2022年度鹰潭市产业链链长制工作要点》,实施以铜基新材料、电子信息(物联网)等11个产业为重点的产业链链长制,各产业链分别研究出台年度工作指导性文件。构建产业链发展长效机制,建立分产业链政企圆桌会议制度,2022年市重点产业链链长共组织开展专题调研、座谈会、政企圆桌会、调度会39次,摸排企业诉求149个,全部办结。以产业链链长制为抓手,推动铜基新材料、电子信息等产业实现快速式增长。

2. 实施工业领域项目大会战。一是聚焦产业链式招商,制定《中国铜基新材料产业链招商分布图》《电子信息(物联网)产业链招商分布图》,紧盯全国67家铜产业链主企业精准招商。2022年,全市新引进"5020"项目19个,其中百亿级项目2个。二是全力破解项目发展瓶颈制约,加快推进项目建设,2022年推进重点亿元以上工业项目(含500万元以上技术改造项目)241个,累计完成投资1158.34亿元,力博科铭、钲旺科技等一批项目实现投产。三是开展技改专项行动,以"规模化、绿色化、高端化、智能化"为主要方向,制定出台技改硬举措,聚力激活存量。2022年,全市共推进实施178个技术改造项目,当年投资计划完成率达109.3%。

3. 增强企业创新主体地位。坚持创新驱动发展战略,深入实施工业创新券政策,支持企业开展产品研发、技术提升、装备自主升级等创新活动,加大研发投入，2022年新立项26个创新券项目，政策实施以来累计立项89个，发放额度超8000万元。发布铜基新材料产业关键共性技术攻关目录，7家企业成功"揭榜"。创新提出"工创贷"政策，企业实施创新券项目并进行成果产业化的最高可获2000万元信贷支持，打通企业实施创新成果产业化的融资难痛点，累计支持企业7490万元。2022年，全市新增省首台（套）装备产品1项、省"赣出精品"产品5项，26个产品通过省级新产品立项申请、11个新产品完成验收。配套提升企业发展软环境，全国首批产业学院——江西先进铜产业学院顺利开学，揭榜全省唯一一家工业和信息化重点领域数字经济（物联网）产业人才基地，新增2家国家中小企业公共服务示范平台。

4. 强化产业数字赋能。大力推进两化融合，制定分产业数字化转型线路图，开展企业上云专项行动，会同数字化转型服务商摸底推进两化融合贯标工作。2022年，江铜贵溪冶炼厂获评"数字领航企业"，打破江西省无"灯塔工厂"历史，新增2家工信部新一代信息技术与制造业融合发展试点示范企业，鹰潭高新区获省级两化融合示范区。有序推进智能制造，制定最高500万元智能制造扶持政策，全年新增智能制造装备1940台（套），通过智能制造能力成熟度二级及以上评估企业17家。发展工业互联网，加快工业互联网标识解析二级节点建设，已接入二级节点企业50家，完成标识解析量4771万次，9个企业级平台获评省级工业互联网平台。

5. 加快绿色低碳发展。一是加大淘汰落后产能、化解过剩产能力度，在全国率先制定铜基新材料产业准入正、负面清单，全年完成了143家铜企业工艺、产品、设备等情况摸底排查。二是在全市范围内开展工业"亩产效益"综合评价工作，2022年，全市385家规模以上工业企业参加了评价，省平台中亩均税收、亩均营业收入均列全省第一。三是持续推进绿色制造体系建设。2022年省级绿色园区实现全覆盖，鹰潭高新区入选国家绿色园区；培育了1家国家级绿色工厂，4家省级绿色工厂。

6. 推进优化营商环境"一号改革工程"。政策支持方面，2022年印发《鹰潭市工业创新倍增发展十六条政策措施（试行）》、出台二级节点建设运营补贴等专项政策，累计兑现各项惠企政策资金4000余万元，建成了覆盖全域的供应链金融服务体系,共计扶持铜企业109家,累计扶持资金341.37亿元。要素保障方面,开通鹰潭国际陆港,开行中欧班列;在全国首推建立铜价波动预警信息发布机制,给予企业套期保值业务补贴及市内原材料采购补贴;举办铜产业供需对接会等产销对接活动,帮助企业拓宽市场,畅通产业内循环。企业帮扶方面,规模以上工业企业实现特派员全覆盖,2022年全市企业特派员人均入企帮扶达21次,解决企业各类诉求834个。

二、2023年工作重点

2023年是全面贯彻落实党的二十大精神的开局之年,是鹰潭市建市四十周年暨现代化鹰潭建设的开篇之年。鹰潭市将坚定不移"主攻工业、招大引强",全力做好新型工业化文章,加快推动全市工业经济综合实力迈入全省第一方阵。

(一)工作思路

牢牢把握高质量发展这个首要任务,坚持实施工业强市"一个战略"不动摇,狠抓优存量、扩增量、提质量、蓄能量"四大路径"不放松,推进工业创新发展三年倍增行动,实现质的有效提升和量的合理增长。

(二)工作目标

2023年,推进打造"1+2+N"现代化产业体系,规模以上工业增加值同比增长8.5%以上,以制造业为核心的全产业链营业收入5500亿元,工业投资增速10%左右。

(三)重点举措

1. 多措并举优存量。一是推进技术改造。继续围绕四个方向,引导工业企业实施技术改造,推广先进适用技术,推进工艺现代化、产品高端化,全年滚动实施190个以上技改项目,推进一批技改项目开工建设、如期投产。实施制造业"增品种、提品质、创品牌"行动,提升产品质量和品牌效益。二是畅通产业循环。积极融入构建双循环新发展格局,高水平举办铜基新材料、电子信息(物联网)、新能源等领域供需对接活动。加快提升鹰潭国际陆港口岸能级,打通市内铜产品供需渠道,加强企业间交流和合作,促进大中小企业融通发展。三是培育优强市场主体。围绕各产业细分市场环节,引进、培育一批单项冠军、专精特新"小巨人"等创新型企业,培育国家、省级专精特新、"小巨人"企业总数达180家。按照政府引导、统筹推进、分类施策原则,推动企业"小升规、上规模、股上市",力争营业收入过50亿元企业3家,市属铜企业上市实现零突破。四是深入推进地企合作。坚持主动靠前服务,与江铜集团在产业创新、人才培养、贸易发展等方面进行全方位合作。五是做强园区载体。实施园区扩园满园壮园行动,摸清盘活闲置土地推进"腾笼换鸟",补齐园区发展短板,加快产城融合步伐。继续推进亩产效益综合评价,力争工业亩均营业收入继续在全省站前列。

2. 紧盯项目扩增量。一是发展两个新赛道。坚持把新能源、电子信息领域铜基新材料作为主攻方向,编制"两个赛道"用铜目录,细分铜基新材料产业链条,加快培育新增长点,推动产业高质量发展,增强全省万亿有色产业集群核心区地位。二是强化产业链招商。重点围绕"长三角""珠三角""闽三角"等地区,围绕百强企业、上市公司、高新技术企业、专精特新企业及行业龙头等,招引一批突破性、带动性、示范性强的优强重点产业项目,以优质项目增量促转型升级结构调优。三是加快项目建设。坚持项目为王,建立常态化抓项目机制,力争全年实施亿元以上工业项目200个,加大服务保障力度,促进项目建设提速,确保新签约项目实现"三个月开工、八个月投产"。发挥各级工业专项资金引导作用,撬动更多社会投资,全力推进项目数量、投资总量、企业数量"三量齐增"。

3. 创新驱动提质量。一是增强企业创新能力。加快构建以企业为主体的技术创新体系,用好工业创新券、工创贷等存量政策,强化金融创新支撑作用,鼓励企业持续加大创新投入,引导企业设立研发中心,攻克一批关键共性技术,突破一批基础产品,有力支撑工业体系的不断创新升级。2023年力争新增省级以上创新平台载体4家,新产品10个。二是强化产学研用协同。做实做优做好江西先进铜产业研究院、信通院鹰潭分院等创新科研平台,搭建双向合作平台和协同合作机制,促进企业和平台达成实质性合作,充分发挥创新平台的科技支撑作用;实施揭榜挂帅、"赛马"等制度,有效激发平台、企业创新活力;进一步畅通科技成果转移转化通道,推进重点创新成果产业化。力争新增新产品10个,每万人有效发明专利6.6件。三是推进先进铜产业学院建设。加强政校企联动,力争与企业组建 5 家以上生产实习基地,与 10 家以上企业在人才培育上开展合作,更加有力地扶持企业发展,实现合作共赢。

4. 融合发展蓄能量。一是抓数字化应用。开展"上云用数赋智"行动,引导企业推进工业设备和核心业务上云,推进双千兆应用,推动上云上平台企业破万家;开展企业数字化水平评测,深入推动企业两化融合发展,力争两化融合示范企业规模以上覆盖率超 10%;推进企业级工业互联网平台建设,做强工业互联网标识解析二级节点,加速赋能制造业。二是抓智能制造。加快企业信息化智能化改造,扩大数字化、智能化装备应用规模,打造一批智能制造标杆企业、数字车间、智能工厂,2023 年新增智能制造能力成熟度达二级及以上企业 23 家。三是抓绿色转型。开展资源综合利用提升增效行动,支持企业通过技改等方式淘汰落后产能,加快数字化、绿色化协同转型,培育一批绿色工厂、绿色园区、绿色供应链。

5. 全力以赴强保障。一是强化政策支持。认真贯彻落实国家、省、市各项惠企政策,用好市级工业专项资金,推进工业创新券、工创贷、"十六条"等政策实施,"免申即享""即申即享",全周期支持工业企业发展,推动企业达产满产。二是突出要素供给。强化资金、用能、土地、用工等各方面的要素供给,全力保障企业发展和项目建设的要素需求。加大铜供应链金融服务力度,破解企业融资难、融资贵问题,促进金融与实体经济良性循环。三是聚焦环境优化。深入推进审管联动试点工作,打响"鹰办尽办"政务服务品牌。做实做细特派员帮扶工作,深化链长制等帮扶机制,常态化为企业排忧解难,切实帮助企业解决生产经营难点痛点。

赣州市工业和信息化 2022 年主要情况和 2023 年工作重点

一、2022 年主要情况

（一）总体情况

2022年，赣州市深入贯彻落实工业强省战略，坚定不移推进工业倍增升级行动，努力克服疫情反复和经济下行等多重影响，持续壮大"1+5+N"产业，各项工作迈上新台阶、取得新成效。全市规模以上工业增加值同比增长8.8%，总量和增速均列全省第三；规模以上工业营业收入5389亿元，总量列全省第四，增速列全省第三，均取得历史最好成绩。全年规模以上企业总数达到2680家，较上年底净增202家，总数位列全省第一。赣州市跃居全国先进制造业百强城市第60位，较上年前移4位。

（二）主要工作

一是主攻产业，坚定不移推动产业发展提级。打造产业链链长制升级版，制定支持赣州制造业高质量发展16条政策措施，出台现代家居、纺织服装、生物医药产业链以及上下游配套等专项扶持政策，"一链一专班""一链一策"持续推动"1+5+N"产业基础高级化、产业链现代化。稀土新材料及应用集群跻身全省唯一国家先进制造业集群，南康家具产业集群获评省五星级产业集群。稀土矿山停产6年后重启升级改造复产，格力空调、吉利动力电池产品成功下线。中国稀土集团、吉利科技、富士康等重量级"链主"企业作用凸显。有色金属和新材料、电子信息、新能源和新能源汽车三大产业规模以上营业收入分别突破2000亿元、1600亿元、700亿元，同比分别增长24%、21%和79%。

二是狠抓项目，全力以赴推动重大项目建设。坚持高质量引项目，全年新签约工业项目377个,申报"5020"项目51个,成功引进富士康、志存锂电等8个超百亿重大项目。加快重大项目建设,市重大工业项目投资引导资金累计支持重大项目27个,审批规模突破100亿元,投放规模超65亿元,在投余额约占全市制造业中长期贷款的31%,带动工业固投近200亿元,资金撬动杠杆达1:7。开展全市招商引资重点工业项目建设"赛马比拼",组建"赛马"项目库,开展"月会""季会""年会"赛场,在全市形成"大干项目、大抓落实、你追我赶、奋勇争先"的良好氛围。全年实施亿元以上重点工业项目401个,竣工项目392个,竣工率97.8%,完成年度投资率101.3%。格力电器、佳纳新能源、大自然家居、吉利动力电池等重大项目竣工投产。

三是育强企业,持之以恒推动企业做大做强。坚持做好企业梯次培育和精准帮扶,为企业发展创造最好的"土壤"。建立重点企业培育库,遴选65家成长性好、发展潜力大、带动能力强的重点企业实施重点培育、"一企一策"支持。全市营业收入超10亿元企业达104家,较上年净增30家。新增金力永磁、孚能科技等6家50亿元企业。开源科技营收达到150亿元,立德电子突破100亿元。推动中小企业健康发展,新增省级专精特新企业182家,专业化"小巨人"企业9家,省级制造业单项冠军1家,国家专精特新"小巨人"16家。加快推动企业上市,新培育腾远钴业、逸豪新材、天键电声3家上市企业。

四是提档园区,精准发力推动平台提质增效。深入实施"两型三化"管理提标提档,促进园区产城融合、绿色升级。全面实施工业企业亩产效益综合评价工作,盘活低效闲置用地,推行工业"标准地",加快工业标准厂房建设,新建成标准厂房1681.6万平方米,利用率达85%以上。成交工业"标准地"244宗,总面积1.55万亩。完成园区基础设施投入532.69亿元,同比增长26.74%,总量列全省第一。园区综合实力持续提升,获批创建全省制造业高质量发展示范区,龙南、会昌两个省级化工园区整治提升至D级。赣州经开区营业收入突破1300亿元,在国家级经开区综合考评中位列全省第1,中部地区第6、全国第31。扎实做好工业领域碳达峰工作,大力开展绿色园区、绿色工厂创建,推荐会昌工业园,以及赣州国泰特种化工、赣州腾远钴业新材料、龙南骏亚精密电路等19家企业申报国家级、省级绿色制造名单。

五是数字赋能,加快推动产业数字化转型升级。深入实施数字经济"一号发展工程",制定《促进工业互联网加快发展奖励政策兑现办法》,加速引导产业数字化升级。企业"上云用数赋智"取得突破。新开通5G基站5538个,新增上云企业1.6万家,总量突破3万家。拥有3个工业互联网标识解析二级节点,成功创评国家"千兆城市"。南康家具、赢家时装获评工信部智能制造优秀场景,好朋友科技、绿萌分选设备分别入选矿山、农业领域机器人应用优秀场景名单。青峰药业、金力永磁等12家企业获评省级智能制造标杆企业,获评数量连续四年位居全省第一。富尔特电子、绿盟科技等64家企业获评省级两化融合示范企业。章源钨业、志浩电子等26家企业入选省级制造业数字化转型解决方案及应用案例名单,数量位列全省第一。

六是提升服务,凝聚合力推动环境持续优化。深入实施政企圆桌会、市领导挂点帮扶、企业特派员等企业帮扶机制,多渠道、多方式助企纾困解难。市、县两级召开政企圆桌会议292次,梳理问题1017个,办结1004个。帮助解决了腾远钴业本地配套、深联电路能耗指标等一批企业发展难题。安排企业特派员2141人,服务企业3171家,为企业解决各类问题1007个。推行惠企政策免申即享、即申即享,约1.6亿元惠企资金直达企业。印制"惠企政策明白卡"1万余册。推动瑞金电厂二期、信丰电厂一期投产发力,西气东输三线开口供气,企业用能需求保障有力。

二、2023年工作重点

(一)工作思路

2023年,赣州将以"贯彻党的二十大,推进赣州工业化"为主线,用足用好苏区振兴发展政策、湾区准成员区位、稀土稀有金属矿产资源三大优势,聚焦聚力提升存量、引进增量、培育变量、优化质量、做大总量,坚持"稳"字打头、"进"字当先、"敢"字开路、"拼"字发力、"实"字托底,敢为敢闯敢首创敢担当,拼量拼质拼项目拼发展,大力推进产业提档、企业提质、项目提速、园区提标、创新提能、服务提优,压紧压实产业链链长制工作责任,全力以赴促进"1+5+N"产业链延链补链强链,坚决打好工业倍增升级、创新发展主动战,推动赣州工业向产业高端化、产品终端化、技术尖端化迈进,为加快推进江西省新型工业化进程、全面建设现代化江西贡献更多赣州力量。

(二)工作目标

力争2023年全市规模以上工业增加值同比增长8.5%以上;规模以上工业营业收入突破6000亿元;工业固定资产投资同比增长10%以上;新入规工业企业300家以上。

(三)重点举措

一是在产业升级上求突破,塑造产业竞争新优势。推动传统产业加快转型,实施技改升级行动,重点加快新技术、新材料、新装备在传统产业中的应用,推动家具、纺织服装、食品、建材、化工等传统产业向智能化、高端化、绿色化发展。培育壮大新兴产业,充分发挥中科院赣江创新研究院、中国稀土集团等大院大企优势,聚焦朝阳产业,抢抓产业风口,大力发展锂电新能源、永磁电机、氟盐新材料、绿色食品等产业,培育新的增长点。谋划布局未来产业,紧盯新通信、新材料、新能源、未来制造、未来交通、未来健康等产业,不断塑造新优势。2023年力争有色金属和新材料、电子信息、新能源和新能源汽车产业营业收入分别突破2300亿元、2000亿元、1000亿元。

二是在扩大投资上求突破,跑出项目建设加速度。强化产业招商,聚焦长珠闽等重点区域,聚焦国内外制造业500强、行业龙头及优质赛道高成长性企业,集中资源、集中力量,引进一批"链主"及强链补链延链项目。强化项目服务,紧盯442个亿元以上项目,建立高效联审会商机制,实行"拿地即开工、完工即验收",利用项目工作专班,开展全周期帮扶,推动志存锂电、腾驰新能源等一批重大工业项目尽快投产见效。强化项目考核,实施重大工业项目建设"赛马比拼",举办好"月会""季会""年会"各大赛场,掀起大干项目新热潮,力争全年亿元以上项目竣工投产200个以上。

三是在扶优扶强上求突破,提升企业核心竞争力。强化企业梯次培育,推动企业做大做强。实施龙头企业倍增计划。建立重点企业培育库,结合企业发展战略,制定"一企一策"帮扶方案。支持企业通过科技创新、发展总部经济、推进兼并重组、开展服务型制造、加强产业链整合、强化资本运作等集约化手段提升综合竞争力,打造一批引领产业发展、具有品牌影响力和竞争力的领航企业。力争全年新培育营业收入超100亿元企业3家,50亿—

100亿元企业6家,上市企业3家以上。推动中小企业健康发展。促进微型企业上数量、小型企业上规模、中型企业上层次。引导推动企业专注细分市场,不断提升创新能力,提高市场占有率,掌握关键核心技术,培育一批独角兽企业、瞪羚企业、专精特新"小巨人"企业。力争全年新增规模以上企业300家,省级以上专精特新企业100家。

四是在数字赋能上求突破,激发融合发展新动能。深入实施数字经济"一号发展工程",推动产业数字化和数字产业化发展。加快完善数字基础设施。加快"双千兆"网络建设,提升"千兆城市"建设水平。新开通5G基站3000个,推进IPv6在工业领域应用部署,重点推动5G网络在工业园区等重点应用场景深度覆盖。培育壮大特色数字产业。聚焦专业芯片、电子材料、智能终端、信创、无人机等领域,布局一批产业赛道,"一道一策"推动产业能级跃升。加快建设赣深数字经济走廊,力争全年数字经济核心产业营收突破1400亿元。扎实开展"上云用数赋智"工程。开展"万家企业上云"行动,推动企业深度"上云",规模以上企业上云覆盖率达80%以上。加速工业互联网平台推广应用、功能迭代、服务创新,打造2~3个行业级或区域级工业互联网平台,新增省级工业互联网平台5家。打造融合应用示范标杆。围绕"1+5+N"重点产业,推动产业链上下游企业数字化转型升级,建设一批数字化车间、智能工厂,力争新增省级智能制造标杆企业5家以上,省级以上两化融合示范企业10家以上。

五是在园区提档上求突破,夯实工业平台硬支撑。加快制造业高质量发展试验区建设,加速推动要素向园区集聚、项目向园区集中、产业向园区集群,努力实现园区进位赶超,力争赣州经开区营收突破1600亿元、龙南经开区达580亿元、赣州高新区突破500亿元,规模以上营收100亿元以下园区实现清零。持续深化开发区改革,积极推动与深圳等大湾区城市产业园区结对共建,推动8个省级开发区扩区调区。深入开展"亩产效益"综合评价,支持"工改工"试验,加大园区低效用地及闲置土地处理力度,提升标准厂房利用率。构建绿色制造体系,坚决遏制"两高"项目盲目发展,积极创建绿色园区、绿色工厂,打造绿色供应链。力争全年创建省级以上绿色园区1个,省级以上绿色工厂8个。

六是在精准服务上求突破,锻造助企纾困金钥匙。深化"放管服"改革,加快推进政务服务数字化转型,持续优化营商环境。实施产业链链长制升级版,统筹用好领导挂点帮扶、企业特派员、政企圆桌会等机制,切实解决企业合理诉求。主动靠前精准服务企业,了解重点企业生产经营情况,努力破解企业发展难点、痛点问题。落实"安静生产期""初次或轻微违法不罚"等包容审慎监管制度,全方位护航企业发展。多形式开展送政策到基层、送服务到企业等活动,推行惠企政策免申即享、即申即享,畅通政策落实"最后一公里",增强企业获得感。

宜春市工业和信息化2022年主要情况和2023年工作重点

一、2022年主要情况

(一)总体情况

2022年,是近年来宜春工业和信息化发展取得最好成绩的一年。全市规模以上工业增加值、投资和利润分别同比增长9.0%、14.0%和27.2%,分别为全省平均的1.23倍、2倍和2.3倍,在全省分别排第二、二、三位。全市规模以上工业增加值总量突破千亿、工业固投突破千亿、营业收入突破五千亿元,千亿产业、千亿园区、制造业百亿企业均实现了"零"的突破,二产占GDP比重提高近1个百分点。获得的荣誉前所未有,全省工业高质量发展考核中市县获评先进数列全省第一,全省工业崛起表彰中市县及园区获奖数列全省第一,成功获批全省制造业高质量发展试验区、全省设区市仅4个,特别是在国家级荣誉上取得历史性突破,列入了国家"工业稳增长和转型升级成效明显市"公示名单。

(二)主要工作

一是浓氛围、聚合力。市四套班子领导出席先进制造业强市大会等重大活动,部署工作、表彰先进。印发了《关于打造先进制造业强市的实施意见》等若干政策文件,明确工业发展思路、目标、方向、实施路径和保障措施。实施"产业转型升级攻坚行动",列入全市"三拼三促"抓落实重点任务,提级督导。充分发挥链长制作用,优化整合10条重点产业链,由市领导担任链长,定期通报工作动态,以项目清单化方式压茬推进链长制工作。建立合力攻坚比拼机制,围绕县市区、市直部门、工业园区、企业四大主体开展高质量发展排位赛等五大赛事,进一步凝聚"强攻工业"合力。

二是促帮扶、强信心。开展"入企走访连心"活动、选派驻企特派员,入企、驻企帮扶。出台奖补政策,引导企业重要节日"两个不停"。积极向上争资增项,推动及时兑现市、县奖补资金,开展企业账款清欠专项行动和融资担保、股权质押等贷款服务,缓解企业发展资金紧张问题。全年争取到省级以上无偿奖补资金约1.5亿元、各类贷款48.1亿元,惠及企业1134家次;兑现工业奖补资金约1.4亿元、项目扶持资金31.9万元,惠及企业909家次;清偿企业欠款4311余万元、惠及企业15家。

三是抢"风口"、攻重点。抢抓"双碳"风口,积极推进锂电新能源首位产业发展。举办锂电高峰论坛等活动,加大产业宣传,提升产业影响力和知名度,推动招引头部、链主和细分领域冠军企业和配套项目。出台《宜春市含锂瓷土矿尾矿尾泥锂渣综合利用的实施意见》,加快宜春江理锂电新能源产业研究院、锂渣固废资源利用研发中心、锂渣固废资源利用产业化生产基地等配套产业平台建设,完善产业配套服务。

四是抓项目、促升级。实行重大项目"周调度、月通报、季督查、年考核"制度,及时传导压力,推进项目投资建设。出台《宜春市工业企业技术改造专项资金管理办法(试行)》,统筹市、县财政2亿元专项资金,提高单个项目补助上限,引导企业技改。开展"零地招商"亩产增效行动,引导各地以嫁接、兼并、破产清算等方式优化整合闲置厂房和土地资源,加大工业用地供给。全年共签约工业项目338个、总投资1796.2亿元,注册率和进资率均超99%;工业技改投资同比增长16.9%、高于全省10.8个百分点,占工业投资的比重达41.5%。

五是争名片、创品牌。出台《宜春市中小企业选优扶强若干意见》,积极组织和鼓励申报各级各类企业、平台、产品等名片。全年共申报国家级名片30个、省级名片309个,其中:华伍股份、紫宸科技获评国家制造业单项冠军企业,金虎保险先后获评国家技术创新示范企业和服务型制造企业,和力物联获评国家服务型制造示范平台,睿达新能源先进过程控制、仁翔药业智能仓储、威源民爆能耗数据监测和数字孪生工厂建设4个场景获评国家智能制造优秀场景,远大保险"基于'5G融合智能制造'的精益管理模式实施经验"入选2022年全国"质量标杆"。

六是强监管、保稳定。加强安全生产督查,开展安全生产集中治理、工业制造领域隐患排查等专项整治行动,推进安全教育,严格监管执法,开展警示教育 49 场,检查企业 1157 家次,排查隐患 1483 条,约谈企业 18 家、停产整顿企业 20 家。开展节能审查监察,建立节能评估、审查月调度机制,分类处置工业固投及技改项目,有效压实各地责任。推动专项监察与自主监察、日常监察与双随机相结合,力促重点行业、企业节能降耗。

七是优队伍、转作风。以学固本,坚决落实党内组织生活各项制度,突出深学党的二十大精神、习近平总书记系列重要讲话精神以及关于"加快建设制造强国"等重要论述,提升干部政治素养、理论素养,筑牢思想之基。以制增效,出台干部培养、科组会议、领导批示件办理等多项制度,实施"月通报+述职评"工作法,强化制度管人管事,高效推进工作落实。以赛评先,建立"五个一"工作机制,评先评优,激励担当作为。以纪束行,集中组织观看违纪违法典型案例,抓牢抓实巡察问题整改,逐一排查廉政风险点,认真开展廉政家访,全面压实管党治党政治责任,规范和约束干部言行。

二、2023 年工作重点

(一)工作思路

坚持以习近平新时代中国特色社会主义思想为指导,全面贯彻党的二十大精神,认真落实市委、市政府决策部署,坚持稳中求进工作总基调,完整、准确、全面贯彻新发展理念,突出"三比三争",深化开展"五个一"和"五赛三争"活动,聚力稳增长、攻重点、优结构、强平台、抓帮扶、严监管、建队伍,全力做大做强"1+3+N"产业体系,加速建设制造业高质量发展试验区,不断推进工业高质量发展,奋力迈出打造"全国先进制造业五十强市"的坚实步伐。

(二)工作目标

全市规模以上工业增加值同比增长 8.5% 以上、工业固定资产投资同比增长 12%、工业技改投资同比增长 35%,省级制造业高质量发展试验区建设争第一、全省工业高质量考核拼第一、锂电新能源国家先进制造业集群创唯一。

（三）重点举措

一是稳增长，护好高质量发展"基本盘"。组织召开制造业高质量发展试验区建设动员大会等重大会议，制定《关于加快建设"1+3+N"现代化产业体系的指导意见》等重要文件，开展知名企业走进宜春（苏州）招商推介会等系列招商活动，加强经济运行调度和项目建设督导，优化规划指导和政策解读，健全完善工业高质量考评体系，汇聚全市上下强攻工业的发展合力。

二是攻重点，培育锂电新能源产业"增长极"。出台《宜春市锂电新能源产业中长期发展规划（2023—2030年）》等若干产业政策，积极申办第八届"创客中国"中小企业创新创业大赛锂电（新能源）专题赛，承办全国促进锂电产业链供应链稳定会议，围绕宜春时代、江西国轩、比亚迪等头部企业，招引一批产业链缺失、延伸和配套项目，积极推进"电动宜春"建设和宜春江理锂电产业研究院、锂渣固废资源综合利用技术中心等创新平台建设，组织申报公共领域车辆全面电动化先行区试点城市，接续推进首位产业发展。

三是优结构，构建产业升级"新版图"。围绕产业数字化升级，积极开展两化融合贯标认证和示范创建以及工业互联网标识解析二级节点建设，加快开发区数字化转型，培育智能制造意愿企业、标杆企业和解决方案供应商。围绕产业绿色化升级，出台全市工业领域碳达峰整体实施方案及重点行业子方案，加强绿色制造体系创建、再生资源综合利用规范准入企业事中事后监管和"白名单"企业培育管理以及工业节能监察和诊断，规范化工园区管理并组织申报第二批化工园区。围绕产业服务化，积极承办全省服务型制造"万里行"活动"宜春专场"，组织企业参加国内知名赛事活动，着力提升企业设计能力和服务能力，促进先进制造业和现代服务业融合发展。围绕产业品牌化升级，加强品牌建设、质量管理等理念和政策的宣贯辅导，挖掘"首台套"技术装备、特色产品和质量管理经验，申报更多重量级名片，提升品牌影响力。围绕产业创新能力升级，围绕重点行业、专精特新企业建立企业技术中心梯度培育名单，引导企业加大研发投入，提高创新水平，加速创新成果转化应用。

四是强平台，筑牢支撑发展"承重梁"。以省级制造业高质量发展试验区建设为核心，打造全省可复制、可推广的样板工程。深入开展"零地招商"有效盘活存量土地，采取针对性、差异化政策倒逼企业提升亩产效益。支持宜春经开区（锂电新能源产业）申报国家新型工业化产业示范基地、宜春锂电新能源产业集群创建国家先进制造业产业集群，推动樟树工业园区（中医药产业）和高安建陶产业基地（建陶产业）保持国家新型工业化产业示范基地发展质量评价"四星"等次。

五是抓帮扶，当好服务企业"娘家人"。全面落实《宜春市中小企业选优扶强若干意见》，建立培育库遴选链主企业，申办"创客中国"中小企业创新创业大赛，组织企业参加政策培训，推动企业入规和专精特新发展。出台指导企业家队伍建设的政策文件，重组市企业联合会（企业家协会）并推动有效运作，培育一批在业内有影响力的领军型企业家。举办全市电子信息产业（成都）招商推介会、全省医药产业座谈会等产业对接会，探索与国家开发银行等相关金融机构合作，帮助企业拓宽产销、产融渠道。有效提供企业融资担保服务，及时清理拖欠中小企业账款，减轻企业资金负担。按照上级部署，组织开展"一起益企"等活动，收集和推动解决企业困难问题。

六是严监管，守住安全稳定"高压线"。加强安全形势分析研判和企业安全生产知识培训，开展工业信息安全专项检查和"四不两直"综合督导检查，提升企业安全风险防控意识和安全生产管理水平。加强民爆、水泥、船舶、改装车、食盐等行业监管，健全行业管理制度，加强行政执法和专项指导，引导企业规范自我管理，坚决淘汰落后产能，坚决防止安全事故发生。稳步推进工业污染防治，推进中央环保督察反馈问题全面整改。

七是建队伍，践行工信精神"硬作风"。围绕政治机关、法治机关、效能机关、服务机关、品牌机关五个机关建设，强化政治引领，落实"一岗双责"，加强党性教育、普法教育，优化机关制度，有效提升服务中心能力，提高工信工作、工信团队的内部认同、社会认同感，培育锻造一支"讲政治、守纪律、敢斗争、勇争先、善谋划、强执行"的工信铁军。

上饶市工业和信息化 2022 年主要情况和 2023 年工作重点

一、2022 年主要情况

(一)总体情况

2022 年,上饶市坚持以习近平新时代中国特色社会主义思想为指导,深入贯彻落实工业强省战略,坚持"项目为王、工业挂帅"发展理念,实现了"工业经济总量和增速均进入全省第一方阵"总目标,推动工业高质量跨越式发展取得显著成效:被国务院表彰为 2021 年度全国工业稳增长和转型升级成效明显十大地市之一,以第一名的成绩连续第四年获评全省工业高质量发展先进设区市,获评全省 2019—2021 年度加快工业发展加速工业崛起先进单位突出贡献奖。

(二)主要工作

1. 强化运行调度,工业经济主要指标运行良好。按照"工业经济主要指标的总量和增速保持在全省第一方阵"的总目标,持续加强对全市工业经济运行情况的密集调度监测,及时采取针对性措施消除问题隐患,确保工业经济稳定运行。2022 年,全市规模以上工业增加值同比增长 9.1%,列全省第一;全市规模以上工业营业收入 6064.7 亿元,总量列全省第三,同比增长 17.5%,增速列全省第二;工业增值税 141.7 亿元,总量列全省第一,同比增长 8%,增幅列全省第三;新增规模以上工业企业 282 户,总数达 2248 户,总数列全省第二。

2. 聚焦产业培育,主导产业支撑力不断提升。聚焦"2+4+N"现代化产业体系,深入实施产业链"链长制",先后编制了光伏新能源、化工等产业"十四五"专项规划,出台促进铜产业绿色发展、推进现代光学产业发展等意见,持续延链补链强链。2022 年,全市"2+4"主导产业实现营业收入 5028.1 亿元,全市占比 82.9%,较 2021 年提高了 1.8 个百分点,重点产业集聚度进一步提高。其中,光伏新能源产业实现营业收入 1201.1 亿元,同比增长 56.8%,成为全市第二个千亿级产业。同时,依托锂矿、磷矿、钽铌矿等资源禀赋优势和新能源产业基础,以蜂巢能源、赣锋锂业等龙头企业引领,积极布局锂电"赛道",加速打造 2025 年投资、产出"双千亿"的锂电产业。

3. 推进项目建设,工业投资持续快速增长。建立重大工业项目协调推进机制,动态完善在建、新开、储备项目"三个清单",先后组织开展了四次全市年度工业项目集中开(竣)工和全市工业竣工项目巡查活动,营造工业项目"大干快上"的浓厚氛围。2022 年,全市纳入全省调度的投资 20 亿元以上重大工业项目共 80 个,总投资 2925 亿元,分列全省第 2 和第 1;纳入省级"工业项目大会战"重大项目 165 个,总投资 2193.7 亿元,均列全省的第 2;列入市级"工业项目大会战"重点推进的投资亿元及以上项目共 624 个项目,投资额 4502 亿元,项目完成投资额 2076 亿元,占当年计划 1840.8 亿元的 112.8%。

4. 突出平台建设和企业培育,新旧动能转化不断深入。上饶高铁经济试验区入选第十批国家新型工业化产业示范基地,是全省唯一。玉山家具产业园获评国家小型微型企业创业创新示范基地。广丰区入选全省制造业高质量发展试验区。在全省首创搭建了上饶市建筑材料生产质量在线管理平台。全市新增 6 个开发区获评省级两化融合示范区;新增 1 个国家级、2 个省级节水标杆园区,1 个省级绿色园区,1 个省级中小企业公共服务示范平台,1 个省级工业旅游示范基地,1 个省级工业遗产旅游基地。2022 年 1 月,晶科能源在上交所科创板上市,入选"科创 50 指数",市值在 1500 亿元左右,是行业内首家完成 100GW 出货量的组件制造商,再次获评国家级制造业单项冠军企业,其研制的 N 型单晶电池最高转换效率达 26.4%,连续第 22 次刷新世界纪录。德乐智能科技 DL-400 全伺服无纺布制袋机生产线实现了上饶在省级首台(套)重大技术装备零的突破。全市新增 2 个国家级智能制造优秀场景、1 家国家级重点用能行业能效"领跑者"企业,99 家省级专精特新中小企业,8 家省级专业化"小巨人"企业,4 家省级智能制造标杆企业,9家省级制造业领航培育企业,2家工业设计中心获评省级工业设计中心,122家企业获评省级两化融合示范企业,21家企业获评省级节水型企业,5家省级绿色工厂,1家省级绿色供应链管理企业。9家企业完成光伏行业工业互联网标识解析节点注册;36家企业实施了5G+工业互联网场景应用项目。

5. 抓好项目申报,积极争取上级支持。建立完善专精特新、领航企业、首台(套)重大技术装备、产业研究院、企业技术中心等一批分行业分类的工业企业项目库,对全市的项目提前储备、精准培育,积极主动向上争取各类工业项目及相关支持。广丰区入选全省制造业高质量发展试验区;新增4家省级(培育、特色)产业集群,全市累计培育12家省级产业集群、2家省级(培育)产业集群、1家省级(特色)产业集群;在2021年度省级产业集群综合评价中,上饶市经开区光伏产业集群荣获"优秀"等次,德兴黄金产业集群、广信有色金属精深加工产业集群获得"良好"的等次。2022年,向国家、省级争取各类专项资金项目数达51个,比2021年增加了13个,累计获得上级资金支持1.05亿元,是2021年的2.7倍。

6. 狠抓复工复产,产能全面快速恢复。自2022年5月14日"五区两县"疫情陆续解除静态管理以来,上饶市迅速推动工业企业项目全面复工复产复建,成立了工作专班并印发了工作方案,明确了畅通复工通道、稳定信贷投放、维护企业信用、开通绿色通道、强化行业管理等具体举措,督促指导各地严格落实疫情防控主体责任,帮助受疫情影响企业项目尽快复工复产复建,最大限度降低疫情造成的影响。截至2022年5月18日,全市2138户规模以上工业企业、502个投资亿元以上重点工业项目已全面复工复产复建,总体产能基本恢复至疫情前水平。

7. 全力纾困解难,惠企助企成效明显。深入推进营商环境优化升级"一号工程",统筹用好领导挂点帮扶、"企业特派员"等工作机制,及时了解掌握企业所忧所盼,协调解决企业反映的重难点问题。2022年,全市企业特派员共收集问题1799个,已帮助协调解决1730个,办结率96.2%,其余问题也在积极协调解决,受到广大企业主的好评。深入开展"开拓市场万里行"活动,全市累计开展"开拓市场万里行"活动857次,促成企业达成销售订单1694亿元,有效提高了"上饶制造"的市场占有率和知名度。持续开展清欠工作,全年完成清偿82项共计2392.6万元,清偿率100%。

二、2023年工作重点

(一)工作思路

坚持以习近平新时代中国特色社会主义思想为指导,深入贯彻落实党的二十大精神、习近平总书记视察江西重要讲话精神和"三新一高"发展要求,继续深入实施工业强市战略,坚持"项目为王、工业挂帅"发展理念,以"十百千万"行动为主抓手,力争工业经济主要指标的总量和增速保持在全省第一方阵,奋力打造制造强市。

(二)工作目标

规模以上工业增加值同比增长8.5%以上;规模以上工业营业收入同比增长15%以上,力争突破7300亿元;规模以上工业利润同比增长12%以上;工业固定资产投资同比增长15%,工业技改投资同比增长20%,工业技改投资占工业固投比重达到40%;新增规模以上工业企业300户,净增200户;新增十亿级企业10家、百亿级企业4家。

(三)重点举措

1. 持续推动主导产业优化升级。聚焦"2+4+N"现代产业体系,按照产业"高大上、链群配"发展路径,全力稳产业链供应链,深入实施产业链"链长制"升级版,大力实施传统产业转型升级行动,全力实施战略性新兴产业"三年倍增"行动,积极培育壮大以光伏新能源、电子信息、锂电产业为主的战略性新兴产业。有色金属产业聚焦铜、黄金、铝等领域,深入实施优"冶"择"粗"延"精"行动,提升精深加工水平,延伸拓展产业链条。光伏新能源产业聚焦产业链缺失的中下游环节,大力发展光伏背板、逆变器、光伏制造设备等配套产品,巩固光伏新能源产业集群的领跑优势。电子信息产业积极策应万亿级"京九电子信息产业带"布局,加大招大引强力度,推动现代光学与电子信息融合发展。非金属材料产业深挖新型建材行业潜能,以先进绿色技术赋能矿产开发利用,不断提升含绿量、含金量。汽车产业聚焦新能源汽车、传统汽车、汽车零部件等领域,主攻智能化、网联化、低碳化,补足汽车产业"全生命周期"链条。机械制造产业培育一批先进机械制造企业,促进产业从单元级、流程级向网络级、生态级转型。锂电产业充分发挥横峰锂矿资源优势，加速全产业链布局，全力打造到2025年投入、产出双千亿的锂电产业。未来产业积极培育发展工业互联网、新型储能、生物技术、微纳光学等未来产业，开辟新领域、抢占新赛道。

2. 扎实推进重大项目建设。持续推进省、市"工业项目大会战"，全市调度推进工业项目力争当年完成投资800亿元以上，亿元以上重大工业项目数量500个以上，其中，计划新开工项目200个以上，计划完工或部分投产项目200个以上。坚持每季度举行工业项目集中开竣工活动，年末开展一次全市亿元以上工业竣工项目巡查活动，不定期对各地进行项目建设专项督促，实地检查评比项目建设成效，形成持续不断、压茬推进的工业项目"大会战"格局。着重抓好首位产业、主导产业项目，紧盯总投资20亿元以上项目，全力破解项目建设中的要素保障问题。

3. 做大做强工业发展主体。按照"个转企、小升规、规改股、股上市、育龙头"工作思路，培育壮大企业主体。着重抓好企业入统工作，全力完成年度工业企业入统目标。加大战略性新兴企业培育力度，着力引育一批带动作用明显的龙头企业、领航企业、专精特新企业。着力提升重点骨干企业在行业领域的影响力，打造一批十亿级、百亿级、千亿级企业梯队，力争晶科能源成为上饶市首家千亿级企业。加强"三首"产品示范应用推广。持续开展好"开拓市场万里行"活动，提升"上饶制造"市场占有率、行业竞争力。

4. 夯实工业发展平台。开发区要发挥试验区先行先试示范引领作用，在体制机制创新上率先开展新探索。优化开发区承载平台，组织开展好铅山化工园区认定工作，配合做好上饶高新区、德兴高新区、横峰经开区等开发区的调园扩区工作。在提高入驻率的基础上，新建工业标准厂房600万平方米，着力打造2~3个特色产业园区。加快开发区数字化转型，打造市、开发区、企业三级联动的开发区智慧云平台，打造省级数字化转型标杆开发区和优秀开发区。积极申报省级制造业高质量发展试验区。做好产业集群提能升级，争取新增1个省级产业集群、2~3个省级培育或特色产业集群，全力推动上饶经开区光伏产业集群晋升为国家级先进制造业集群。择优推荐一批工业旅游示范基地。

5. 推进两化深度融合。做优做强数字经济"一号发展工程"，抓实抓好数字经济发展水平监测评价，完善两化融合发展平台，力争打造一个省级数字化转型促进中心、工业互联网标识解析综合型二级节点,培育一批企业级、行业级工业互联网平台和省级两化融合示范企业。引导企业开展内外网改造、上云上平台、两化融合体系贯标,持续开展工业互联网专题培训、实训,增强工业信息安全保障能力。举办一次全市制造业数字化转型推进现场会。开展两化融合度评价普查,做到两化融合工作清单化、责任具体化,形成月研究、月调度、月通报的常态化工作机制。

6. 提升科技创新能力。鼓励支持企业加大研发投入,加强"新技术、新工艺、新产品"的研发和应用。加快省级以上公共服务平台建设和申报。做好企业技术中心完善升级和挖掘培育工作,培育认定一批市级企业技术中心,组织申报一批省级科创平台,力争打造一个国家级科创平台。力争新增一家省级产业技术研究院。加快工业设计发展,培育建设一批省级工业设计中心,促进工业设计与制造业深度融合。

7. 坚持绿色安全发展。持续深入推进绿色发展,积极推广应用国家级、省级绿色技术,培育绿色技术创新企业,引导企业创建绿色制造名单。加快上饶市建筑材料生产质量在线管理平台的推广应用。加大力度推广预拌砂浆应用。抓好工业结构调整,严防"地条钢"死灰复燃。加强安全生产领域法律法规学习,推动工业企业安全生产标准化和风险管控体系建设,推进企业加强安全生产管理。

8. 优化营商环境。统筹用好"企业特派员"等工作机制,加强部门和区域协调,不定期召开要素保障推进会,及时帮助企业(项目)解决困难和问题。系统梳理可以争取的国家、省级的扶持政策,持续完善分行业、分领域的项目库建设,争取更多企业和项目获得上级支持。多形式开展送政策、送管理、送培训进企业活动。持续开展清欠工作,帮助中小企业维护合法权益。发挥好市、县两级工业发展专项资金引导作用,鼓励推动各地出台有关政策,切实加大对工业高质量发展支持力度。

9. 强化运行调度。进一步健全工业经济运行监测网络,完善重点工业企业运行调度机制。进一步完善全市工业高质量发展绩效评估办法,提升高质量发展指标权重。督导各县(市、区)强化亩产效益综合评价结果应用,出台差异化政策,把优势资源向优质企业集中,提高资源使用效率。

吉安市工业和信息化2022年主要情况和2023年工作重点

一、2022年主要情况

（一）总体情况

2022年，吉安市坚定实施工业强市核心战略，坚持项目、产业、企业、园区四位一体推进，工业经济总体平稳、稳中有进。全市规模工业增加值增速8.8%、列全省第三位，实现规模工业营业收入4801.1亿元、同比增长7.7%，实现利润总额451.5亿元、同比增长23.0%，全市工业投资同比增长14.0%、列全省第二位，全市电子信息产业营业收入2220.1亿元，总量保持全省第一。重大工业项目开工点将赛、擂台赛"双赛制"、电子信息产业公共服务平台"三驾马车"、工业企业"老树发新枝"等创新举措成为全省典型；市本级和4个县（区）荣获2019—2021年全省工业崛起年度贡献奖，成功创建全国"千兆城市"。

（二）主要工作

1. 聚焦核心战略，强化工作导向。坚持"抓发展是主责、抓产业是主业"，始终把工业强市作为核心战略予以大力推进。一是加强组织领导。市县两级均将工业发展作为"一把手"工程，建立了党委政府主要领导领衔、常委管工业机制，以市委、市政府名义出台年度工业发展实施意见，市主要领导坚持"调研重点看工业"，定期深入一线察看重大工业项目，帮扶工业企业发展。二是完善工作机制。建立了部门周会商、分管领导月"大工业"联席会、主要领导"季工业日"三级调度机制，推行"提示函、警示函"制度，对苗头性、倾向性问题提醒预警。全年全市开展三级调度40余次，下发入规入统、项目建设、产业链链长制等工作提示函54张，协调解决问题120余个。

三是严格责任落实。完善工业高质量发展考核评价体系,实行"月通报、季评分、年考核";工业项目被列入每年"三看"必看项目,将工业发展成效作为县级班子考核和干部评先评优依据;召开全市重点产业链强链补链延链工作推进会,十大重点产业链全年共开展各类对接活动213场次,链长制问题办结率98.65%。

2. 提速项目建设,增强发展后劲。树牢"项目为王"理念,坚持大干项目、干大项目,围绕"招、落、建、统"全周期,推行重大项目"四个清单"滚动接续。一是"双轮驱动"抓项目。实施招大引强和老树发新枝"双轮驱动",聚焦产业关键环节、链上头部企业精准招引,举办电子信息、生物医药大健康等系列招商推介活动,新签约百亿元项目10个、20亿元以上项目64个;以吉府办1号文件印发"老树发新枝"支持政策,带动"老树发新枝"项目213个、完成技改投资同比增长23.2%。二是"双赛制"推项目。创新实施重大工业项目开工点将赛、擂台赛"双赛制",随机点将、擂台比拼,设立"红灰台"发言席,极大地激发和压实了各级领导干部抓项目、强工业的责任感和紧迫感,全年举办点将赛4次、擂台赛20场,499个重大工业项目开工。三是"三张表"督项目。创建"开工、投产、问题"三张表,紧盯20亿元以上项目、省重点调度和集中开工项目,采取"三不两直"形式开展专项督查并定期通报,全市实施亿元以上工业项目526个、同比增加139个,开工率、投产率分别达到100%、61.7%。

3. 聚力产业升级,筑牢发展基础。深化产业链链长制,出台"1+4"产业专项规划,明确主攻方向,提升产业发展水平。一是强攻首位产业。电子信息产业着力打造牵引产业发展公共服务平台的"三驾马车",实体化运作电子信息产业联盟,入盟企业达到200家,承办全省电子信息产业链供需对接大会,促成签约合作项目148个、签约金额70.6亿元;吉安市电子信息研究院获批省引进共建高端研发机构等省级平台6项,实现"拼图式"运行;引入省检验检测认证总院共建电子产品检验检测中心,加快打造检验检测"赣中基地"。二是推进主导产业。积极推动大健康产业以医药制造为核心构建"种、医、养、游"融合集群,先进装备制造做优做强汽车零部件、电线电缆、数控机床等细分领域,先进材料重点发展硅基、铜基、稀土、先进膜等领域,绿色食品重点推进产品精深加工。生物医药、先进装备制造、先进材料、绿色食品产业全年实现营业收入1785.9亿元。三是加快数字赋能。深入推进数字经济"一号发展工程",加快人工智能、5G、物联网等新技术应用,全市生产设备数字化率达到65.31%。通讯终端研究院获批为全省首家电子信息行业数字化转型促进中心,立讯智能无线蓝牙耳机等4个项目获评工信部示范项目。新增上云企业1.6万家,上云企业总数位列全省第三。全年新开通5G基站2525个,成功创建全国"千兆城市"。

4. 优化企业服务,壮大实体经济。坚持把工作着力点放在实体经济上,树牢"帮企业就是帮自己"理念,千方百计育梯队、强创新、优环境。一是抓实育企强企。实施领航企业培育和制造业50强双培育行动,做精做特中小企业,成功举办"创客中国""一起益企"等活动。全年新增规模以上工业企业218家、营业收入超50亿元企业5家、营收超20亿元企业7家;满坤科技A股上市,为全省唯一一家线路板上市企业;立讯智造、合力泰、协讯电子3家企业荣获2019—2021年全省工业崛起优强企业专项奖。二是加快创新提升。联合国家级科研机构、产业协会举办中国(吉安)电子信息产业创新发展大会、中国杜仲大会,开展关键技术揭榜挂帅、共性技术联合攻关,新增国家专精特新"小巨人"企业5家、省级专业化"小巨人"企业7家、省级专精特新企业65家,新增省级新产品86项、省级创新平台24家、"赣出精品"13项。三是全力帮扶企业。常态化举办企业家早餐会,市领导带队开展"面对面解难题"活动,深入实施企业特派员大走访行动,向上争资争项金额列全省第三,中小企业发展环境评估进入全省第一方阵。全面落实国家和省一揽子惠企政策,针对性出台老树发新枝等政策,设立260亿元的工业发展引导基金并实现市县全覆盖,减税降费惠企金额近100亿元。

5. 推进园区提档,夯实发展阵地。深入实施"两型三化"管理提标提档,促进园区产城融合、绿色升级。全市全年工业园区实现营业收入4551.2亿元。一是突出产业集群。坚持"一园一主业、一园一特色",持续推进集群式项目满园扩园。全年新增1个省级产业集群和1个省级培育产业集群,全市16个工业产业集群共完成营业收入3167.5亿元,实现利税413.6亿元。二是突出要素集约。完善园区生产生活配套,导入研发、会展、商超等功能服务,优化园区智慧云平台,提升园区承载能力。全面实施工业企业亩产效益综合评价,盘活低效闲置用地,推行工业"标准地",加快工业标准厂房建设,全市完成园区内工业标准地供地128宗,面积7712亩;累计新开工工业标准厂房362.7万平方米。三是突出生态集优。扎实做好碳达峰工作,大力开展绿色园区、绿色工厂创建,加大园区污水处理设施建设。新增省级绿色园区1家、省级绿色工厂9家、绿色设计产品2个,获评省级节水企业15家、省级水效领跑者2家,吉安高新区获批省级节水标杆园区。

二、2023年工作重点

(一)工作思路

以习近平新时代中国特色社会主义思想为指导,全面贯彻党的二十大和中央经济工作会议精神,认真落实省委、市委经济工作会议精神以及2023年全国、全省工业和信息化工作会议部署,聚焦"作示范、勇争先"目标定位,坚持稳中求进工作总基调,统筹抓好"项目提速、产业提级、企业提能、园区提档",推动吉安工业高质量发展,努力在全市"三区"建设中担当硬核支撑。

(二)工作目标

力争全年工业经济主要指标增速保持全省"第一方阵",2023年规模工业增加值同比增长8.5%左右、营业收入同比增长10%左右、利润总额同比增长10%左右,工业增加值占全市地区生产总值比重保持38%以上,电子信息、生物医药、先进装备制造、新能源新材料、绿色食品产业实现营收4850亿元,其中电子信息实现营收2700亿元,新增入规企业200家,全年实施亿元以上工业项目500个以上,全市工业园区营收达到4800亿元。

(三)重点举措

1.实施四大工程,推进产业升级。一是主导产业扩量提质工程。电子信息首位产业,坚持"芯光屏板链智网"融合发展,提升LED、触控显示、高端电路板、智能穿戴等优势领域集聚度。生物医药产业,重点发展中医药、器械和医美产品,推动一批产品批文转化。先进装备制造产业,壮大汽车零部件、电线电缆、电子信息装备等细分领域,加快引进高端装备等头部企业。新材料产业,加快硅基、铜基、超纤新材料、纳米碳酸钙材料发展;大力发展矿业经济,组建市矿业公司。绿色食品产业,加速"井冈山"公用品牌提升,大力发展特色功能食品、休闲食品、预制菜领域。二是传统产业转型升级工程。实施新一轮技术改造,加快有色、化工、建材等产业向精细、绿色方向延伸,提升产业竞争力。稳妥推进工业领域碳达峰,提升工业领域资源节约集约利用水平,大力实施绿色制造提升行动,创建一批绿色设计产品、绿色工厂、绿色园区。三是新兴产业倍增工程。深入推进数字经济"一号发展工程",分行业编制数字化转型路线图,新增省级智能工厂25家、两化融合示范企业3家,开通5G基站2000个。发展氢能、光伏等清洁能源,开工建设井冈山经开区氢能产业园。做实未来产业,重点推动人工智能、柔性电子、新型显示研发应用。四是特色产业培育工程。坚持错位竞争和差异化发展,实施县域特色产业集群提能升级行动,支持安福绿色家居制造、万安智能制造、井冈山数字经济、吉水数字声光、青原区新能源新材料产业加快发展,构建"市级—省级—星级"产业集群梯度,形成"一域一特""一域多特"格局。

2. 开展三大行动,筑牢实体基础。一是项目提速行动。牢固树立"项目为王"理念,推进工业"项目大会战"。深化招大引强和"老树发新枝"双轮驱动,聚焦大湾区、融入长三角、对接京津冀,深化与东莞、深圳等地合作对接;强化"老树发新枝"政策兑现,实施"老树发新枝"项目200个以上。优化重大工业项目开工点将赛、擂台赛"双赛制",全面推行"拿地即开工"模式,推动永泰新能源等项目尽快开工,加快鲁丽木业、乾景电子等项目投产见效。二是企业提能行动。大力实施领航企业培育计划,引导中小企业走专精特新发展道路,培育更多专精特新、"小巨人"、单项冠军企业,打造龙头引领、梯次跟进的企业方阵。鼓励企业兼并重组、靠大连强,实施"映山红行动"升级工程,推动新赣江药业、威尔高电子年内上市。三是园区提档行动。深化开发区体制改革,推行"小管委会+大平台公司"模式,加快推进遂川工业园、万安工业园、新干工业园等园区调区扩区,推动开发区基础设施全面提标提档。稳妥推进工业领域碳排放达峰,大力实施绿色制造业提升行动,推进制造业绿色低碳发展。坚持产城融合发展,推动开发区基础设施全面提标提档。强化化工集中区管理和整治提升,科学开展化工重点监测点认定,提升工业安全水平。

3. 聚焦三大攻坚,提升发展质效。一是稳链强链攻坚。打造产业链链长制升级版,完善"四图五清单""三库一表",每个重点产业聚焦打造1—2条优势细分链,培育2—3家链主企业。聚焦延链补链强链招大引强,组建"2369"("两区、三办、六队、九方")招商矩阵,引进一批重大产业链项目;常态化开展产融、技术、人才、产销等对接活动,加快构建科技、产业、金融协同互促的产业链供应链生态体系。二是平台提升攻坚。深入推进生产性服务业三年攻坚行动。提质提速"三驾马车"建设,扩大电子信息产业联盟"朋友圈",举办粤港澳大湾区产业供需对接大会、产业链招商大会、电子信息产品展会,年内联盟会员达到300家;推动电子信息研究院与大院大所合作,构建智能识别、集成电路、通信传输、LED照明、新型显示等"拼图式"研究板块;加强与江西省检验检测总院对接合作,全面建成省级电子信息产品检验检测中心。三是创新研发攻坚。强化企业创新主体地位,工业规模以上企业R&D占营业收入比重达到1%,新增省级企业技术中心10家以上、省级新产品60项以上。推进创新平台攻坚,积极引进大院大所共建高端研发机构,新增一批省级创新平台。实施"揭榜挂帅"和赛马制度,在电子信息、生物医药、装备制造、化工等产业重点领域攻克一批关键共性技术。

4. 强化四大保障,做优政策环境。一是强化资金保障。推动市县工业发展引导基金全面实质化运作,建立产业基金"重点项目库",年内每个引导基金投资一批项目。继续开展"金融保链强链"行动,提高金融机构服务制造业考核权重,制造业贷款余额突破300亿元。抢抓国家专项债政策机遇,谋划储备一批支撑性、引领性重大项目,积极争取中央和省级资金支持。二是强化人才保障。深化庐陵英才和市"双百计划",实施"百博进百企"活动,引进工业高层次人才50名以上,推动本地高校、龙头企业联合建设研究生工作站。加快校企合作,提高大学生来吉留吉比例,推广"职业院校+企业基地"培养模式,推广从校门到厂门"门对门"订单式培养、套餐式培训实用企业技术人才。加大企业家培养力度,弘扬企业家精神。三是强化用地保障。启动工业园区土地盘活存量求增量三年攻坚行动,分层分类、依法处置和盘活园区闲置土地和低效用地。完善市级重大工业项目用地统筹精准供给机制,确保重大项目建设用地"零等待"。全面推行"标准地"供地,推广工业企业亩产效益综合评价,实行企业 ABCD 差异化要素管理。加强标准厂房建设使用,国家级开发区和省级开发区分别动态储备标准厂房 50 万平方米、20 万平方米以上。四是强化环境保障。深入实施优化营商环境"一号改革工程",全面推行政企恳谈会、企业安静期、超时默许制、首违轻微不罚等改革措施。加大拖欠中小企业款项清偿力度,开展中小企业发展环境评估。完善企业特派员机制,全面落实各项惠企纾困政策,针对性出台新的支持措施,让实体企业轻装上阵、加快发展。

抚州市工业和信息化2022年主要情况和2023年工作重点

一、2022年主要情况

2022年以来,抚州市聚焦聚力"打好一个强攻战、实现五个新跨越",坚持工业与大农业"两轮驱动",大力推进工业强市、农业立市、生态兴市,全力聚焦"2+4"主导产业和县区"1首位+1主导"产业,大力实施"五十百千万"工程,工业经济发展持续取得新成效。

(一)总体情况

1.工业整体情况

(1)门类分布。拥有全部工业体系41个大类中的35个,其中制造业有29个行业,占全市工业比重超过99%。

(2)规模体量。全市规模以上工业增加值同比增长8.5%,增幅列全省第5位。规模以上工业实现营业收入2541.3亿元,同比增长11.4%,增幅列全省第5位,规模总量列全省第8位。

(3)产业结构。全市工业占GDP比重达28.6%;全市战略性新兴产业、高新技术产业、装备制造业增加值占规模以上工业增加值比重分别达26.4%、41.7%、32.9%,且占比逐年提高。

(4)园区载体。全市工业园区12家,包括国家级园区1家、省级(重点)园区10家、市级园区1家(资溪园区)。园区开发总面积50.68平方公里,投产工业企业1400家,实现营业收入2495亿元,利润172.6亿元,从业人员13.6万余人。营业收入过500亿元园区1家、过300亿元2家;200亿—300亿元1家、100亿—200亿元4家、100亿元以下4家。

(5)企业数量。全市规模以上工业企业1314家,其中,营业收入过100

亿元企业3家、过10亿元的企业42家。

(6)创新平台。拥有国家级企业技术中心3家,省级企业技术中心49家、省级工业设计中心9家,市级企业技术中心126家。

2."2+4"主导产业情况

全市新能源汽车及零部件、有色金属精深加工、现代信息、新能源新材料、生物医药、绿色农林产品深加工"2+4"六大主导产业,2022年实现营业收入1757.9亿元,同比增长17.7%,占全市规模以上工业营业收入的69.2%。

(1)新能源汽车及零部件。35户规模以上企业实现营业收入254.8亿元,同比增长111.7%;实现利润12.82亿元,同比增长87.2%。现有汽车整车企业1家,改装车生产企业2家,零部件品种40余个、数千个规格。重点企业有比亚迪、江铃底盘、荣成机械等。其中,比亚迪营收209亿元,同比增长532%。

(2)有色金属精深加工。48户规模以上企业实现营业收入867.9亿元,同比增长5.9%,占全省有色金属产业比重的12%。重点企业有金品铜科、自立环保、铜博科技等。其中金品铜科、自立环保营收过100亿元。

(3)现代信息。84户规模以上企业实现营业收入191.4亿元,同比增长5.17%。重点企业有联益电子、台德智慧、联创恒泰等。其中,联益电子为国家高新技术企业、国家专精特新"小巨人"企业;台德智慧近年申请核心专利超200项,研发能力行业领先。

(4)新能源新材料。106户规模以上企业实现营业收入247.6亿元,同比增长29.6%。重点企业有中弘晶能、志特新材料、永冠科技等。永冠科技实现营业收入30.6亿元,其布基胶带销量在国内市场占有率达20%,居全省第1位。

(5)生物医药。52户规模以上企业实现营业收入87.5亿元,同比增长9.4%。重点企业有华润博雅、珍视明药业、仁丰药业等。其中,华润博雅实现营业收入13.42亿元,利润7.38亿元。

(6)绿色农林产品深加工。133户规模以上企业实现营业收入109亿元,同比增长6.9%。全市绿色有机地理标志农产品达到485个,19家企业入选"赣鄱正品"认证品牌名单,"赣抚农品"授权认证企业48家,授权132

个系列产品,知名品牌有南丰蜜橘、广昌白莲、崇仁麻鸡等。重点企业有圣农食品、村农科技、麻姑实业等,其中,圣农食品实现营收10.5亿元。

3. 县区特色产业情况

2022年,全市10个省级(培育)产业集群投产企业达1240家,实现营业收入1879.4亿元,利润104.48亿元。其中,抚州高新区电子信息和崇仁县变电设备2个产业集群获评省级三星级产业集群。

抚州高新区汽车及零部件产业集群实现营业收入280亿元;抚州高新区电子信息产业集群实现营业收入160亿元;临川有色金属加工产业集群实现营业收入272亿元;南城校具(教育装备)产业集群实现营业收入273.6亿元;南丰绿色食品产业集群实现营业收入79.1亿元;金溪香料产业集群实现营业收入107.5亿元;崇仁变电设备产业集群实现营业收入157.5亿元;东乡新材料产业集群实现营业收入291.5亿元;宜黄高分子塑料制品产业集群实现营业收入120.3亿元;黎川陶瓷产业集群实现营业收入137.8亿元。

(二)主要工作

2022年,全市工业创新发展强攻战突破年成效显著,工业经济呈现"逆势上扬、强劲增长、进位赶超"的发展态势。

1. 锚定强攻目标,凝心聚力强攻工业。高规格成立党、政主要领导任双组长的工业创新发展领导小组,出台了《关于大力实施"五十百千万"工程全力打好工业创新发展强攻战的实施方案》。建立了由市党政班子领导任链长的产业链链长制;由市四套班子领导担任班长的重大产业、重点项目推进工作专班,制定了"五个一"(一名领导挂帅、一个专班推进、一个专项规划、一套扶持政策、一个招商团队)的工作推进机制,凝心聚力推进全市"2+4"六大主导产业及县区"1+1"首位主导产业发展。

2. 坚持项目为王,加快重大项目建设。市县两级聚焦主导产业,组建专业招商小分队,围绕产业链招商"鱼骨图",按图索骥、顺藤摸瓜抓招商。新引进20亿元以上工业项目35个,引进"三个500强"及上市公司投资项目17个,为历年最多。投资98亿元的华润博雅2700吨血液制品智能化工厂项目正式开工;投资50亿元的铜博科技新上二期5万吨铜箔项目全面投产。创新实施工业项目"五未"工作法，实行全过程、全周期闭环管理，提升了建设效率。抚州新能源汽车产业园项目，从开工到投产仅用时6个月，实现达产达标用时2个月；投资80亿元的15GWH新能源动力电池项目，从开工到正式投产仅用时10个月，均创造了抚州速度。

3. 聚焦重点产业，着力延链补链强链。深入实施产业链链长制升级版，对"2+4"主导产业企业基本情况进行全面摸底，制定产业发展规划、"四图五清单"，积极谋划产销对接、产融对接活动。抓住链主企业"牛鼻子"，带动产业链高质量发展。各县（区）依托各地产业基础，聚焦聚力"1首位+1主导"产业，打造特色产业集群，崇仁县中低压输变电设备产业集群被工信部评为2022年度中小企业特色产业集群。

4. 突出重点企业，全力促进提质增效。2022年安排市级财政专项资金1.1亿元支持工业创新发展，聚焦百户优势企业重点帮扶，促进企业上规模上台阶。创新实施工业企业提质增效"10%工作法"，针对影响企业生产作业率的原材料、技术、融资、用工等10个方面制约因素，聚焦企业提质增效十项工作任务，制定具体推进方案，完善企业服务机制，助企提质增效。全市100户优势企业实现产值1396亿元，同比增长39%，总体产能利用率达74.3%，较一季度提升10个百分点。江西变电、国化2家企业获评国家级专精特新"小巨人"企业，永冠科技、科伦药业2家企业获评国家级智能制造优秀场景。

5. 强化数智赋能，推动企业数字化转型。加快企业上云，开展"千企上云·上平台"活动，定期督查通报，调度推进工作，新增上云企业超6000户。其中崇仁县亚威电气、高新区双菱磁性材料2家企业5G+工业互联网项目入选省工信厅企业上云上平台典型案例。举办2022中国工业互联网标识应用大会（中部），全方位展示抚州工业发展成果，加快推广技术应用，促进企业转型升级。建立数字经济产业赛道15条，其中，工业互联网年产值突破100亿元，智慧家居、电子元器件年产值突破50亿元。建成高新数发、崇仁输变电两个标识解析二级节点，接入企业144户，完成标识注册量3500万条，解析量超1.5亿条。

二、2023年工作重点

(一)工作思路

认真落实各项工作部署,持续推进工业创新发展强攻战,以打造"一核多极"现代产业体系为主线,以工业创新发展争先擂台赛为抓手,聚力主导产业发展、重点企业壮大、重大项目建设,坚持问题导向,锚定目标任务,稳运行保增长,补短板强弱项,全力推动工业经济高质量跨越式发展。

(二)工作目标

力争工业增加值同比增长8.5%以上,规模以上工业实现营业收入3200亿元,净增规模以上企业100家。

(三)重点举措

1. 突出"一核多极",抢占创新发展赛道。一是聚焦现代产业体系。以新能源汽车及零配件产业为核心,打造全国区域性新能源汽车制造中心,辐射带动有色金属精深加工、新能源新材料、现代信息等产业协同发展,加快构建"一核多极"的现代产业发展体系。推动全市"2+4"主导产业、县区"1+1"首位主导产业集群发展、融合发展。二是聚焦重大产业项目。加快推动誉鸿锦、比克电池、中弘晶能等266个重大产业项目尽快投产。重点推进投资150亿元,新增年产40万辆整车的比亚迪新能源汽车二期项目尽快开工建设,打造工业千亿航母。三是聚焦产业优化升级。全力推动崇仁变电、黎川日用耐热陶瓷等11个传统产业优化升级。重点抓好有色金属粗加工结构调优,强化考核引导,制定有色金属产业提高精深加工占比考核指导意见,加快推进有色金属加工产业转型升级。

2. 突出擂台比拼,营造创新发展氛围。一是抓好赛事组织。按照《抚州市工业创新发展争先擂台赛实施方案》要求,进一步细化操作细则,精心组织好月赛、季赛、总决赛等各项赛事活动,重点把握好项目审核、擂主遴选、红灰榜等关键环节,通过以赛促招、以赛促建、以赛促效,在全市掀起招大引强、项目比拼的新热潮。二是抓好项目推进。对重点工业项目实施"五未"工作法(在建项目未入库、在建项目未竣工、竣工项目未投产、投产项目未入规、入规项目未达产),加强调度推进,实行全过程、全周期管理,定期督查通报,及时协调解决项目建设中的问题。积极抓好东乡发那特年产600万套涡轮增压器技改项目、崇仁明正变电年产3万台套变压器智能化项目等一批重点技改项目,确保项目落地见效。三是抓好跑项争资。指导帮助企业做好项目申报,争取更多项目列入国家、省扶持专项;积极做好制造业中长期贷款申报工作,力争工业固投和技改投资增幅进入全省前列。

3. 突出扶优扶强,培育创新发展主体。一是加强重点调度。建立并完善百户优势企业月调度机制,逐户分析生产经营情况,重点关注企业的用电情况、产能情况和生产经营中的瓶颈问题,及时发现问题并提出针对性解决对策。二是强化政策支持。在工业发展专项资金使用上,加大对优势企业的倾斜力度,根据2023年市级财政资金预算安排及2022年奖励资金绩效情况,对工业创新发展奖励资金进行调整优化,做大做强做优存量企业。加大对获得国家级、省级专精特新"小巨人"、制造业单项冠军企业的支持力度。

4. 突出数智引领,增添创新发展动力。一是强化科技赋能。指导帮助企业加快创新平台建设,推动新增省级企业技术中心及市级企业技术中心;指导帮助崇仁创建变电设备省级技术研究院;推进企业新产品开发和成果转化,争取100项产品列入省级新产品计划。二是加快数字化转型。力促成立电子信息产业创新联盟,召开产业供需对接大会,推动电子信息产业链式发展;抓好抚州市数字化转型促进中心运营,提升企业数字化转型服务能力;充分发挥三大运营商和高校联合的优势,围绕黎川耐热陶瓷、崇仁变电设备、南城校具行业等当地首位或主导产业,打造行业引领标杆;加快推进崇仁、黎川等特色产业数字化转型,争创江西省"5G+工业互联网"示范区,推动信息化和工业化深度融合。

5. 突出园区建设,增强创新发展活力。一是推进改革试点工作。理顺园区管理体制,推进抚州高新区综合改革试点,加快全市开发区改革发展步伐。二是提高土地亩产效益。加快僵尸企业清理,通过"腾笼换鸟",推进产业聚集。强化"亩产效益"综合评价成果运用,推进园区集约节约绿色转型。三是实施提能升级计划。推进东乡区省级制造业高质量发展试验区建设,力争新增黎川日用陶瓷、乐安新能源两个省级产业集群。打造一批主题产业园,推进多层标准厂房建设,推动投资亿元以上项目全部入驻标准厂房,提升土地使用效益。

6.突出运行监测,强化综合服务保障。一是加强监测分析。加强工业经济指标监测和研判,科学分析当前经济形势,及时掌握经济运行中的苗头性、倾向性、潜在性问题,分析原因,科学制定有力管用举措,分领域分行业"对症下药",形成工作合力,确保经济运行保持在合理区间,确保完成全年工业经济预期目标任务。二是强化帮扶服务。充分发挥市强攻办作用,积极做好产业链链长制、领导挂点和企业特派员各项工作,坚持问题导向,强化精准帮扶,收集企业反馈问题,协调督促有关单位帮助企业解决实际困难。全面落实好国家、省、市各项惠企政策措施,及时兑现工业发展专项资金奖励政策,让企业享受更多政策红利,进一步提振企业发展信心,帮助企业渡过难关。

赣江新区工业和信息化2022年主要情况和2023年工作重点

一、2022年主要情况

（一）锚定坐标，建圈强链，筑牢工业"主阵地"

一是抓产业，建体系。聘请赛迪研究院制定新区产业高质量发展三年行动方案，与新区产业发展规划、产业指导目录一同构建起三个指导性文件加N个产业配套文件组成的"3+N"产业政策体系。由光电信息、智能装备、生物医药、新材料、有机硅及现代轻纺组成的六大主导产业实现营业收入2097.43亿元，同比增长6.4%，其中，智能装备、生物医药、新能源新材料产业在龙头企业领航、骨干企业护航的带动下，增速均保持两位数增长，有效拉动新区工业经济快速跃升，有机硅新材料产业集群荣获省级产业集群综合考评第一名。二是抓项目，扩投资。牢固树立"项目为王"理念，开展工业项目大会战行动，175个亿元以上工业项目总投资1382.88亿元，完成年度投资455.8亿元。直管区亿元以上工业项目当年投资计划完成率143.19%，工业大会战项目当年投资计划完成率135.77%，项目建设进度领跑全省。三是补链条，聚集群。出台《赣江新区2022年产业链链长制工作要点》，围绕"1+2+3+X"主导产业，加强资源整合，成立招商发展集团，精准靶向招商。2022年，新区签约补链强链项目210个，总投资额1366.42亿元。其中，100亿元以上项目1个，50亿元以上项目10个，20亿元以上项目18个。华创新材料生产基地、荣事达智能家电等一批引爆性、旗舰型项目相继签约落户新区。

（二）数字引领，创新赋能，激活工业"主引擎"

一是数字驱动产业提升。在全省20条数字经济赛道的基础上，重点瞄准软件与通信服务业、数字大健康等核心领域发力,出台"数字经济27条",培育打造儒乐湖数字经济产业园、数字经济港等一批数字经济特色园区。引进小视科技、像航科技、伟卓科技、海致科技等一批核心产业链项目,汇聚瑞典海克斯康"双智赋能中心"、倬云数字、萨瑞微电子等一批数字经济核心企业。截至2022年底,新区聚集数字经济核心产业链上下游企业93家,实现营业收入601.23亿元。二是数字赋能转型升级。以产业数字化转型为突破口,推动产业加速向信息化、智能化发展。2022年,新区企业上云数达到1467家,超额完成年度目标。亚华电子获批全省唯一的国家级智能制造标准应用示范项目;江铃新能源汽车生产车间智能排产项目成功获批国家级智能制造优秀场景;海立"工业互联网平台+供应链协同解决方案项目"成功获批国家级工业互联网试点示范项目;萨瑞微电子、金酷智能制造等8家企业获批省级智能制造标杆企业;易仁通电子、中科新建材等19家企业获批省级两化融合示范企业;亿发姆、一脉阳光等5家企业获批省级大数据示范企业。三是数字引领科技创新。出台《赣江新区关于探索"政产学研用金"创新体系助力产业高质量发展的实施意见》,围绕政府、高校、平台、企业等多维度发力,着力实现以科技驱动替代要素驱动、以创新赋能替代生产赋能。国家中药先进制造与现代中药产业创新中心成功获批,成为全国第九个国家级产业创新中心,也是中医药领域唯一的国家级产业创新中心。新区与江西中医药大学合作创建江西省中医药制造工艺与装备产业技术研究院获批,成为全省医药领域首个应用型产业技术研究院。

(三)夯实平台,做优保障,深耕工业"主战场"

一是强平台,提升园区发展水平。以中医药科创城、儒乐湖新城"双轮驱动",统筹推进组团特色园区建设。在中医药科创城,华润江中、省转化医学研究院、雪玲妃等一批重点项目全速推进,唯铂莱、舒蕾、明峰医学等一批骨干企业落地投产,以中医药科创城为核心的生物医药产业集群成功获批省级培育产业集群。在儒乐湖新城,伟卓科技、小视科技、亚信数字能源总部基地项目先后签约落地,南大一附院、数字图书馆、高品质学校等配套设施逐渐完善,以智能制造+智慧城市为底色的"双智"园区已初显成效。二是扶企业,夯实政策保障体系。采取示范引领、政策扶持和精准服务等方式,帮助并支持一脉阳光、科瑞普光电、亚华电子等 60 家企业获批 2022 年省级专精特新中小企业,其中,萨瑞微电子、凯迅光电等 6 家企业获批国家级专精特新"小巨人"企业。中科新建材、硬质合金等 3 家企业获批省级"绿色工厂",直管区"绿色工厂"实现"零突破"。三是强保障,优化企业发展环境。出台新区"不停工不停产 10 条""强攻二季度确保双过半 25 条""纾困解难 39 条""切实稳住经济 10 条"等系列配套政策,2022 年,新区累计兑现惠企政策资金 19.12 亿元。深入开展企业特派员大走访行动,按照"线上+线下"服务全覆盖的原则,建立涵盖企业特派员、企业家下午茶、"点单叫号"平台、"新官不理旧账"线索征集为一体的企业服务联动机制,点单叫号及"新官不理旧账"收集问题全部解决,企业满意率 100%。

二、2023 年工作重点

2023 年,新区将紧紧围绕"王牌""骏马"定位要求,深入贯彻工业强省战略,以推动制造业高质量发展为中心,大力推动新兴产业优化提升、传统产业转型升级,切实优化营商环境,加快构建产业基础高级化和产业链现代化发展体系,以"1+2+4"的工作思路和扎实的举措,推动新区工业向高质量跨越式发展迈进。

(一)"1"就是围绕一个目标

根据省委、省政府主要领导在推动赣江新区激发活力增强实力大会上的讲话精神特别是打造"王牌""骏马"的任务要求,新区启动产业高质量发展三年行动计划,按照"与新区发展定位相契合、与新区产业实际相契合"的工作原则提出打造"千百十"产业发展目标任务。

——"千"。即打造光电信息、新能源汽车及动力电池、有机硅新材料 3 个千亿产业;培育智能装备制造、新材料 2 个潜在千亿产业;推动现代轻纺、生物医药总量翻番,向千亿产业方向迈进。培育打造 1 个 3000 亿元以上园区,2 个千亿以上园区。

——"百"。即培育打造 10 家以上"百亿级"企业,20 家以上"50 亿级"企业。

——"十"。即推动 10 亿元以上工业项目 70 个以上,亿元以上工业项目 500 个以上。

（二）"2"就是聚焦双轮驱动

一是坚持数字赋能，打造产业转型驱动力。围绕数字经济过千亿的目标任务，精准对标国家级新区及全省数字经济布局情况，在数字经济产业中确定 3—5 个主攻细分领域深耕细作、打造亮点。充分释放新区"数字经济 27 条"及"省工信厅支持新区增强实力激发活力 8 条"政策动能，引导并支持各骨干制造企业与互联网、大数据、人工智能的领军企业形成战略合作，利用云计算、大数据技术、人工智能等手段，改造提升传统产业，一方面加快"设备换芯、生产换线、机器换人"步伐，打造一批高端化、绿色化的智能工厂、数字车间；另一方面，利用互联网平台着力打造定制化、个性化生产营销模式，进一步挖掘市场需求，激发产业内生动力。

二是坚持科技赋能，打造创新提升驱动力。推动以科技驱动替代要素驱动、以创新赋能替代生产赋能，用产业新兴增量拉动层级提升，做优做强以赣江中药创新中心、中国中医科学院中医药健康产业研究所、国家中药资源与制造技术创新中心"三驾马车"为引领的一批创新平台，推动骨干企业与高等院校、科研院所加强合作交流，聚焦产业前沿方向及"卡脖子"技术难点，鼓励企业"揭榜挂帅"，力争在中药精细加工、中药经典名方、中药制药装备等关键技术领域取得突破。促进科技成果本地转化，探索"政产学研用金"产业导入新模式，建立科技成果项目库和技术需求信息库，培育和聚集一批中介服务机构，建立贯通研发、交易、转化等全过程的服务体系，通过科研成果市场化、产业化，带动上下游产业发展，逐步形成以"科研成果转化"为中心的产业导入新生态。

（三）"4"就是做到四个着力

一是着力抓好企业培育。聚焦龙头企业示范带动，每个行业遴选 2—3 家、新区遴选 3—5 家、各组团遴选 1—2 家重点企业，集中力量培育打造龙头企业。发挥欧菲光、海立电器、江铃新能源、华润江中、星火有机硅、鸭鸭等产业链"链主"企业的示范带动作用，大力实施高端并购、强强联合，推动产业链集成、创新、升级。聚焦中小企业提档升级，建立完善赣江新区"小升规"企业库，梳理完善中小企业发展政策，壮大优质中小微企业队伍，着力培育一批专精特新企业、专业化"小巨人"企业、制造业单项冠军企业,力争每年新增规模以上工业企业30家左右。

二是着力加快项目建设。坚持以大项目引领大投资、大投资带动大发展,力争年度推进亿元以上工业项目150个以上,完成工业投资200亿元以上。做好项目服务,协同加快项目审批、规划选址、用地、环评、施工许可等事项办理,完善开工前置要件,推动新建项目尽早开工。加强项目调度,健全"月调度、季通报、年考核"的重大项目调度推进机制,每月调度新区重大重点项目,每季度组织开展经济指标及重大重点项目专题调研活动,将项目完成情况列入新区对组团年度综合考评指标体系,进行年度考核并排名。按照"三个领跑"工作要求,确保新区重大重点项目快速推进,省重点、省大中型以及省"三百"重点工业项目当年建设进度位于全省前列。

三是着力夯实服务保障。深入贯彻中央、省、新区各项惠企政策,尤其是用好省工信厅支持赣江新区激发活力增强实力若干措施,切实用好、用足政策,将政策红利切实转变为发展机遇。依托"点单叫号"服务系统及"惠企通"平台,深化"不来即知、免申即享、即办即兑"的线上政策告知和政策兑现新模式,实现"一键惠企、实时推送",让企业足不出户即可享受政策资金送上门。坚持长效化开展"企业特派员"服务制度,全力协调解决制约新区中小企业发展的共性问题,对企业反映的个性问题和具体困难,采取"一企一策""一事一议"的方式研究解决,推动企业服务再优化,服务保障再提升。

四是着力提升园区水平。深入开展园区"两型三化"管理提标提档行动,进一步做大园区规模、做强园区实力,推动一批园区向千亿级、三千亿级跨越发展、转型升级。通过"区中园""园中园"等形式,推进中医药科创城、数字经济港,有机硅新材料产业园等特色园区建设。以儒乐湖数字经济产业园为核心,加快建设数字孪生城市基础底座,推进新区一体化大数据中心、政务云平台上线运营,建设统一的政务大数据平台,加强信息系统集聚,构建共享开放的数据资源体系,实施智慧应用场景,高标准建设智慧新区。完善以亩均税收、亩均工业增加值、单位能耗等指标为导向的亩产效益综合评价体系,加快处置一批低效企业、僵尸企业,推动园区腾笼换鸟、发展提速。

四 专题发展报告
ZHUANTI FAZHAN BAOGAO

全省工业经济运行 2022 年工作情况和 2023 年工作重点

一、2022 年工作情况

（一）工作成效

2022年，全省工业战线深入贯彻"疫情要防住、经济要稳住、发展要安全"重要要求，认真落实省委、省政府决策部署，积极应对严峻复杂的国内外环境和疫情多发散发等超预期因素多重叠加的影响，全省工业经济实现企稳回升、稳中有进，新兴工业强省建设实现了良好开局。

（二）主要特点

1. 规模实力再上台阶。2022年，全省全部工业增加值11770.3亿元，同比增长5.5%；占GDP比重36.7%，同比提高0.6个百分点，对经济增长贡献率达到41.8%。其中，制造业增加值1.09万亿元，首次突破万亿元大关；占GDP比重34.0%，同比提高0.5个百分点；占比高于全国6.3个百分点，保持在全国前列。规模以上工业增加值同比增长7.1%，列全国第7位，较2021年前移1位。规模以上工业营业收入、利润总量分别列全国第11位、第10位，均较2021年前移1位。

2. 工业生产承压趋稳。总体呈现"一季度高位开局、二季度有所承压、三季度稳中加固、四季度顶压前行"的运行态势。从行业看，38个大类行业中有18个增加值实现增长，增长面47.4%。其中，计算机、通信和其他电子设备制造业同比增长32.1%，化学原料和化学制品制造业同比增长17.2%，电气机械和器材制造业同比增长17.1%。从产品看，重点监测的440种主要工业产品中有176种实现增长，其中，新能源汽车、太阳能电池、集成电路产量同比分别增长122.8%、285.8%、68.4%。从结构看，战略性新兴产业、高新技术产业、装备制造业增加值分别同比增长20.6%、16.9%、17.3%,占规模以上工业比重分别为27.1%、40.5%、30.9%,同比分别提高3.9、2.0、2.9个百分点。

3. 企业效益好于全国。全省规模以上工业营业收入48295.5亿元,同比增长9.0%,高于全国3.1个百分点;利润总额3456.1亿元,同比增长11.6%,高于全国15.6个百分点;营业收入利润率7.16%,高于全国1.07个百分点。亏损企业占比9.6%,低于全国10.6个百分点。市场主体持续壮大,2022年末,全省规模以上工业企业达到16362户,较2021年末净增1220户;其中百亿企业52户,较2021年净增10户,实现设区市百亿工业企业全覆盖。

4. 产业呈现分化态势。全省14个重点工业产业中,9个产业营业收入实现正增长。其中,锂电、光伏等新能源产业爆发性增长,营业收入增速分别达到183.6%、60.2%;电子信息产业营业收入达10112.2亿元,同比增长32.2%,省内万亿产业实现"零的突破";电工电器、航空、有色、石化等产业实现"两位数"增长,汽车、轻工正增长。钢铁、建材、食品、纺织、医药等产业负增长。

5. 园区集群提档升级。开发区支撑作用明显。2022年,全省开发区工业企业营业收入44745.7亿元,同比增长11.8%;利润3212亿元,同比增长14.9%;分别快于规模以上工业2.8、3.3个百分点。超千亿开发区较上年净增2个、总数达到10个。集群水平明显提升。全省新增省级(培育、特色)产业集群17个、总数达到124个,合计营业收入近4万亿元;新增过千亿元集群2个、总数达5个,新增过500亿元集群7个、总数达20个。

6. 项目投资稳步推进。投资质量持续提升。2022年,全省工业投资同比增长7.0%;其中,高新技术产业投资同比增长11.6%,占工业投资比重38.6%,较上年提高1.7个百分点。"项目大会战"深入实施。2022年,全省工业领域"项目大会战"项目1134个,当年完成投资6438.3亿元,年度投资计划完成率113.6%。

(三)主要工作

1. 促进工业经济平稳运行。积极应对多重超预期因素的严重冲击,全力以赴推动全省工业经济行稳致远。一是强化统筹谋划。印发《江西省促进工业经济平稳增长的行动方案》《关于认真做好2022年全省工业经济运行工作确保完成全年目标任务的通知》,成立厅稳定工业经济专班,组织召开省市县三级工业经济稳增长视频会议、地市工业经济运行座谈会,统筹推进工业稳增长工作。二是强化分析研判。落实省政府惠企稳岗保运行周例会机制,强化工业经济运行会商协调,将常态化监测频率由月加密到周,每月开展企业问卷调查。专项研判工业企业生产成本、部分行业用电增速放缓等热点、难点问题,研究提出相应对策建议。三是强化生产协调。落实"两不停"要求,引导有市场、有效益的工业企业在春节、五一、国庆等假期尽可能不停产。分类施策、全力抢救,推动不用电、不开票的困难企业恢复生产、稳定生产。指导企业完善疫情防控、有序用电、防汛抗旱等应急预案,协调解决困难问题,尽可能降低对工业生产的不利影响。

2. 保障产业链稳定畅通。以打造升级版的产业链链长制为主抓手,全力破解堵点卡点难点问题,保障产业链供应链循环畅通,国务院第九次大督查通报表扬了江西省经验做法。一是强化机制升级。元旦假期后第一个工作日即召开全省产业链强链补链延链工作推进会,研究出台《江西省推动产业链链长制深入实施工作机制》,组建省产业链链长制工作领导小组,推动链长制工作走深走实。二是强化堵点疏解。聚焦产业链发展所需要素资源,分产业、分领域组织专项对接活动,全年推动签订产销合作金额1771.5亿元、产融对接授信金额2268.4亿元、引进人才1.6万余名。强化产业链关键环节企业服务保障,推动40家企业纳入工信部重点产业链供应链企业"白名单",印发全省首批重点产业链供应链"白名单"。三是强化助企纾困。印发行动方案,召开全省三级工信系统视频部署会,5月上旬起,全省万余名特派员深入全部规模以上工业企业集中开展大走访。全年收集梳理涉及产业链发展的问题1503个,办结1477个,办结率98.3%。在全省产业链强链补链延链工作推进会、全省工业经济运行调度会上等协调解决制约产业链发展的重点、共性问题,均取得明显进展。

3. 考核评估工业发展成效。全面考评市县、开发区、规模以上企业工业发展质量,强化考评引导、促进作用。一是开展工业高质量发展考核。3月公布2021年度全省工业高质量发展先进市县名单,评价结果同步运用于全省高质量发展综合绩效考核评价。落实省委要求,修改优化江西省工业高质量发展考核评价办法。二是完成2019—2021年度工业崛起表彰。8月省政府下发关于表彰2019—2021年度加快工业发展加速工业崛起先进单位的决定,表彰36个年度贡献奖、20个园区发展专项奖、50个优强企业专项奖。三是开展工业企业亩产效益综合评价。印发《关于开展2022年全省工业企业亩产效益综合评价工作的通知》,优化升级综合评价平台,将评价范围进一步拓展到全部规模以上工业企业。

二、2023年工作重点

(一)工作目标

全省规模以上工业增加值同比增长8%左右。

(二)重点举措

1. 强化工业监测协调。坚持健全完善部门会商协调等机制,提升数据、信息共享水平,深入跟踪分析经济运行新动态、新变化,摸清影响、因应施策。进一步拓宽监测面,强化用电、税收、出口、交通、产品价格等实物量指标、先行指标的跟踪监测。更新监测手段,改造升级省工业运行监测平台,提升调查研究、专项问卷等工作频次、深度、广度、实效。

2. 打造产业链链长制升级版。出台高效实施产业链链长制推动产业高质量发展方案。分行业、分领域谋划开展一批产融对接、人才对接、技术对接等合作活动,着力畅通产业循环。谋划解决一批牵一发而动全身的大事难事、共性问题,加快补齐产业链短板,有效防范化解重大风险。强化问题办理,保障服务好重点产业链供应链龙头企业和关键节点企业。

3. 完善工业发展考核评价体系。聚焦质的有效提升和量的合理增长,调整完善相关考核评价办法,推动工业考核评价体系规范提升。提升企业亩产效益综合评价质量水平,发挥"亩产指挥棒"的正向激励与反向倒逼作用,优化资源要素配置,促进工业提质增效。

全省工业投资 2022 年工作情况和 2023 年工作重点

一、2022 年工作情况

(一) 工作成效

2022 年,全省工信系统坚决贯彻落实省委、省政府"强劲开局一季度、强攻二季度、拼搏三季度、决战四季度"重要部署,全力以赴升级实施工业领域"项目大会战",锐意进取抓项目、促投资、固基础、推升级、强保障,取得了较好成效,项目建设又多又快、投资结构趋优趋高、产业升级稳扎稳打、政策体系不断完善,全省工业项目建设投资保持平稳增长态势,为建成新兴工业大省、迈向新兴工业强省建设奠定了坚实基础。

(二) 主要特点

一是工业投资带动作用明显。2022 年,全省工业投资同比增长 7%,工业投资占全社会固定资产投资比重为 50.7%,工业投资对全部投资增长的贡献率为 41.6%,拉动全部投资同比增长 3.6 个百分点,其中,工业技改投资同比增长 6.1%,拉动全部工业投资同比增长 2.6 个百分点。

二是工业投资结构进一步优化。技术改造投资占工业投资比重为 41.6%,占比连续四个月提高;全省高新技术产业投资同比增长 11.6%,占工业投资的 38.6%,占比较上年提高 1.7 个百分点。

三是纳入调度项目总个数和总投额进一步增加。纳入调度工业项目有 5515 个,同比增加 435 个,总投资 33271.2 亿元,同比提高 15.9 个百分点;投资亿元及以上项目 4072 个,同比增加 395 个,总投资 32697.4 亿元,同比提高 16.3 个百分点。

四是重点推进项目当年实际完成投资超过全年计划。全省工业领域

"项目大会战"项目共1134个,总投资15749.3亿元,当年实际完成投资6438.3亿元,当年投资计划完成率为113.6%。全省投资20亿元及以上重大工业项目共613个,总投资20307.4亿元,当年实际完成投资6496.7亿元,当年投资计划完成率为113.3%。

(三)主要工作

1. 推动项目加快建设有新举措。一是加强政策引导。印发《江西省促进制造业项目投资建设若干政策措施》,在制造业重大项目贷款贴息等13个方面帮助企业加快项目建设,扩大投资规模。研究制定《江西省工业发展专项资金竞争性项目遴选操作规程》,规范项目管理、资金安排和绩效管理等。二是强化项目督导。升级实施工业"项目大会战",督促各地落实行动方案,做好项目谋划招引、调度推进、协调服务等。向各地印发"抓项目扩投资"年度预期目标和组织项目集中开竣工活动通知,指导各地通过集中开竣工、重点产业对接等活动,推动项目早开工早投产。三是强化项目调度。优化项目调度推进体系,强化项目监测分析。积极应对新冠疫情冲击,印发有关通知,指导各地坚持疫情防控和项目建设"两手抓、两不误"。四是强化项目推进。召开全省工业项目建设推进现场会,大力实施节假日重大项目建设,推动项目建设"不停工",投资"不断档"。

2. 推动传统产业转型升级有新作为。一是加强政策设计。制定《江西省打造全国传统产业转型升级高地实施方案(2022—2025年)》,实施产业链协同创新等八大工程,推动传统产业向中高端迈进,着力打造全国传统产业转型升级高地。二是实施技改行动。印发《江西省新一轮工业企业技术改造行动计划(2022—2025年)》,实施产业技术创新等六大行动,加快制造业转型升级速度。三是鼓励加大投资。印发《江西省工业企业技术改造投资指导目录(2022年版)》,围绕电子信息等14个重点行业,梳理各行业技改的重点产品和重点工艺,为全省工业企业实施技术改造提供指引和参考。四是推进基础再造。制定实施《制造业基础再造行动计划(2022—2025年)》,实施关键核心技术攻关等六大行动,为制造业基础能力建设提供政策指引。围绕核心基础零部件等四个方面,组织实施产业基础再造项目,安排2000万元支持10个优质项目建设。

3. 推动专项资金实施有新变化。一是积极发挥专项资金撬动引领作用。组织实施省级工业发展专项,围绕产业基础再造等专题,合计下达扶持资金近9亿元,支持实施500多个重大项目建设,带动社会投资超1000亿元。二是加快推动重点创新成果产业化。围绕新一代信息技术等主攻方向,组织开展项目遴选工作,遴选出一批创新能力强的项目给予重点扶持。

4. 推动争取国家项目资金有新成效。一是成功争取国务院专项表彰。积极指导推荐上饶市入选2021年工业稳增长和转型升级成效明显市(州)并获得国务院表彰,为江西省第二个获得该项荣誉的设区市。二是成功争取专项资金支持。按照国家有关专项部署,推荐玉山南方水泥等4个企业项目入选中央预算内扶持计划,共获得扶持资金7868万元。三是成功争取金融工具支持。积极推荐企业申报制造业专项贷款,共有10个项目被纳入支持范围,获得授信额度147.88亿元,为该项政策实施以来争取的最好工作成绩。

二、2023年工作重点

(一)工作思路

以习近平新时代中国特色社会主义思想为指导,深入贯彻党的二十大精神,完整、准确、全面贯彻新发展理念,以推动高质量发展为主题,以深化供给侧结构性改革为主线,以提升产业链供应链韧性和安全水平为重点,以产业链链长制为抓手,坚持工业强省战略不动摇,进一步强化项目为王,全力践行创新、融合、绿色、开放、安全五大路径,着力推进重大项目建设,着力推进传统产业转型升级,着力推进产业基础再造,着力强化资金要素保障,大力推动工业投资高质量跨越式发展,为加快向新兴工业强省迈进打造更加强劲的动力引擎。

(二)工作目标

力争工业大会战行动调度推进项目1200个左右,力争完成年度工业投资7000亿元左右;重大工业项目"千项万亿"计划调度推进投资10亿元以上项目1000个左右,力争完成年度投资1万亿元左右。

(三)重点举措

1. 推进一批项目建设。全力以赴打好工业领域"项目大会战",做好项目谋划、调度推进、协调服务等工作。优化工业项目调度推进体系,及时掌握分析项目建设态势。聚焦传统产业转型升级、新兴产业倍增升级、未来产业培育发展,大力推进实施100个投资20亿元及以上重大工业项目、100个制造业数字化项目、100个产业基础和产业链建设项目、一批重点创新产业化项目,努力完成年度工业投资目标任务。研究制定制造业投资促进政策措施,进一步强化抓项目扩投资抓手举措。加大项目服务、协调保障力度,拿出更多实招、硬招为项目建设"保驾护航"。

2. 抓好两类专项资金。一是积极发挥省级财政资金撬动引领作用,组织实施省级工业发展专项和重创工程,科学设置扶持领域和申报条件、完善组织流程、提高实施效率,支持一批优质项目建设,带动一批社会和民间资金投资,强化项目资金要素保障。二是积极争取中央预算内财政资金支持,积极对接国家有关部委,按照要求推荐企业申报,为江西企业争取更多国家资金扶持。

3. 落实三大重点任务。一是推进传统产业转型升级,组织实施一批产业层次高、发展前景好、对结构调整和产业升级具有引领作月的重大项目,大力提升传统产业综合竞争力,努力打造全国传统产业转型升级高地。二是加快实施新一轮企业技术改造行动。出台工业企业技术改造项目及设备更新贴息支持政策,鼓励引导企业实施技改升级。强化省市联动和重点对接,指导编制分设区市企业技术改造重点领域和方向指南,明确一批重点技术改造重点领域和方向,逐步建立省市协同的技改行动方向。制定支持企业技术改造和设备更新的政策措施,用足用好工业专项资金,支持500个左右技术改造项目,力争带动社会投资1000亿元左右。三是推进产业基础再造行动。深入实施江西省制造业基础再造行动计划,开展江西省产业基础能力和竞争力现状调查、江西省制造业产业基础再造重点领域和方向研究,编制江西省制造业产业基础再造目录,指导各设区市编制区域目录。以传统产业优势领域为重点,加快推进产业基础再造"六大行动",围绕核心基础零部件、关键基础材料、先进基础工艺等重点领域,组织实施一批基础再造项目,大幅增强全省传统产业的基础能力和竞争力。

全省工业园区和产业集群 2022 年工作情况和 2023 年工作重点

一、2022 年工作情况

（一）工作成效

2022年,全省工业园区和产业集群认真贯彻省委、省政府决策部署,正确应对严峻复杂外部环境,有效克服突发、散发疫情等带来的不利影响,以做大规模、增强实力为目标,以创新驱动、提能升级为动力,大力实施产业集群提能升级计划,深入实施开发区集群式项目管理提标提档行动方案,推动各项工作实现新进展、发展展现新亮点,为全省工业高质量跨越式发展提供了有力支撑。

（二）主要特点

一是规模实力持续增强。营业收入、利润等主要指标继续保持两位数稳定增长,总量效益实现同步提高。2022年全省开发区实现营业收入4.47万亿元、利润3212亿元,分别占全省规模以上工业的92.5%和92.9%,同比分别增长11.8%和14.9%,分别高出全省规模以上工业2.8个和3.3个百分点。全省省级(培育、特色)产业集群实现营业收入3.98万亿元、利润2798亿元,同比分别增长19.0%和28.6%。

二是提能升级速度明显加快。产业集群发展提档加速,新兴产业占比快速提升,支撑体系加快构建,提能升级成效明显。省级产业集群中新兴产业集群占比达45%,大幅高于全省工业中战略性新兴产业所占比重(25.9%),电子信息、光伏、锂电、航空、高端装备、生物医药、新材料成为拉动各地、各开发区经济增长的首位产业、主导产业,营业收入过千亿元产业集群5个,过500亿元20个。

三是梯次发展格局逐步形成。全省新增省级（含培育、特色）产业集群17个，总数达到124个（省级100个、省级培育21个、省级特色3个）。赣州市稀土新材料及应用产业集群成功入选国家先进制造业集群，成为全国45个国家先进制造业集群之一，实现江西省零的突破。萍乡湘东工业陶瓷等5个产业集群纳入首批国家中小企业特色产业集群。各设区市逐步打造市级产业集群。全省持续发力，逐步构建了国家级、省级、市级产业集群梯次发展的格局。

（三）主要工作

一是不断完善政策支持体系。制定产业集群提能升级年度工作要点，明确目标任务举措，压实省直部门、厅内责任。出台打造升级版开发区集群式项目、开发区数字化转型实施方案、开发区产业链企业协作共同体培育方案、开发区稳工业促就业行动计划、产业特派团入园强企三年行动方案等系列政策文件，全方位加强园区和产业集群发展指引。制定贯彻强省会战略支持南昌市工业高质量跨越式发展措施、支持赣江新区激发活力增强实力的措施，做强区域支撑。制定推进工业领域扩投资促消费的若干措施，配套出台省产工业产品促消费奖补资金分配方案，畅通产业链供应链。

二是全面构建工作推进体系。实施评价引导。开展2021年度省级产业集群综合评价工作，评定优秀、良好、合格等次，认定五星级产业集群5个、四星级产业集群6个、三星级产业集群15个。继续联合江西师大开展产业集群高质量发展研究工作，编制发布2021年产业集群发展指数和研究报告。开展运行监测。改进产业集群监测调度工作，进一步界定纳入监测的产业集群范围、企业对象和调度内容，首次建立产业集群监测调度企业数据库，定期调度监测省级产业集群及企业、开发区首位产业集群、新建投产重大项目、标准厂房建设情况。编发2021年度全省园区和产业集群简介。强化梯队培育。按照"十四五"规划中建设150个省级产业集群目标，启动2022年省级（培育、特色）产业集群申报工作，新增一批省级、省级培育、省级特色产业集群。指导支持赣州稀土、南康家具参加国家级先进制造业集群复赛答辩等工作，赣州稀土新材料及应用产业集群入选工信部第三轮国家先进制造业集群竞赛优胜者名单，实现了江西省零的突破。推荐萍乡湘东工业陶瓷等 5 个集群申报国家中小企业特色产业集群,全部成功纳入国家库。

三是启动制造业高质量发展试验区建设。根据《关于推进制造业高质量发展试验区的意见》精神,紧扣高质量发展主题,结合 6 项试验任务,全面梳理分析、摸排建立各市、县(区)潜在重点名单,赴相关市、县开展政策解读。认真组织申报工作,严格相关工作程序,确定了 4 个设区市、7 个县(市、区)为省级制造业高质量发展试验区。进一步抓好组织实施,布置签署制造业高质量发展试验区任务书,明确各试验区建设重点任务,指导试验区完善建设实施方案及 2023 年工作计划。

四是推动开发区数字化转型。出台《江西省开发区数字化转型实施方案》,提出"一硬一软四化"6 大任务(数字网络基础设施、统一的数字化管理服务平台、推进园区管理、服务、监管、产业四个数字化),细化 61 项标准要素。制定开发区数字化转型建设评估标准,开通数字化转型线上申报功能。升级全省智慧园区云平台为全省开发区统一的数字化管理服务平台,开发企业数字化转型、化工园区安环监控等新功能。认定并公布 42 个两化融合示范园区名单(数字化转型示范园区 31 个、工业互联网示范园区 11 个)。

二、2023 年工作重点

(一)工作思路

坚持以习近平新时代中国特色社会主义思想为指导,全面贯彻党的二十大和习近平总书记视察江西重要讲话精神,认真落实省委十五届三次全会精神,深入实施工业强省战略,聚焦"2+6+N"产业,以省级产业集群为抓手,以制造业高质量发展试验区为载体,以数字化转型为牵引,加快推动园区提质增效、集群提能升级,构建产业梯度清晰、特色优势明显、竞争优势突出的园区和集群发展格局,夯实江西建设现代化产业体系强大支撑。

(二)工作目标

全省园区和集群主要经济指标保持稳中有进,园区营业收入、利润均同比增长 8%,省级(培育)产业集群营业收入、利税均同比增长 10%,分别达到 4.3 万亿元、3000 亿元。

(三)重点举措

一是加强工作统筹谋划。谋划年度产业集群提能升级计划工作要点,提出工作目标,分解任务到部门和市(县)、产业集群,促进产业集群提能升级计划落到实处。召开市(县)园区系统工作座谈会,进一步统一思想、交流思路、谋划工作,协同协力促进园区和集群高质量发展。健全完善集群推进机制,有力确保工作的常态化落实。加强产业集群高质量发展研究,进一步完善产业集群发展水平评价指标,构建"1+5+X"产业集群发展指数体系。健全完善产业集群综合评价机制,实施星级管理和分类指导,加快产业集群上档进位、提能升级。

二是推进产业集群培育发展。开展省级产业集群申报,新增一批省级、省级培育、省级特色产业集群。抓好工信部中小企业特色产业集群推荐工作,争取更多县域细分领域优势特色产业集群纳入国家库。指导推动赣州稀土新材料及应用产业集群向世界级产业集群迈进,京九(江西)电子信息产业带等产业集群参加国家先进制造业集群竞赛遴选工作。分梯度培育国家级、省级产业集群,指导设区市培育市级产业集群,形成一批世界一流、国内领先、县域优势产业集群,建立布局分工合理、差异协同发展的产业集群发展格局。

三是推动制造业高质量发展试验区建设。分层分类推动省制造业高质量发展试验区建设,推动设区市级试验区突出区域重点和综合性试验,县级试验区突出特色化试验,全方位全领域探索制造业高质量发展路径模式。研究制造业高质量发展试验区建设评估标准,加强建设运行管理。

四是加快开发区数字化转型。实施开发区数字化转型指导方案,做好数字化基建、做大数字化产业、做强数字化主体,精准发力推动开发区数字化转型提速领跑。推进统一的管理服务数字化平台建设上线,打造移动应用端,完善两中心(可视化展示中心、智能化控制中心)一平台(统一的数字化管理服务平台)建设模式,指导推动开发升级改造数字化平台。完善开发区数字化建设成效评估标准,建立调度推进机制,培育和认定一批数字化转型标杆开发区、优秀开发区。

五是构建公共服务平台体系。准确把握园区和集群公共服务需求,有效整合各类服务资源,立足技术开发、检验检测、物流等关键共性服务,分类提升服务功能,着力构建以一个综合性平台为主体、若干个专业性平台为支撑、多个服务机构为依托的"1+N+X"平台体系。打造新型产业平台组织,培育产业链企业协作共同体,促进产业链上下游、大中小企业紧密配套、协同发展。

全省中小企业发展2022年工作情况和2023年工作重点

一、2022年工作情况

（一）工作成效

2022年全省规模以上工业中小企业主要指标实现平稳增长，其中：营业收入36394.3亿元，同比增长8.4%，高于全国平均3.2个百分点；利润2721.9亿元，同比增长15.1%，高于全国平均水平14个百分点。

（二）主要特点

1. 规模以上企业持续增加。至2022年底，全省规模以上工业中小企业达16160家，较2021年末净增1229家，近三年年平均净增规模以上工业中小企业1200余家。

2. 主要指标排位提升。2022年，全省规模以上工业中小企业营业收入和利润两项指标绝对值分别位列全国第七位和第五位，利润规模较2021年前进2位，实现历史性突破。

3. 亏损面保持较低水平。2022年，全省规模以上工业中小企业亏损面为9.6%，低于全国平均水平10.7个百分点，在全国范围内仅略高于湖南。

（三）主要工作

1. 加强统筹协调凝共识，发展工作合力进一步增强。积极发挥省促进中小企业发展工作领导小组协调机制作用，加强部门、省市联动，凝聚合力，促进全省中小企业平稳健康发展。一是加强统筹谋划。召开省促进中小企业发展工作领导小组办公室会议和全省中小企业工作座谈会，印发《省促进中小企业发展2022年工作要点》，细化全年工作任务，明确责任分工。二是坚持高位推动。省领导高度重视中小企业发展工作，多次就发展专精特新企业、优化营商环境等方面作出指示批示。并于5月组织召开全省中小企业服务月工作推进视频会,省委常委、副省长任珠峰出席会议并讲话,专题部署服务中小企业工作。三是强化运行监测。联合省统计局编制《全省中小企业运行数据》季报,组织中小企业运行及受疫情影响情况问卷调查,开展专精特新中小企业培育情况督查调研,及时了解全省中小企业发展动态。

2. 抓好政策落实稳主体,惠企纾困成效进一步提升。针对中小企业面临错综复杂的国内外形势以及多轮疫情冲击,及时出台助企纾困政策,创新方式方法,推动各项惠企政策落地落实,帮助中小企业输血补气。一是出台扶企政策。推动省政府办公厅和工业强省领导小组办公室分别出台了《关于进一步加大帮扶力度促进中小企业平稳健康发展的通知》和《关于积极应对疫情支持帮扶工业中小企业稳健发展的若干措施》。二是开展政策宣贯。组织召开支持中小企业纾困解难促进健康发展情况新闻发布会,厅主要领导出席会议并作了主发布,并就税费、金融等方面回答记者提问,提振中小企业发展信心。编制《惠企政策选编》,组织各地及专家志愿者服务团队深入园区企业,累计为4万余家企业开展了政策宣讲和解惑答疑。首次推出"政策明白卡",帮助中小企业快速知晓纾困政策,增强获得感。

3. 强化梯次培育促升级,优质企业队伍进一步壮大。深入贯彻习近平总书记关于培育专精特新中小企业的重要指示精神,持续加大优质企业培育力度。新增认定省级专精特新中小企业1141家、专业化"小巨人"企业82家、制造业单项冠军企业14家。培育国家专精特新"小巨人"企业70家。推荐获评国家制造业单项冠军示范企业和产品6家,创历史新高。一是开展培育认定。组织开展省级专精特新中小企业、专业化"小巨人"企业、制造业单项冠军企业申报认定工作。全力抓好国家专精特新"小巨人"和国家级制造业单项冠军企业遴选推荐工作。二是制定实事清单。制定《江西省为专精特新中小企业办实事清单》,从财税、融资、创新、数字赋能等8个方面提出了25项为专精特新企业办实事清单。三是优选服务产品。开展专精特新中小企业专属服务产品征集推荐工作,共推荐21家平台基地机构22个专属服务产品,引导各类服务机构为专精特新中小企业提供精准、优质、高效的专属服务。四是推进融合发展。组织开展大企业与专精特新中小企业需求对接及大中小企业融通创新工作,向国家推荐了37家企业对接需求和两个融通创新典型模式。

4. 推进体系建设强支撑,服务供给能力进一步提升。持续加大平台载体培育力度,着力构建政府公共服务、市场化服务、公益性服务协同促进中小企业发展的服务体系。一是培育平台载体。新增认定省级小型微型企业创业创新示范基地13家、中小企业公共服务示范平台17家。推荐6家基地获评国家小型微型企业创业创新示范基地、9家平台获评国家中小企业公共服务示范平台、3家平台入选国家第一批财政支持中小企业数字化转型试点平台。二是组织专项活动。组织开展"一起益企"和中小企业服务月活动、中小企业数字化服务节等专项活动,实现部门、省市联动,全省累计开展活动1844次,服务企业86328家。三是夯实人才服务。持续开展工信部领军人才(江西)、全省专精特新中小企业家等培训活动,全年培训企业家学员1200余人次。举办第三届江西省中小企业创新大讲堂暨2022年江西省专精特新中小企业高峰论坛、江西省中小企业数字化转型培训等活动。四是助力市场开拓。筛选组织25家专精特新企业参加第十一届APEC中小企业技术交流暨展览会,设立线上江西VR展区,集中展示江西专精特新企业发展成果。五是提升管理水平。联合省市场监管局开展江西省小微企业质量管理体系认证提升行动,筛选5家专业服务机构为全省100家小微企业提供质量管理体系认证辅导服务。

5. 优化发展环境浓氛围,中小企业活力进一步激发。落实营商环境优化升级"一号改革工程",开展中小企业发展环境第三方评估,持续营造良好发展氛围。一是开展环境评估。组织开展全省首次中小企业发展环境第三方评估工作,发布评估报告,以评促建、以评促优,推动各地不断优化中小企业发展环境。二是保障企业权益。印发《关于进一步健全完善中小企业款项支付投诉机制的通知》,完善网上投诉平台功能,累计受理转办投诉143件,推动偿还金额5878万元。三是加大融资支持。新增"工信通"风险补偿金3000万元,撬动信贷资金规模达6亿元,已累计为229户企业发放贷款8.7亿元。举办专精特新中小企业项目融资对接会、"创客中国"投融资对接会等产融对接活动,持续改善中小企业融资环境。四是开展双创活动。

联合省财政厅、省非公办举办第七届"创客中国"江西省中小企业创新创业大赛,报名项目数2167个,为历届之最,13个项目入围全国大赛500强,其中飞机复杂结构件加工关键技术项目获得全国三等奖。

二、2023年工作重点

(一)工作思路

深入贯彻党的二十大和习近平总书记视察江西重要讲话精神,围绕江西省大力推进数字经济和优化营商环境"双一号工程"任务要求,从培育企业、落实政策、优化环境、强化服务等方面持续发力,构建完善中小企业"321"工作体系,促进全省中小企业平稳健康发展。

(二)工作目标

力争全年新增认定专精特新中小企业500户以上,专业化"小巨人"企业50户以上,制造业单项冠军企业10户以上。力争培育认定10个左右省级小微企业创业创新示范基地和10个左右省级中小企业公共服务示范平台。

(三)重点举措

1. 强化示范引领。根据工信部部署,制定《江西省优质中小企业梯度培育管理实施细则》,进一步健全完善创新型中小企业、专精特新中小企业、"小巨人"企业、单项冠军企业的优质中小企业培育体系,持续开展培育认定工作,发挥示范带动作用,引领全省中小企业专精特新发展。

2. 细化政策帮扶。制定《江西省助力中小微企业稳增长调结构强能力若干措施》,广泛开展政策宣传,加强精准推送,推动财税、金融等各项惠企政策落地落实,加大对中小企业的支持力度。深入开展企业特派员行动,实行精准帮扶,及时帮助协调解决企业诉求。

3. 深化服务举措。着力构建政府公共服务、市场化服务、公益性服务协同促进中小企业发展的服务体系,持续开展小微企业创业创新示范基地和中小企业公共服务示范平台的培育认定工作,并以平台、基地为支点,开展"中小企业服务月""一起益企"等服务活动,带动更多社会资源,为企业提供质量管理、融资对接、数字化转型、权益保护等服务,提升公共服务支撑能力。

4. 优化发展环境。持续推进中小企业第三方环境评估,加强涉企监管,维护市场公平性竞争。常态化开展防范和化解拖欠中小企业账款专项治理行动,发挥中小企业款项支付投诉平台作用,切实维护中小企业合法权益。加强促进中小企业发展政策成效宣传力度,扩大宣传覆盖面和影响力,营造中小企业发展良好环境。

全省技术创新2022年工作情况和2023年工作重点

一、2022年工作情况

(一)工作成效

1. 创新体系加速健全。全省共培育创建国家制造业创新中心2家和省级制造业创新中心4家、产业技术研究院16家、企业技术中心646家,市级技术中心实现设区市全覆盖,基本建成国家级平台为龙头、省级平台为骨干、市级平台为支撑,产业、区域、企业创新平台和谐互动的三级创新平台体系。

2. 创新能力加速提升。创新头雁效应充分发挥,金虎保险设备集团获评江西省第13家国家技术创新示范企业,远大保险设备实业集团创建江西省第8个全国"质量标杆",有力地带动了相关行业企业加大创新投入、开展创新活动的自觉性。

3. 创新成果加速转化。江西省新产品全年立项629项、验收388项;评选发布第二批"赣出精品"119项、认定2021年度省优秀新产品148项。据统计,344项新产品2021年实现销售收入276.4亿元、利润26.9亿元、税收10.3亿元,出口创汇17.5亿美元,成为江西经济新增长点。

(二)主要特点

1. 企业主体地位不断夯实。全省规模以上工业企业研发经费投入逐年稳步增长,占全社会研发投入比重达80%左右;规模以上工业有研发活动企业、设有研发机构企业占比逐年稳步增长。

2. 创新政策环境持续优化。印发《江西省打造全国新兴产业培育发展高地实施方案》,发布新版《江西省产业关键共性技术发展指引》,梯次引导各地科技创新和产业创新。资金扶持持续发力,全年下达省工业发展专项资金1.184亿元支持重大创新平台和项目建设。推动省本级政府采购电子卖场设立"赣出精品"专区。

3. 创新协同体系不断健全。上线全省技术创新网上服务平台,构建省市县联动、企业直达的在线工作网络;与省科技厅、南昌航空大学等建立有效部门联系工作机制。工信领域省市联动、部门协同、处室协作的科技工作体系基本形成并日益完善。

(三)主要工作

1. 推进创新平台建设。一是产业创新平台建设取得突破。建立省市区三级联动机制,推动国家虚拟现实创新中心成功落户江西。国家稀土功能材料创新中心顺利通过国家年度考核。现有省级制造业创新中心加快实施新一轮三年建设计划。二是区域创新平台建设稳步推进。首批3家产业技术研究院通过评估,顺利挂牌;培育组建4家省级产业技术研究院;九江等地区加快市级产业技术研究院试点。三是企业创新平台提能升级。实施龙头骨干企业研发机构全覆盖行动,培育新增省级企业技术中心149家,市级技术中心实现设区市全覆盖。市级以上技术中心总数达到1241家,覆盖工业、农业、建筑和服务业。

2. 提升企业创新能力。一是发挥龙头企业创新引领示范作用。组织推荐2022年度国家技术创新示范企业,指导3家企业通过国家复核。江西企业连续6年获评全国"质量标杆"。江西钨与稀土研究院通过产业技术基础公共服务平台国家复核。二是引导中小企业有效开展创新活动。聚焦产业链重点领域,推进2022年全省企业创新能力提升行动,实施研发能力提升和技术基础提升两项专题推进计划。

3. 加快创新成果转化。一是加快技术攻关。联合省科技厅发布近期江西省亟待突破的150项产业关键共性技术。运用"揭榜挂帅"机制,实施7项技术攻关专项,共下达财政扶持资金1260万元。完成2018—2019年技术攻关专项评估验收工作,推动进入产业化阶段。二是实施"三品"计划。依托江西省新产品试制计划,实施省级新产品立项、验收和省优秀新产品认定。联合省市场监管局,评选发布第二届"赣出精品"。三是加快成果转化。

共同开展2022智库峰会暨国家级大院大所进江西等活动,印发实施《江西省科技支撑碳达峰碳中和实施方案(2022—2030年)》《推进全省消防领域科技创新及成果推广应用的实施意见》,推进江西理工大学红轨技术等重点领域成果转化落地。

4.加强技术创新协同。与省科技厅、南昌航空大学分别签署《协同合作备忘录》《战略合作框架协议》,建立产研、产校部门联系工作机制,促进产业发展与高校、科研有机融合。推动12条工信领域重点产业链组建首批创新联合体21个。联合推进省产业学院、研究生工作站建设,认定首批省级现代产业学院(培育)21家,对首批17家省研究生工作站现场评估考察,首批选聘2022年江西省高校产业导师31名、产业教授34名。

二、2023年工作重点

(一)工作思路

以习近平新时代中国特色社会主义思想为指导,全面贯彻党的二十大精神,认真落实习近平总书记视察江西重要讲话和关于科技创新重要指示批示精神,按照全省工信工作会议和全面建设创新江西、产业链链长制等具体工作要求,深入实施工业强省、创新驱动和质量强省战略,强化企业创新主体地位,完善以企业为主体、市场为导向、产学研深度融合的技术创新体系,突破关键共性技术瓶颈,加快创新成果转移转化,统筹推进新兴产业创新发展,为加快推进新兴工业强省建设、全面建设社会主义现代化江西提供强大创新支撑。

(二)工作目标

培育新增省级制造业创新中心1—2家、产业技术研究院3—4家、企业技术中心100家以上,全省市级以上企业技术中心突破1500家。实施10项左右产业关键共性技术攻关专项,开发江西省新产品100项以上、认定省优秀新产品100项以上、评选和推广应用"赣出精品"100项以上。

(三)重点举措

1.以"国字号"为重点目标,打造一批高能级创新平台。聚焦重点产业链,在优势领域创建一批省级制造业创新中心,推进国家虚拟现实、稀土功能材料创新中心加快建设。聚焦重点产业集群,培育组建一批省级产业技术研究院,示范推广市级产业技术研究院建设。聚焦重点骨干企业,实施龙头骨干企业研发机构全覆盖行动,培育新增一批省、市级企业技术中心。

2. 以产业链重大创新需求为牵引,转化应用一批重大创新成果。聚焦产业链短板,发布新版《江西省产业关键共性技术发展指引》,运用"揭榜挂帅"机制实施一批产业关键共性技术攻关专项,促进未验收专项加快实施、已验收专项加快产业化。聚焦产业链长板,实施新品精品"三百"计划,力争全年开发一批江西省新产品、认定省优秀新产品、评选和推广应用一批"赣出精品"。聚焦优势新兴产业新装备、新工艺推广应用,扶持一批延链补链强链战略性新兴产业倍增项目。

3. 以落实企业主体地位为主线,不断夯实产业技术创新基础。实施企业创新能力提升活动,提升中小企业创新意识和创新能力;加快培育创建一批国家技术创新示范企业,争创一批全国性质量标杆,示范带动全省企业技术创新,构建大中小微企业协同创新的良好局面。以企业为核心,协同推进研究生工作站、产业学院等产学研用合作平台建设,评聘一批产业导师、产业教授,鼓励和引导更多创新资源向企业集聚、创新成果在产业转化应用。

全省企业管理创新 2022 年工作情况和 2023 年工作重点

一、2022 年工作情况

（一）工作成效

2022 年,省工业和信息化厅深入贯彻落实工信部等十一个部门《关于引导企业创新管理提质增效的指导意见》和江西省人民政府办公厅《关于引导企业创新管理提质增效的实施意见》文件精神,着力引导企业管理创新提质增效,通过建立完善企业管理创新政策服务体系,树立培育管理创新标杆、企业家培育等举措,全省企业管理创新工作成效明显。一是南昌勤胜电子科技有限公司等 89 家获评 2022 年江西省管理创新示范企业;二是启动"送管理进园区"活动萍乡市项目,验收九江经开区项目;三是成功举办"管理创新大讲堂""映山红行动后备企业管理提升"等活动,为企业家宣讲管理创新理念及方法;四是联合南昌大学举办全省管理创新型企业总裁高级研修班,组织企业家学员赴全省多地游学交流。

（二）主要特点

一是立足长远。将企业管理创新作为一项促进企业提质增效的长期任务来抓,做好政策制定与服务指导,完善企业管理创新培育机制。

二是示范引领。增强企业创新意识,营造管理创新良好氛围,完善示范企业认定培育机制,积极推广管理标杆与创新成果。

三是因企施策。为企业搭建交流学习平台,组织企业参访游学,帮助企业掌握管理工具,开拓企业家管理思路。

四是协同联动。依托全省企业管理创新联席会议机制,各成员单位根据分工协同推进企业管理创新。工信系统省市县三级联动,进一步提高政策知晓度与活动参与度。

(三)主要工作

一是制定工作要点。以省企业管理创新工作联席会议办公室的名义印发《2022年全省企业管理创新工作要点》,明确提出推广先进管理模式、促进企业管理现代化、提升专项管理能力、保障企业创新要素等重点任务。

二是遴选创新示范。通过企业自愿申报、地市推荐、专家评审、会议审定、社会公示等程序遴选认定2022年江西省管理创新示范企业89家。

三是输送创新服务。经园区(集群)自主申报,园区遴选等程序,确定在萍乡市启动为期一年的送管理进园区活动,为园区企业提供管理问题诊断、管理方法导入等服务。2021年启动的九江经开区项目已完成验收。

四是培育企业管理创新人才。举办三期以企业中高管为对象,以财税管理、公司治理、数字化管理为主题的管理创新大讲堂活动,累计培育省内重点企业管理人员450余人。联合南昌大学举办全省管理创新型企业总裁高级研修班,在樟树、婺源、萍乡等地举办游学交流活动。举办四期"映山红行动后备企业管理提升活动",组织拟上市企业家赴贵阳、株洲等地参访上市企业,学习最新上市政策,累计培育拟上市企业管理人才90余人。

二、2023年工作重点

(一)工作思路

深入贯彻落实省政府办公厅《关于引导企业创新管理提质增效的实施意见》,围绕企业发展路线图,着力加强示范引领、服务指导,推动企业管理"体系规范化、制度标准化、流程精益化、手段智能化",以管理创新激发企业活力,促进企业提质增效。

(二)工作目标

通过企业管理创新知识宣讲、送管理进园区(集群)、映山红行动后备企业管理提升班、选树企业管理创新标杆等举措,进一步夯实全省企业管理创新工作基础,培育发展一批管理创新能力较强、管理手段先进、管理创新成效明显、具有较强示范带动作用的排头兵企业。

(三)重点举措

一是依据《江西省管理创新示范企业认定办法》,培育认定一批管理创新能力较强、管理手段先进、管理创新成效明显的省级管理创新示范企业。

二是在景德镇市开展"送管理进园区"活动,为当地重点企业开展管理问题诊断、管理方法导入等服务,解决企业关键管理难题,提升企业管理能力。验收2022年启动的送管理进园区萍乡市项目。

三是继续举办"管理创新大讲堂""全省管理创新型企业总裁高级研修班"活动,通过组织讲授先进管理理念与管理模式,促进更多企业增强管理创新意识,提升管理能力。

四是开展"映山红行动"后备企业管理提升班,组织拟上市企业家赴知名上市企业游学交流,学习了解上市路径与上市政策。

全省工业领域数字经济2022年工作情况和2023年工作重点

一、2022年工作情况

(一)工作成效

全省工业领域数字经济深入实施数字经济做优做强"一号发展工程",以推动工业领域数字经济创新发展作为主要工作,助推全省高质量跨越式发展,制定了电子信息、5G发展、虚拟现实等数字产业年度工作要点,推进电子信息、物联网、VR、新型显示等产业补链延链强链,做大做强数字产业规模,数字产业实现跨越式增长。

(二)主要特点

1. 数字新基建支撑力显著增强。一是建成开通南昌国家级互联网骨干直联点(全国第16个),互联网网间带宽达1600GB,省内网间平均时延降至1.8毫秒。二是5G网络建设处全国前列,新部署中国广电5G核心网江西省级节点,全年新开通基站29376个,累计开通基站超9万个,5G网络实现乡乡通,行政村通达率超70%。三是光网城市加速推进,全省500兆及以上用户占比35%以上,互联网宽带接入端口超2700万个,万兆无源光网络及以上端口规模达到25万个,11个设区市中有9个城市建成"千兆城市"。四是开展数据中心建设,全省已投入使用数据中心30个,在建数据中心10个,机柜规模总数4.8万个,算力资源超100P。

2. 数字产业化迈上新台阶。推进电子信息、物联网、VR、新型显示等产业发展,做大做强数字产业规模,数字产业实现跨越式增长。电子信息产业保持快速增长,进一步巩固了中部领先地位,实现了全国位次再前移。据工信部数据,2022年全省电子信息制造业完成营收10112.2亿元,同比增长

32.2%,实现利润 900.7 亿元、同比增长 78.2%,营业收入和利润排名跃居全国第四,均稳居中部第一。2022 年,物联网、虚拟现实及其相关产业营业收入分别为 1909 亿元和 812 亿元,增速均在 20% 以上,全省规模以上企业数字经济核心产业营业收入 11133.17 亿元、同比增长 26.5%。

3. 制造业数字化转型加快推进。一是深化制造业数字化转型。全面组织开展企业上云上平台专项活动,企业上云数量大幅增长,2022 年新增上云企业 13.8 万家,全省累计数突破 25 万家,其中深度上云 7971 家,工业云平台应用率 46.0%。分行业推进制造业数字化转型,全省制造业企业数字技术应用水平大幅提升,企业经营管理数字化普及率 72.2%,数字化研发设计工具普及率 75.0%,关键工序数控化率 56.6%,开展服务型制造比例 32.0%,开展网络化协同比例 40.3%,实现智能化产品生产的企业比例 7.2%。二是大力发展工业互联网。分类培育工业互联网平台,评定遴选省级工业互联网重点平台 18 家、跟踪培养平台 35 家,工业互联网平台应用普及率 16.35%,工业互联网平台体系逐步形成,其中维盈工业互联网平台评为全国特色专业型工业互联网平台,实现国家级平台新突破。推进工业互联网标识解析二级节点建设,全省建成节点 13 个,接入企业突破 6000 家,累计标识注册量 8.32 亿,累计标识解析量 25.18 亿。三是体系化推进两化融合。系统开展企业两化融合度评价普查,江西成为全国企业两化融合度评价唯一试点省。开展两化融合示范,制定两化融合示范企业和示范园区管理办法,分类分级培育示范企业 677 家、示范园区 42 家。

(三)主要工作

1. 政策引领。制定工信系统推进数字经济做优做强"一号发展工程"总体实施方案,分层次完善政策体系措施,构建数字经济发展政策矩阵。数字产业化方面,制定了未来产业规划、大数据、VR、物联网、信息安全、电子信息、装备制造等产业发展规划;产业数字化方面,分行业分区域分类型制定了数字化转型实施意见,制定了有色、电子信息、装备制造、石化、建材、纺织、食品、中小企业、开发区等数字化转型行动计划;数字技术赋能方面,制定了工业互联网强体提能行动计划、区块链技术应用和产业发展、工业互联网标识解析体系建设、5G 应用"扬帆"行动计划、物联网新型基础设施建设、人工智能创新发展行动方案等政策。

2.打造标杆示范。分星级评定"5G+工业互联网"示范企业54家、数字化转型示范企业97家,信息化能力建设示范企业526家。江铜贵溪冶炼厂成为全国"数字领航企业",打破了江西省无"灯塔工厂"的历史。培育建设数字化转型支撑服务中心,制定省级数字化转型促进中心建设管理办法,培育遴选省级中心15家。面向全国征集优秀服务商为江西企业服务,征集省内外数字化服务商114家、智能制造系统解决方案供应商15家。2022年全省入选国家标杆项目超40个,5G应用解决方案供应商、工业互联网平台创新领航示范的数量、物联网示范项目、移动物联网典型案例。

3.加强对外合作。推进省政府与中国联通、中国铁塔等公司签署深化战略合作协议,省工信厅牵头与省国资委、江西联通签订合作协议。编制2022年全省招商投资手册,梳理电子信息产业招商主攻方向、地区及政策措施,编制移动智能终端、电子材料方向产业投资指南;举办2022世界VR产业大会、全省电子信息产业供需对接大会、举办赣台电子信息产业对接会、举办中国数字经济产业大会、半导体照明产业供需对接会和"百城千屏"超高清视频落地推广等活动,深化产业供需对接。

二、2023年工作重点

(一)工作思路

立足新发展阶段,深入贯彻党的二十大精神,抢抓数字经济发展机遇,加快打造社会主义现代化江西。牢牢把握新型工业化发展趋势和规律,锚定"作示范、勇争先"的目标定位,探索建立"四个三"的发展路径、实施"四六"突破行动。即适应"数字化、网络化、智能化"三化要求,追踪"新技术、新经济、新模式"三个发展趋势,聚焦"建设信息基础设施、推进制造业数字化转型、加快工业互联网创新发展"三大任务,持续培育"新一代信息技术创新能力、工业互联网赋能能力、政策驱动能力"三大发展能力。

(二)工作目标

实施"四六十"工程。即在"一企一策、一行一策、一园一策、一链一策"四个领域取得突破,深入开展"两化融合度普查、新型基础设施提升、新一代信息技术产业发展、制造业数字化转型、大中小企业融通发展、工业互联网创新发展"六大行动,完成"物联网产业突破2000亿,5G基站新建1.5万个,全部规模以上企业开展普查,争创全国基础电信企业转型升级改革试验区,梯次培育企业级、行业级、区域级和双跨工业互联网平台,打造高水平'产业大脑',建设5G全连接工厂,推动制造业数字化转型和产业升级,广泛拓展应用场景,在更广范围、更深程度、更高水平上推进两化融合"十项目标。

(三)重点举措

1. 做优做强做大数字经济核心产业。围绕万亿目标壮大做强电子信息产业,布局数字产业细分赛道,做强终端体系和增强配套能力,大力培育发展物联网、大数据、5G、信息安全、区块链和人工智能等新一代信息技术产业,打造一批5G等数字产业集群。

2. 加快推进制造业数字化转型。深入开展全部规模以上工业企业信息化和工业化融合度评价,摸清省内企业数字化发展底数,打造"数字化诊所",提供"入企问诊"评价报告,形成企业、园区、行业融合发展路径。培育建设企业两化融合公共服务平台、举办企业数字化转型供需对接等活动。深化5G、工业互联网、人工智能等新一代信息技术与制造业融合,大力发展工业互联网,推动企业上云上平台,培育发展新产业、新业态、新模式。

3. 完善数字基础设施支撑。加快建设现代化基础设施,推进5G基础网络建设和专网部署,建设5G全连接工厂。建设运营工业互联网标识解析二级节点,部署下一代互联网IPv6、区块链、算力和人工智能新型基础设施。推进国家工业互联网大数据中心江西分中心建设运营。

4. 强化平台服务能力。支持行业龙头企业或链主企业建设工业互联网平台、数字化转型促进中心或"产业大脑"等公共服务平台,推动产业链供应链上下游企业数据资源流通应用,提升平台赋能能力。开展数字人才队伍培育建设,提升企业数字化素养。培育发展数字化服务商,发布服务商能力清单,征集一批可复制、可推广的行业数字化转型系统解决方案。

5. 培育数字化应用示范场景。加大中小企业数字化改造的技术、人才、资金支持力度,培育建设数字化转型标杆工厂。培育建设5G+工业互联网示范工厂、智能制造示范工厂、两化融合示范企业和示范园区。开展信息消费应用示范。

全省工业绿色发展 2022 年工作情况和 2023 年工作重点

一、2022 年工作情况

（一）工作成效

2022 年，全省工信系统深入贯彻习近平生态文明思想，实施工业领域碳达峰行动，全省规模以上单位工业增加值能耗同比下降 3.4%，新增国家级绿色工厂 32 家、绿色园区 2 家，资源综合利用水平进一步提升。

（二）主要特点

一是工业领域碳达峰稳妥推进。《江西省工业领域碳达峰实施方案》在全国较早出台，年度工作要点以省工业强省建设工作领导小组办公室名义印发，工业领域碳达峰路线图、施工图进一步明确，推动工业绿色低碳发展的工作合力持续加强。

二是绿色示范标杆量质双升。贵溪冶炼厂、金德铅业列入 2022 年度国家能效领跑者名单。百威雪津（吉水）、吉安高新区、上饶经开区成为国家级水效领跑者，实现江西省"零突破"。新增省级绿色工厂 71 家、绿色园区 9 家，节水型企业 135 家。

三是能源资源利用效率进一步提高。工业用能对工业经济支撑有力，工业用能以 3.5% 的增速，支撑了工业经济 7.1% 的增长，明显优于全国平均水平。工业用能结构持续优化，制造业高耗能行业用能占工业 49.6%，较"十三五"初期下降近 10 个百分点。资源综合利用水平进一步提升，58 家规范公告企业共综合利用废钢铁、废塑料等超 1300 万吨，万元工业增加值用水量较 2020 年降低 33.6%。

（三）主要工作

1. 推进工业节能降碳。一是加强项目用能管理。全面落实节能审查政策要求，组织各地对部分高耗能项目开展论证，确保单位产品能耗只降不增，省本级共实施工业技改项目节能审查20个。二是推动实施节能降碳改造升级。为12家企业提供深度节能诊断服务，开展重点行业能效摸排，深挖企业节能潜力。发布重点行业改造指南，指导企业实施节能降碳改造，支持一批项目争取国家资金。三是强化能效水平约束。对35家重点用能企业实施节能监察，累计实现高耗能行业全覆盖。进一步强化结果应用，推动重点行业企业能效对标达标，全省烧碱、铜冶炼等一批产品单位综合能耗超国家标杆水平。

2. 实施绿色制造工程。一是推广绿色生产方式。推行绿色设计，培育创建一批绿色设计产品、绿色设计示范企业。分行业梳理绿色制造典型案例，加快绿色技术装备在传统产业上的转化应用。二是培育绿色示范标杆。进一步完善绿色制造评价机制，推动园区、企业开展绿色创建。对绿色制造名单实施动态管理，组织全省90家单位开展绿色制造自我声明。三是积极构建绿色低碳供应链。聚焦全省重点行业，指导龙头骨干企业进一步提升绿色制造水平，带动产业链上下游绿色低碳协同发展，新增绿色供应链管理企业3家。

3. 提升工业资源综合利用水平。一是推进资源综合利用基地建设。完成新余高新区、萍乡市、赣州市国家级工业资源综合利用基地试点验收工作，推动资源规模化高值化利用，打造形成具有区域特色的综合利用产业发展示范路径。二是推进再生资源综合利用行业规范管理。新增16家综合利用企业列入工信部规范公告企业公示名单，废钢铁加工企业累计数量居全国第七、废旧动力电池回收利用企业数量居全国第二。三是推进新能源汽车动力电池回收利用。完成新能源汽车动力电池回收利用试点自评价验收工作，发挥行业协会作用，持续完善全省新能源动力蓄电池回收利用体系。四是推进工业节水，推动重点用水企业节水技术改造和废水循环利用，构建"节水型—节水标杆—水效领跑者"三级水效示范引领体系，全省国家、省、市三级重点监控用水单位高耗水行业节水型企业建成率达100%。

4. 优化工业领域生态环境。一是抓好工业污染防治。履行省工业污染防治专业委员会办公室职责，协调生态、发改、科技、商务等部门，深入推进开发区污水治理、化工污染整治、企业达标排放、散乱污企业整治等专项行动。二是抓好问题整改。紧盯中央环保督察等生态环境突出问题整改，坚持举一反三、系统治理,建立长效机制。三是抓好一批重点工作。全面落实全省生态文明试验区建设、美丽江西、长江保护修复、鄱阳湖流域建设、河湖长制、"蓝天、碧水、净土"保卫战等责任分工,圆满完成各项工作任务。

二、2023年工作重点

(一)工作思路

以习近平新时代中国特色社会主义思想为指导,深入贯彻党的二十大精神,全面落实习近平生态文明思想,积极稳妥推进工业领域碳达峰,持续完善绿色制造体系,着力提升能源资源利用效率,推动工业绿色转型。

(二)工作目标

力争单位工业增加值能耗同比下降3%,工业单位增加值用水量持续降低,工业固体废物综合利用率进一步提升,新增省级绿色工厂60家、绿色园区5个以上。

(三)重点举措

深入实施工业领域碳达峰行动,制定印发工业领域碳达峰年度工作要点,加强政策宣传,强化工作合力,重点抓好4项重点行动。

1. 实施工业节能降碳专项行动。完善工业能耗监测平台,强化重点用能企业能耗监测分析。加大节能审查力度,把好项目用能"准入关"。深化节能监察和节能诊断服务工作,提升重点行业能效水平。推广节能降碳技术装备,实施一批节能降碳改造升级项目。

2. 实施绿色制造提升行动。完善绿色制造评价机制,遴选发布省级绿色工厂、绿色园区。加强绿色制造名单动态管理,探索开展绿色园区低碳升级行动。依托产业链链长制,推动产业链上下游企业绿色协同发展。

3. 实施资源综合利用提质增效行动。深入推进工业资源综合利用基地建设,加强再生资源综合利用企业规范管理。进一步健全新能源汽车动力电池回收利用体系,探索锂渣等工业固废规模化利用。推进工业节水增效,新增一批省级节水型企业。

4. 实施工业污染防治专项行动。制定工业污染防治年度工作要点、落实美丽江西、生态文明试验区建设等任务分工,加强工作调度,推进各项工作落实。紧盯工业领域生态环境突出问题整改,持续优化工业领域生态环境。

全省工信开放发展2022年工作情况和2023年工作重点

一、2022年工作情况

(一)工作成效

坚持把工信开放发展作为重要抓手,主动融入粤港澳大湾区、长三角一体化、长江经济带等国家区域发展战略,积极谋划区域产业合作,着力推动江西内陆开放型经济试验区和长江中部城市群大南昌都市圈建设,积极参与"一带一路"建设。充分利用全省经贸重大平台,坚持引资引技引智并举,开展省部、省际、省企、省校(院所)全方位合作,组织产业推介、项目对接活动,促进省际区域产能配套协作和科技创新合作,积极承接产业转移,在服务构建新发展格局中体现江西工业担当。

(二)主要特点和主要工作

1. 促进区域产能合作。一是承接产业转移,招大引强成果丰。为促进承接产业转移,会同省直部门共同组织编写《2022年江西省重点产业招商册》,指导设区市谋划产业招商项目,编印《2022年江西省工业和信息化重点招商项目册》,共有623项工业招商项目,总投资8792亿元。截至2022年底,全省在建省(国)际合作重点工业调度项目1208项,总投资13640.2亿元,已完成投资7842.6亿元,完成率57.5%。其中,全年工业合作项目新开工546项,续建652项。"5020"工业合作项目176项,总投资6526.9亿元,完成投资4094.9亿元,完成率62.74%。在建港澳台及国际合作项目165项,总投资1611.3亿元,投资完成1018.6亿元,完成率63.2%。吉利科技、国轩高科、格力电器、宁德时代等企业实施一批投资超百亿元大项目。二是增强发展共识,产业对接效果好。依托世界VR产业大会、中国航空产业大会、第十八届赣台会、跨国公司对话江西圆桌会、跨国公司(上海)合作交流会、景德镇国际陶瓷博览会、樟树全国药材药品交易会等重大活动平台，增加社会各界对产业发展的共识，指导设区市按照《江西省重点产业链招商指引》，开展精准对接走访招商活动。依托链长制，组织14条省级重点产业链开展产销对接、产业链招商对接、产融对接、人才对接活动总计215场。其中，产销合作签约219项，金额664.7亿元；产业链招商签约209项，金额2433亿元；产融对接授信企业796户，金额338亿元，已发放贷款749户，贷款金额152.4亿元；人才对接引进2259名。

2. 促进区域创新合作。一是打造高能级创新平台。组织申报2022年省级企业技术中心、省制造业创新中心和省产业技术研究院。新增省级企业技术中心149家，累计总数646家。培育组建中药制造工艺与装备、铝型材、服装、印制电路板共4家省级产业技术研究院，全省研究院队伍总数达17家。其中，南昌虚拟现实研究院获批组建国家虚拟现实创新中心，获国拨资金1.2亿元支持，成为首家在赣注册国家级制造业创新中心，并于2022世界VR产业大会期间举办了授牌仪式。二是启动创建省级制造业高质量发展试验区工作，确定4个设区市7个县市区为省级制造业高质量发展试验区。完成创建国家（昌景）国防科技工业军民融合创新示范基地。

3. 完善区域合作机制。一是配合做好区域合作顶层设计。推动泛珠三角区域合作，谋划贯彻落实泛珠行政首长会议纪要的意见，完善泛珠三角区域九省（区）工信合作机制；配合研究支持赣湘边区域合作示范区建设若干政策措施，省政府印发《江西省推动湘赣边区域合作示范区建设行动方案》；配合研究《长江中游城市群发展"十四五"实施方案江西省分工方案》落实措施，推动长江中游三省工（经）信部门签署《鄂湘赣三省畅通产业链供应链合作协议》；配合研究《以制造业为重点促进外资扩增量稳存量提质量的若干政策措施》贯彻落实意见；会同省直部门出台江西省《关于高质量实施〈区域全面经济伙伴关系协定〉（RCEP）的指导意见》。二是推动省市协同。积极推动设区市工信部门开展招商引资活动，参与招商引资项目谋划，利用省级重大平台开展产业推介，抓好区域合作建设项目调度，积极开展园区企业走访对接活动，及时做好企业问题帮扶。如：会同南昌市举办中国（中部）工业装备博览会；会同上饶市共同举办赣台电子信息产业对接会；会同宜春市筹办长三角"知名企业走进宜春"招商活动等。

二、2023 年工作重点

(一)谋划招商引资项目

加强产业研究,根据产业基础、现状和趋势,动态发布"四图五清单"《江西省重点产业链招商指引》,为产业精准招商路径和方向提供支撑;围绕"2+6+N"重点产业,配合商务等部门编制《江西省重点产业招商册》和《江西省重点产业招商指南》,开展清单化、目标化精准招商,助力引进一批行业龙头企业以及产业链上下游紧缺的关联配套企业;探索建立委托招商合作机制,拓展委托招引渠道,开展填空式、补位式、链条式、抱团式招商。

(二)加快走出去步伐

大力开拓国际市场,力争实现工信系统重要招商引资出访活动,加大产业经贸交流,积极与国外开展技术合作、产能合作等;全面对接共建"一带一路"《区域全面经济伙伴关系协定》(RCEP),强化宽领域、全方位对外开放,深化制造业国际合作。加强与行业协会、中介机构的对接交流,逐步建立沟通联络,积极争取国内外项目合作;组织企业参加中国国际中小企业博览会等国内重点专业性展会,助力企业拓市场、拿订单。

(三)精心组织重大活动

组织产业推介、产融对接、产技对接、供需对接等系列专题会,促进国内国际产业链供应链价值链融合。办好 2023 世界 VR 产业大会、2023 跨国公司对话江西圆桌会、2023 江西省对接粤港澳大湾区电子信息产业推介会、中国航空产业大会暨南昌飞行大会、国际麻纺博览会、2023 纺织服装周、江西国际移动物联网博览会等活动,参与全省第六届世界绿发会、第四届世界赣商大会、庐山全球商界领袖论坛等重大经贸活动,不断创新活动形式,提升活动成效,持续打造国际化专业化品牌化招商活动精品。

(四)走访服务龙头企业

组织走访对接电子信息、新能源汽车、家用电器、锂电材料、稀土材料、生物(中)医药、纺织服装、数字技术服务等产业龙头企业,促进合作交流。抓好重点工业项目建设调度管理,推进宁德时代、比亚迪等一批在赣合作重大项目建设。

全省工业安全生产2022年工作情况和2023年工作重点

一、2022年工作情况

安全是发展的基础,发展是安全的保障。全省工业安全生产认真学习贯彻习近平总书记关于安全生产重要指示精神和党中央、国务院,省委、省政府决策部署,按照"疫情要防住、经济要稳住、发展要安全"的要求,统筹发展和安全两件大事,紧紧围绕"防风险、保安全、迎二十大"这条主线,迎难而上、主动作为,抓紧抓实重大安全风险防控,各项工作取得新的成效。

(一)提高站位、着眼大局,时刻紧绷安全生产责任弦

一是高度重视。始终牢固树立安全发展理念,把"安全发展"与"创新发展、融合发展、绿色发展、开放发展"并列,作为实现"2+6+N"产业高质量跨越式发展"五大路径",统筹抓好生产安全、信息安全、保密安全、无线电安全以及产业安全等各个方面安全,确保产业自主可控、行业安全稳定。

二是高位推动。省工信厅主要领导亲自挂帅、亲自部署,年初主持召开安全发展专题会议,传达学习习近平总书记总体国家安全观论述,研究部署全年安全发展工作。"3·21"东航航空器飞行事故发生后主持召开安全生产专题会议,传达学习习近平总书记关于安全生产工作的批示指示精神,研究推动国务院安委会15条硬措施贯彻落实具体举措。

三是举措务实。强化全国安全生产电视电话会议落实,制定印发《江西省工业和信息化厅关于认真贯彻落实习近平总书记重要指示精神 举一反三 坚决遏制重特大事故的通知》《江西省工业和信息化厅关于印发江西省工信系统安全生产"打非治违"专项行动工作方案的通知》《江西省工业和信息化厅关于印发省工信系统安全生产大检查实施方案的通知》《江西省工业和

信息化厅关于印发江西省工信系统自建房安全隐患排查整治实施方案的通知》,全省工信系统切实加强工业行业重点领域安全管理,进一步落实属地监管职责和企业主体责任,扎实开展安全检查和"打非治违",保障了工信系统安全生产平稳态势。

(二)聚焦重点、创新举措,进一步强化安全生产源头防控

按照"管行业必须管安全、管业务必须管安全、管生产经营必须管安全"要求,加强工业行业安全生产指导,突出冶金、石化、轻工、装备等重点行业、重点领域、关键环节,从行业规划、产业政策、法规标准、行政许可等方面加强安全生产工作,强化顶层设计,狠抓安全生产源头治理,全面织密织牢安全生产防护网。

一是开展冶金行业整治。严厉打击"地条钢",严格执行用电监管、月报、巡查等制度,保持高压态势,严防"地条钢"死灰复燃和违规新增钢铁产能现象。规范钢铁行业生产条件,在钢铁产能置换、铁矿山技改、压减粗钢产量、绿色发展等行业管理工作中,严格落实安全生产条件,对未达到安全生产要求、出现重大安全生产事故的,压减其粗钢产量。将安全生产"黑名单"纳入行业管理,在行政许可、产业政策、行业准入等方面对"黑名单"企业进行限制,引导企业提升安全生产基础条件,不断提升钢铁行业安全生产管理水平。

二是推动化工企业整治提升。推动园区加快整治提升,制定印发《关于进一步推进化工产业转型升级有关工作的通知》,召开2场化工园区高质量发展推进会,多次赴南昌、九江等地督导调研,督促指导园区加大投入,倒排工期,落实"一园一策"安全整治提升,加快推进化工园区安全风险整治提升和建设标准提升工作,确保年底前达到C级(一般安全风险)标准。

三是加强重点车辆源头治理。印发《关于贯彻落实电动汽车国家强制性标准的通知》,举办标准宣贯活动,督促地方落实《电动汽车安全要求》《电动汽车用动力蓄电池安全要求》《电动客车安全要求》三项国家强制性标准,推进电动汽车消防安全工作。

四是淘汰有色落后产能。督促有关地市对排查出来的4家企业落后产能进行整改,涉及4家企业的20台(套)落后生产设备已经全部拆除到位,

促进了行业本质安全。

五是规范建材行业管理。制定印发《江西省预拌混凝土行业规范条件》《江西省机制砂石行业规范条件》两个规范性文件,贯彻落实《水泥行业规范条件(2015年本)》,督促企业树立安全意识,建立健全安全生产责任制和各项规章制度,完善以安全生产标准化为基础的安全生产管理体系。

全系统、各行业充分利用专精特新、"小巨人"、制造业单项冠军企业认定、技改引导资金、共性关键技术揭榜挂帅等措施,引导企业采用先进技术、工艺、装备,加大技术改造力度,大力推动"机械化换人、自动化减人、智能化无人",消除安全隐患,提升安全基础保障能力和本质安全水平,形成了上下联动、齐抓共管的新格局。

(三)深入排查、精准整治,进一步强化安全生产监管执法

一是进一步强化民爆安全管理。深入开展安全生产三年整治专项行动,结合疫情防控工作,利用信息化技术,采取"线上线下检查"+联合执法+专家指导服务模式,统筹推进安全检查与安全生产标准化创建工作。开展重要节假日、重点时段督导检查,冬季、春节、两会、冬奥、汛期等重要时段,开展重点督导,落实领导带班、重要岗位24小时值班和安全生产"零报告"制度,确保了节日期间特别是党的二十大期间生产安全。

二是深入推进军工单位安全隐患排查治理。积极开展隐患治理清零,督促企业持续开展常态化的隐患排查,落实问题闭环管理,企业自查发现各类隐患280项,督促完成整改243项。

三是扎实开展船舶制造业安全管理。打击非法改装采砂船和渔业捕捞船舶工作,制定印发《江西省船舶行业2022年安全生产整治工作方案》《关于进一步开展船舶企业水污染防治、打击非法改装采砂船和渔业捕捞船舶工作方案》,开展"双随机、一公开"执法检查,规范船舶建造秩序。开展船舶生产企业条件评价认可,组织市县主管部门、船舶企业和行业专家开展专题培训,全力推动船舶制造企业加大安全生产管理力度。

(四)科技引领、强化支撑,进一步提升企业本质安全水平

一是实施"工业互联网+安全生产"行动计划。以龙头骨干企业为依托,在民爆行业布局开展试点示范,依靠科技进步,推动MES系统智能制造

平台、5G+VR虚拟智能工厂建设,打造安全管理智能模块,实现民爆产品生产和工业互联网的深度融合,提升安全管理水平。

二是推进军工单位技术改造。消减10人以上危险作业场所,江西国科德安火工园区弹药、引信装配等数字化生产线,先锋公司防雹增雨炮弹生产线的安全技术改造已基本完成,各军工企业10人以上危险作业场所消减治理完成。推动开展科技兴安,推动新余国科手工危险作业工序改造,重点实施了防雹增雨火箭弹、烟条、曳光管自动生产线等安全技术改造。

三是安全应急产业取得新进展。江西鑫通机械制造有限公司"智能三臂凿岩台车矿山安全应急装备应用试点示范工程"项目成功入选工信部、发改委、科技部、应急部第一批"安全应急装备应用试点示范工程"。

二、2023年工作重点

2023年,全省工业领域安全生产工作总体思路是:以习近平新时代中国特色社会主义思想为指引,全面学习贯彻党的二十大精神,坚持人民至上、生命至上,统筹发展和安全,强化工业领域安全生产工作指导和军工、民爆行业安全生产监管,深化供给侧结构性改革,深入推进智能制造,调整优化产业结构,推动民爆物品生产本质安全水平明显提升,为维护人民群众生命财产安全和社会稳定提供有力安全保障。

(一)强化底线思维,树牢安全发展理念

深入贯彻党的二十大报告关于安全生产重要论述和习近平总书记关于安全生产重要指示批示精神,深入践行"以人民为中心"理念,将习近平总书记关于安全生产工作重要论述纳入安全培训重要内容,把安全要求融入全年工作各方面全过程,开展监管人员培训和企业负责人、安全生产管理人员培训,切实树牢安全发展理念。

(二)强化监管执法,坚决守住不发生亡人事故底线

加大执法检查力度,实行重大节假日、重要时段安全督查,持续开展安全生产大检查,深入排查消除隐患,牢牢守住安全生产基本盘,坚决防范和遏制亡人事故。

(三)加强指导

落实国务院安委会和省委、省政府安全生产工作决策部署,按照"管行业必须管安全、管业务必须管安全、管生产经营必须管安全"要求,加强工业领域安全生产工作指导,针对重要时段开展安全生产工作部署,完成景德镇安全生产专项巡查任务,及时传导压力,全面织密织牢安全生产防护网。

(四)严格准入

严格行政许可审查,依法依规开展安全生产许可、销售许可年检、年度报告和延续工作,加强对安全设计、安全评价报告合规性审查核查力度,对存在安全条件不符、设备设施落后、经营规模与仓储条件不匹配等问题企业,不再延续安全生产许可、销售许可。

(五)提升管理

持续开展民爆、军工安全生产标准化建设,持续推进安全生产标准化评级,全面梳理管理制度、设备设施、生产现场和应急体系存在的问题,即查即改,扫除隐患,完成《民爆行业安全整治三年行动》民爆物品销售企业达三级以上标准任务。

(六)优化产业结构,创新服务模式

积极推进产业结构优化升级,提升现场混装炸药生产比例。与矿山开采、基础建设等行业领域有机衔接,推进生产、销售、爆破作业服务一体化。积极支持现场混装生产方式集中制备、远程配送,加快推进江铜矿服44000吨/年现场混装乳化炸药整体搬迁技改项目建设、国泰五洲8200吨/年现场混装乳化炸药远程配送项目投产,支持宏大爆破12000吨/年现场混装乳化炸药生产系统项目建设。支持民爆物品销售企业以多种方式重组整合,规范租赁(代存)管理;逐步淘汰安全投入不足、储存能力与销售规模不匹配、外部安全距离不足的销售仓库,压减销售企业数量。

(七)推进技术改造,提高本质安全

积极引导企业引进本质上更加安全的新工艺、新设备,推动少数仍采用动态乳化(敏化)技术的乳化炸药线改为静态乳化(敏化),鼓励包装型和混装型乳化炸药实施螺杆(基质)泵升级改造,逐步替代生产线0类民爆专用生产设备,推进人工影响天气用燃爆器材生产线"机械化换人",不断提高行

业本质安全水平。全面推广工业数码电子雷管,实施数码电子雷管扩能提质行动,推动电子引火元件自动化生产,全面实施电子雷管生产线自动装配,减少危险工序、危险岗位现场操作人员。推进江西国科"三园一区"建设,加快军工涉火危险作业搬迁,消除10人以上危险作业场所。

(八)打造安全生产新型能力,提升安全保障水平

实施"工业互联网+安全生产"计划。贯彻落实《工业互联网+安全生产行动计划(2021—2023)》,持续在民爆行业先行先试打造基于工业互联网的安全生产感知、监测、预警、处置和评估新型能力,推进民爆行业治理体系和治理能力现代化。抓实安全产业。开展安全应急装备应用试点示范工程和安全应急产业示范基地(创建)申报工作,培育一批具有较强竞争力的安全产品,打造一批具有较强市场竞争力的企业,形成具有江西特色的安全产业体系。

全省服务型制造2022年工作情况和2023年工作重点

一、2022年工作情况

(一)工作成效

2022年,全省服务型制造工作坚持以习近平新时代中国特色社会主义思想为指导,深入贯彻落实工信部等十五个部门《关于进一步促进服务型制造发展的指导意见》,通过强化政策引领、宣贯推广、示范带动、公共服务等举措,加快培育服务型制造新业态、新模式,促进制造业企业提质增效和转型升级,推动先进制造业和现代服务业深度融合,取得新进展新成效。服务型制造理念得到广泛认可,服务型制造主要模式深入发展,制造业企业服务投入和服务产出显著提升,示范企业服务收入占营业收入的比重达到25%以上,服务型制造为推动工业高质量跨越式发展提供有力支撑。

(二)主要特点

1. 强化政策效能。升级工业设计创新券政策,鼓励企业购买工业设计服务,对制造业企业向设计机构购买设计服务进行资金补贴。

2. 注重宣贯引导。举办服务型制造万里行进地市活动,宣贯服务型制造先进理念、推广服务型制造先进典型,助力企业提升服务型制造认知应用水平。

3. 突出示范引领。以定制化服务、全生命周期管理为重点领域开展服务模式培育,培育认定一批省级服务型制造示范企业和省级工业设计中心,树立典型标杆,引领推动先进制造业与现代服务业融合发展。

(三)主要工作

1. 不断优化工业设计政策体系。一是会同省财政厅修订出台了《江西省工业设计创新券管理办法》,并结合工作实际,及时调整创新券服务机构,优化创新券发放兑付机制,打造工业设计创新券政策2.0版。二是制定了《工业设计工程技术人才职称评定标准》,推动省人社厅出台了工业设计工程技术人才职称评定政策,并协助开展首批工业设计职称申报工作,为行业人才发展开辟了专门通道,《江西改革工作简讯》将该项工作作为改革典型事例进行刊发。

2. 持续提升工业设计服务能力。一是壮大设计主体。开展省级工业设计中心(研究院)培育认定。新认定三川智慧科技、江西五十铃等13家省级工业设计中心,全省省级工业设计中心达89家;认定省通讯终端产业技术研究院有限公司为全省首家省级工业设计研究院培育对象。二是繁荣设计市场。新安排资金2000万元充实工业设计创新券资金池,强化对企业购买工业设计服务的补贴支持。对创新券服务平台入驻设计机构进行"扩容"、增加设计供方,鼓励制造业企业向设计机构购买设计服务,共为76家企业、87个项目兑付创新券资金827万元;新增创新券服务平台入驻机构16家,累计55家。三是推进江西工业设计中心项目建设。累计投入资金1.8亿元,完成了江西工业设计中心大楼幕墙、内部装修、园林绿化、空调和智能化设备安装等施工,为打造江西工业设计发展综合平台奠定了基础。

3. 持续开展服务型制造模式推广。一是强化宣贯引导。先后举办服务型制造万里行——走进新余、萍乡、赣州等3场活动,进一步宣贯服务型制造先进理念、推广服务型制造先进典型,助力企业提升服务型制造发展水平,《经济日报》对此作了相关报道。二是联合中国服务型制造联盟完成了全省服务型制造发展情况调研工作,编制了《江西省服务型制造发展报告》。三是开展诊断咨询。邀请国家服务型制造专家赴制造业企业把脉问诊,帮助企业突破服务化转型瓶颈问题,完成了20家企业的服务型制造诊断咨询工作。四是组织7家企业赴武汉参加第五届中国国际工业设计博览会,搭建江西工业设计展区,展示全省工业设计发展新成就,获博览会最佳组织奖和最佳展示奖。

4. 不断壮大服务型制造优质主体。一是开展省级服务型制造示范企业认定,组织国家级服务型制造示范申报。新培育认定了九江中船消防设备、江西飞尚科技等 19 家省级服务型制造示范企业（平台），全省省级服务型制造示范企业（平台）达 88 家；国家级服务型制造示范申报取得重大突破，7 家企业获评国家级服务型制造示范，创历年新高，全省国家级服务型制造示范累计达 18 家。二是开展省级服务外包示范园区评价。联合省商务厅、科技厅首次开展省级服务外包示范园区综合评价，引导制造业企业开展总集成总承包服务，提升整体解决方案的协同、服务能力，重新认定了省级示范园区 7 个、新认定省级示范园区 2 个。

二、2023 年工作重点

（一）工作思路

坚持以习近平新时代中国特色社会主义思想为指导，全面贯彻党的二十大精神，认真落实习近平总书记重要讲话精神，按照党中央、国务院决策部署和省委、省政府工作要求，以推动工业高质量跨越式发展为主题，以深化工业供给侧结构性改革为主线，以工业设计创新发展为引领，大力发展服务型制造，为构建先进制造业和现代服务业融合发展的现代产业体系提供坚实支撑。

（二）工作目标

服务型制造公共服务能力明显提升，制造业企业服务型制造认知应用水平和转型成效明显提升，重点地区、产业服务型制造发展取得新突破，示范培育遴选取得新突破，省级服务型制造示范、省级工业设计中心总数双双突破 100 家，对制造业高质量发展的带动作用更加明显。

（三）重点举措

1. 进一步培优做强设计主体。持续开展省级、国家级工业设计中心和工业设计研究院培育、遴选工作，新认定一批省级工业设计中心，力争省级工业设计中心总数突破 100 家。

2. 进一步激发工业设计市场需求。面向重点产业和产业集群，实施好工业设计创新券政策，鼓励产业链上下游企业向专业设计机构购买设计服务，切实发挥好工业设计创新券政策的市场撬动作用，以设计提升产业产品价值，赋能制造业高质量发展。

3. 进一步提升服务型制造认知应用水平。持续开展服务型制造万里行进地市活动,深入市县、园区、企业,邀请专家进行服务型制造授课宣讲,提升地方政府、部门和企业对服务型制造认识和认知水平。办好第七届江西省"天工杯"工业设计大赛,发现优秀设计产品,挖掘优秀设计人才,促进设计成果转化。

4. 进一步壮大优质服务型制造主体。开展省级、国家级服务型制造示范企业(平台、项目)培育遴选工作。聚焦定制化服务、供应链管理、总集成总承包、产品全生命周期管理、共享制造等服务型制造重点模式,新认定一批省级服务型制造示范,力争省级服务型制造示范总数突破100家。发挥示范作用,引领带动全省制造业企业立足实际,发展服务型制造。

5. 进一步推进重点地区、产业服务型制造发展。强化点面结合,选择若干产业链有特色的市县作为推进服务型制造的重点地区,针对产业链上下游企业,开展服务型制造诊断,解剖麻雀,提出服务型改造方案,推进落地见效,实施服务型制造技术改造政策倾斜,打造服务型制造先行示范区。支持优势地区寻求突破,创建服务型制造示范城市。

6. 进一步推进数字赋能服务型制造。依托重点行业重点企业数字化转型行动,加快数字技术在服务型制造中的应用,拓展服务型制造数字应用场景,强化服务型制造与智能制造融合互促,提升服务型制造水平。

7. 进一步推进江西工业设计中心项目建设。加快完成项目设备安装、内部装修,筹备项目运营,面向全省征集优秀工业设计产品,推进工业设计展览馆建设,全力向全省工业设计产业基地、创意企业孵化基地和科技成果交易转化中心目标迈进。

全省信息安全 2022 年工作情况和 2023 年工作重点

一、2022 年工作情况

（一）工作成效

2022 年，全省信息安全工作以网络和数据安全护航工业和信息化高质量发展为目标，围绕加强保障体系建设、加强数据安全管理、加强平台载体建设、加强产业培育等方面，深入推进创新提升，工业信息安全工作成果突出。在工业领域数据安全管理试点工作中，江西省入选全国 5 个试点成效突出地区之一，江铜贵溪冶炼厂、新钢集团的数据安全防护案例入选全国单项典型案例。

（二）主要特点

1. 安全管理取得新成效。在国家《2022 年工业信息安全态势报告》中，江西工业信息安全指数位列全国第二，"安全管理"指标得分远高于全国平均水平。

2. 平台建设取得新进展。截至 2022 年，已完成省级平台和 7 个地市级、3 个行业级平台项目建设，基本构建成以省级平台为核心、地市平台、行业平台为延伸的工业互联网安全态势感知平台体系。

3. 产业载体取得新突破。推动江西省政府与三六零安全科技股份有限公司签署战略合作协议，发挥行业龙头企业作用；推动全省首个信息安全领域现代产业学院成功获批建设，加快产教融合和校政企合作；推动江西省信息安全产业链科技创新联合体揭牌成立，加快信息安全领域联合创新。

（三）主要工作

1. 完善信息安全监测预警和通报机制，强化安全管理能力。一是建立数据安全风险报送及通报处理机制。编制《江西省工业领域数据安全风险排查重点企业名录》，建立全省数据安全风险处置工作联络和协调机制，压实各设区市工信主管部门的属地数据安全管理责任。二是开展多批次重点工业企业门户网站和联网设备监测预警，2022 年全年共通报 110 家企业存在 116 个安全漏洞，指导督促问题单位抓好整改。三是开展信息安全指数评价。印发《关于开展 2022 年江西省工业信息安全指数评价工作的通知》，依托省工业互联网安全态势感知平台，开展监测预警工作，形成季度分析评价报告通报全省各地指数情况。

2. 加强工业领域数据安全管理，探索数据安全管理新路径。组织全省 6 大行业领域 35 家重点企业开展了数据安全管理试点工作，督促试点企业按质按量完成工业领域数据分类分级管理、安全防护、安全评估、数据安全产品应用推广等各项工作任务，完成重要数据和核心数据目录备案、贯标评估、监测预警、通报共享、应急处置、监督检查等安全管理制度建设，形成江西省工业领域数据安全管理工作机制。

3. 推动态势感知平台建设，增强安全管理手段。一是加强平台管理。印发了《江西省工业互联网安全态势感知平台运行维护管理工作的通知》，明确管理职责和运维要求，不断加强平台管理。二是完善平台体系。持续推进地市级、行业级工业互联网安全态势感知平台建设，支持 3 个设区市及 1 个重点行业建设感知平台项目。三是推动安全进园区。印发《关于组织开发区数字化安全赋能行动试点工作的通知》和《江西省开发区工业互联网安全综合服务平台建设指引》，召开试点工作启动会，推动南昌高新区等 3 个开发区建设工业互联网安全综合服务平台。

4. 开展工业互联网安全深度行，加强联网设备安全。一是举办江西省工业互联网安全深度行首站（永修站）活动，发布《江西省工业互联网安全深度行实施方案》，并就工业互联网企业网络安全分类分级管理指南等方面进行宣贯解读。二是组织全省 70 多家联网工业企业开展网络安全分类分级管理，进一步提升工业企业安全防护能力和水平。三是组织开展全省工业控制系统和数据安全专项检查，覆盖全省近 200 家工业企业，并组织技术力量对 31 家重点企业开展现场核查工作，提高企业安全保障能力水平；联合省委网信办等单位对全省109家高新企业开展网络安全和数据安全专项检查,督促企业排除安全隐患,提升企业防护能力,切实保障党的二十大期间全省工业信息安全。四是举办全省工信领域网络安全首次实战应急演练活动,演练共触发57个安全事件,要求地方政府督促属地企业立行立改,整改率达到87.5%。检验提升了各级工信主管部门、事件企业、安全厂商的组织指挥、应急处置和技术保障能力。

5. 加强产业培育,推动信息安全产业发展。一是加强产业规划。制定印发《江西省工业信息安全提升工程2022年工作要点》,细化分解目标任务,指导各地和信息安全产业链成员单位推动信息安全产业高质量发展。二是加快产业集聚。牵头举办江西信息安全产业园开园暨江西省信息安全产业信创联盟成立大会,15家企业签约入驻赣州省级信息安全产业园,发布了优秀信创解决方案;举办江西省首届"红盾杯"信创安全大赛。三是加强试点示范。积极组织网络安全技术应用试点示范项目申报,江西省推荐的全鉴密码服务平台、政务云一体化安全项目成功入选。四是加强人才培育。印发《关于开展江西省工业信息安全技术技能实训基地申报工作的通知》,认定3家信息安全实训基地。举办2022年江西省"振兴杯"数字经济职业技能竞赛——中国工业互联网安全大赛江西选拔赛,加快全省工业互联网安全人才队伍建设。

二、2023年工作重点

（一）工作思路和工作目标

坚持统筹发展和安全,立足工业强省和网络强省建设大局,以保障工业信息安全为基础,以完善工业领域数据安全管理体系为重点,以信息安全产业创新发展为依托,不断加强工业信息安全保障体系和能力建设,促进信息安全产业加快发展,为实施工业强省战略和数字经济发展提供重要支撑。

（二）重点举措

1. 加强工业领域数据安全管理。贯彻落实《工业和信息化领域数据安全管理办法》,督促企业落实数据安全主体责任,加强数据分类分级管理、安全防护、安全评估、安全监测等工作,提升数据安全防护能力。

2. 提升工业互联网安全保障能力。深入开展开发区数字化安全赋能行动,推进工业互联网安全进园区活动,提升开发区信息安全风险监测预警与防护能力。开展工业互联网安全深度行活动,加强对互联网工业企业进行网络安全分类分级管理,督促企业落实网络安全防护措施。完善全省工业互联网安全监测与态势感知平台体系。

3. 强化工业控制系统信息安全。开展全省工业控制系统安全检查工作,督促工业企业提高信息安全意识,加强网络安全保障措施,提升信息安全保障能力。组织开展工业信息安全应急演练活动,持续提升工业企业和各级主管部门应急处置能力。加强信息安全支撑队伍建设,为网络安全事件提供应急响应服务。

4. 加强信息安全监测和通报。持续做好全省政府网站监测预警、重要工业信息系统的监测,定期编印《省工业互联网安全监测预警情况通报》,督促相关单位整改修补安全漏洞,防止信息安全事件发生。定期发布《江西省工业信息安全指数情况通报》,不断提升全省各地工业信息安全防护能力和管理水平。

5. 推进信息安全产业发展。发挥省信息安全创新联合体作用,加强产业链上下游协同合作,促进产学研用协同创新,推动共性技术研发和推广应用。依托江西省网络信息安全产业联盟,组织开展信息安全产业供需对接活动。举办江西工业互联网安全大赛、全省网络安全知识网上竞赛等网络安全赛事活动,加强优秀网络安全人才挖掘与培育。

全省无线电管理2022年工作情况和2023年工作重点

一、2022年工作情况

2022年,全省无线电管理以习近平新时代中国特色社会主义思想为指导,紧紧围绕全年工作重点,圆满完成党的二十大期间无线电安全保障任务,扎实开展聚焦双"一号工程"提升无线电治理能力专项整治行动,强化管理能力提升,助力数字经济发展,推进无线电项目建设,严格落实专项资金管理,不断筑牢党建工作基础,各项工作取得新成效。

（一）工作成效

一年来,全省受理无线电行政许可301件,审批无线电频率31个,发放无线电台执照1061个,审批基站278771个,其中5G基站71652个,推动217个受干扰的卫星地球站完成升级改造。各级无线电机构排查干扰103起,查处"黑广播"案件28起,各类考试作弊案件9起。检查无线电发射设备销售门店2320家,共备案经营主体总量1051家,备案型号总量83513个。高度重视,严密组织,确保党的二十大无线电安全。开展聚焦双"一号工程"提升无线电治理能力专项整治行动,无线电队伍人员思想作风得到转变,业务能力明显提升。争取2022年中央专项资金3843万元,新落地项目5个,无线电基础设施建设顺利推进,监测技术进一步提升。

（二）主要特点

1.优化频谱资源配置助推数字经济发展。多措并举,全力助推数字经济发展。优化无线电频谱资源配置,优先保障数字经济建设用频;持续推进5G基站干扰协调工作,保障5G基站建设安全;简化审批流程,大大减少运营商基站审批的工作量。

2. 严密组织确保党的二十大无线电安全。根据工信部无线电管理局统一部署,按照省委、省政府和厅党组要求,成立了党的二十大无线电安全保障领导小组,制定了工作实施方案,认真组织落实,加强督导,圆满完成二十大无线电保障任务。

3. 开展无线电管理专项整治行动成效显著。成立领导小组,制定工作方案,组织在全省无线电管理系统开展聚焦双"一号工程"提升无线电治理能力专项整治行动,全面查找思想作风、能力队伍、项目资产管理等方面存在问题,思想作风得到转变,业务能力明显提升。

4. 加强法治建设出台《江西省无线电管理条例》。积极推动江西省立法工作,成立了《条例》工作专班,进行专题研究,广泛组织征求意见,经司法厅审查修改立法,省政府常务会议讨论,省人大常委会审核并表决通过了《江西省无线电管理条例》于 2023 年 3 月 1 日起实施。

(三)主要工作

1. 圆满完成党的二十大期间无线电安全保障任务。根据工信部无线电管理局统一部署,按照省委、省政府和厅党组要求,成立了党的二十大无线电安全保障领导小组,制定工作实施方案,牵头组织省国安厅、省公安厅、三大通信运营商、东部战区等 14 家单位召开保障协调会。分两组对各地进行了工作督导,圆满完成保障任务。

2. 组织开展全省无线电管理专项整治行动。在全省无线电管理系统开展了为期两个半月的聚焦双"一号工程"提升无线电治理能力专项整治行动。共计查找思想作风、能力队伍、项目资产内部管理等 8 个方面 71 类问题,有 58 类问题全部整改到位,其中服务经济等 4 个方面 13 类问题将长期坚持。通过专项行动,提振了精神状态,促进了思想作风转变,规范了行政管理,提升了业务监管能力。

3. 优化频谱资源配置助推数字经济发展。一是优先保障了江西省机场集团有限公司赣州机场分公司、中国民用航空华东地区空中交通管理局江西分局等重点企业的重大项目建设用频需求。二是助力数字经济一号工程,持续推进 5G 基站干扰协调工作。全年完成 216 个卫星地球站的干扰协调工作,助力运营商建设 5G 基站 71652 个。

4. 创新频率台站管理方式提升审批效率。机构改革后,明确由各中心承担咨询、审核、验机等前置工作,指导设台用户通过"一网通办"办理行政许可,解决了设台用户咨询难和办理难的问题,真正感受"一次不跑"。进一步简化了部分审批申请手续,实现证明事项承诺制,缩减许可承诺时间,提高了审批效率。

5. 加强法治建设出台《江西省无线电管理条例》。积极推动江西立法工作,成立工作专班,多次开展专题研究,广泛组织征求意见,经厅长办公会通过后提交省司法厅审查修改。经省司法厅立法程序,省人大立法商议会,省人大财经委、省人大常委会法工委召开沟通对接会、征求意见座谈会、专家论证会等程序进行严格审核,省政府常务会议讨论,省第十三届人大常委会第四十一会议审议和第四十二次会议表决通过了《江西省无线电管理条例》。

6. 大力开展无线电干扰查处工作确保电磁环境安全。重点排查了多起民航对空指挥频率受到的干扰、吉安一中及井大附中周边基站受到的严重干扰、某建筑工地使用对讲机干扰列车调度系统等。全年共排查各类无线电干扰91起,其中民航12起,铁路32起,公众移动通信干扰25起,卫星系统干扰1起,其他干扰21起,干扰投诉查处率达到100%。

7. 强化资金计划管理推进基础设施建设。一是建立2022年全省无线电专项资金执行计划,加大资金使用力度,提升资金使用绩效。每季度调度资金执行情况,按要求将调度情况报送国家无线电管理局,加强资金规范化管理。二是推进赣南无线电监测中心赣州固定监测站项目建设。多次开展现场调研,协调解决相关困难,规范项目建设。三是推进江西省无线电管理一体化平台业务应用系统(一期)和江西省无线电管理一体化平台网络安全系统(一期)项目建设。两个项目已完成招投标工作。

8. 加强军地协调工作积极开展无线电普法宣传。一是根据省国动委要求,组织全省无线电管理系统开展2022年电磁频谱空间国防动员潜力核查,详细编制了国防动员潜力报告。二是加强军地协调联动,组织各区域无线电监测中心对驻赣的多个部队,开展无人机联防、干扰排查和电磁环境监测等工作,解决驻赣部队用频安全隐患。三是广泛开展无线电宣传。组织全省无线电管理系统在2·13世界无线电日、5·17世界电信日、9月宣传月等重要时间节点,开展丰富多彩,形式多样的宣传活动,取得了较好实效。

二、2023年工作重点

(一)工作思路

2023年,全面贯彻落实党的二十大精神,按照"三管理、三服务、一突出"总体要求,加强频率台站管理,加大行政执法力度,保障无线电安全,加大基础技术设施建设,规范专项资金使用,加强机构队伍建设,提升无线电治理能力,助推数字经济发展,促进全省无线电管理工作全方面提升。

(二)工作目标

统筹规划频率资源,重点保障数字经济建设相关的部门、行业及产业用所需无线电频率,助力数字经济发展,提升频谱使用经济效益;继续做好无线电台站管理工作,加强无线电日常监管及"双随机、一公开"行政检查工作,进一步规范无线电台站管理工作;加强无线电监测及执法工作,重点做好无线电保障工作,进一步净化电磁环境。

(三)重点举措

1. 统筹频谱资源管理,保障数字经济发展。持续做好无线电频率指配工作,保障全省民航、高铁、地铁等重点行业频率使用。持续推进5G与卫星地球站等电台干扰协调工作,保障5G基站建设健康有序,助推数字经济发展。

2. 加强全省无线电台站监管工作。持续做好无线电新技术、新业务台站管理工作,推进无线电发射设备监管专项行动。配合工信部无管局开展型号核准自检自查工作,做好2023年度无线电型号核准随机抽查工作。组织开展2023年全省无线电频率和台站"双随机、一公开"行政检查工作。

3. 加大无线电管理行政执法力度。加强对非法用频违规设台行为查处打击力度,严厉打击"伪基站""黑广播"、GoIP、卫星电视干扰器、信号屏蔽器等涉及群众利益的违法案件,坚持发现一起查处一起。

4. 保障重要时期重大活动期间无线电安全。扎实做好节假日和重要会议、重大活动期间的无线电安全保障,及时排查不明信号,切实维护好无线电秩序和安全。

5. 保障国家级重要考试无线电安全。认真做好高考、研究生入学考试、公务员考试、法律职业资格考试等国家级考试的保障,加强现场监测排查和处置,有力打击利用无线电设备进行考试作弊行为。

6. 加强日常无线电监测和干扰排查。加强日常无线电监测和数据分析对比,完善监测日志和台账数据库建设;加强对机场周边和铁路沿线不明信号的跟踪监测和排查,加大对重要目标重要频率的监测和保护。

7. 进一步健全无线电管理体制机制。研究制定无线电固定资产管理制度,规范全省无线电系统固定资产数据库。不断完善无线电管理考核制度,优化无线电管理系统运行机制。配合国家检查组组织开展全省无线电监测、行政管理执法相关业务考评;进一步完善考试保障、干扰排查、日常监测等相关工作制度,推动和改进全省无线电监测、干扰排查、行政执法等规范化管理工作。

8. 规范专项资金使用,提高资金使用效益。组织全省无线电机构制定全年专项资金使用计划,按季度调度资金使用情况,加强专项资金使用计划管理。加强对全省无线电机构经费使用的监督和指导,进一步规范专项资金使用。

9. 推进全省无线电管理基础技术设施项目建设。持续推进赣南无线电监测中心赣州固定监测站项目建设,协调解决相关困难。持续推进江西省无线电管理一体化平台业务应用系统(一期)和江西省无线电管理一体化平台网络安全系统(一期)项目建设。研究建立江西省无线电管理基础和技术设施项目库,提升项目建设的合理性、科学性、规范性。

10. 开展无线电管理支撑江西重点无线产业发展研究。结合"十四五"无线电管理高质量发展规划的专栏任务,深入推进无线电管理服务经济建设的研究工作,梳理全省重点无线产业发展现状,探索支持和服务无线产业高质量发展路径。

11. 建立人才培养体系和梯队建设。制定无线电系统人才培养培训规划,组织二期全省无线电管理业务理论培训和一期全省无线电监测演练竞赛,逐步提高全省无线电管理人员监测、处置能力和水平,分梯次建立无线电安全保障技术保障团队,为适应新时代、新技术、新业态电磁环境安全保障,同时为2023、2024年全国和片区监测演练大赛奠定技术和人才基础。

12. 开展《江西省无线电管理条例》普法宣传工作。召开新闻发布会,扩大宣传覆盖范围;充分调动全省无线电管理系统力量,利用《江西省无线电管理条例》出台重要时节,采用户外宣传、LED、电视、报纸、短信和新媒体等多种宣传方式和渠道加大普法宣传力度,营造良好尊法、学法、守法、用法社会氛围。

全省工业军民融合发展2022年工作情况和2023年工作重点

一、2022年工作情况

（一）工作成效

2022年，全省工业和信息化领域军民融合工作呈现整体推进、重点突破、持续深入的良好态势。一是政策制度环境进一步优化。印发了军民融合发展相关规划体系，制定了相关产业专项政策。二是重点领域军民融合成效显著。"民参军"保密资格取证单位数量增长取得新突破，数量年增长13%。航空、装备制造、电子信息等军民融合重点产业（行业）高速增长，天红核科研发项目等一批军民融合重点项目取得重大进展。三是资源融合共享水平不断提升。多项技术、产品入选国家相关项目目录，军地科研试验设备设施双向开放程度提高，信息资源交流渠道进一步畅通。

（二）主要特点

1. 强化政策宣贯。组织了九江、赣州、景德镇、抚州4个片区军民融合政策宣贯会，开展武器装备市场准入资格申报培训辅导，指导优势企业申报各类军工资质，进一步提升产业领域的融合意识。

2. 强化要素保障。主动对接国家国防科工局、国家军民融合产业基金，协调落实省、市、县及社会出资主体，推动加快设立30亿元规模的江西省军民融合产业基金，拟在国家军民融合产业基金二期注资。

3. 强化产业集聚。立足南昌、景德镇、吉水县军工产业基础较好优势，创建国防科技工业军民融合创新示范基地（昌景吉），此项工作列入2022年度《国家国防科技工业局、江西省人民政府战略合作事项清单》。

（三）主要工作

1. 加强规划引导。贯彻落实《江西省"十四五"军民融合发展规划》，实施《江西省"十四五"工业军民融合发展规划》，统筹谋划工业和信息领域军民深度融合的各项工作；出台了2022年江西省工业和信息化军民融合工作要点，在推行优化准入机制、军民科技协同专项攻关、完善融合平台功能等方面，提出了具体目标举措。启动江西省核产业中长期（2023—2035）发展规划编制，制定了《江西省"民参军"三年行动计划》，缓解"民参军"难点堵点。

2. 畅通信息渠道。升级全军武器装备采购信息网南昌分中心功能，推动一窗式咨询服务中心建设，探索武器装备市场准入、军地供需对接信息一站式查询。近百家单位千人次查询了3000余条信息，查询数量较上年同期增长12.5%；对接上下游企业82家，对接技术、产品106项。积极引导企业应用国家先进技术转化应用公共服务平台，进一步健全信息报送组织体系，在平台发布供需对接信息，江西省内注册用户、登录情况和信息发布，数量位居全国前列。

3. 加强军地供需对接。向国家原子能机构推荐8项技术参与2022—2023年度核能开发科研项目，向军委装备发展部推荐47项技术、产品参与"慧眼行动"，组织16家单位参与××战区××工程项目。支持南昌市高新区申办工信部航空航天材料领域攻关任务活动。

4. 完善平台融合功能。运用"挂榜揭帅"机制，开展产业关键共性技术联合攻关和深入实施"赣出精品"工程，引导企业加大创新投入，完善军民协同技术创新体系。国内首个市场化商用发动机高空试验平台落户江西，建成后将成为航空发动机领域的大科学装置。民航江西适航审定中心全面开展适航审定工作，服务能力进入行业第一方阵，正在推进GA20、AC313A等机型的适航取证工作，江西航空研究院等研发平台服务功能不断拓展。

5. 推动技术双向转化。推动北航江西研究院科技创新，"大视场高能X射线层析成像快速高精度检测关键技术及应用"项目获得中国机械工业科技奖二等奖，牵头完成的"航空航天大型装备整机及关键零部件三维工业CT检测技术及应用"科技成果通过专家评审，正在加快推进成果转化落地。推动天红核科技研发中心项目（医用同位素）加快筹备，项目已通过国家科工局核准。

6. 坚持项目驱动。推动中船九江海洋集团与省军控集团组建中环九江海科内装公司,新建高隔声消声、轻量化舱式板材和一体化舱室单元项目;稳步推进国产商用发动机试飞台、重型直升机研制等项目建设;促进砷化镓产业加快发展,如南昌凯讯光电砷化镓太阳电池外延片产量已达11.2万片,市场占有率达40%;支持引导氢能项目加快落地合规园区,推动吉安东方电气、九江泰极动力等氢能重大项目引进建设。

7. 加强配套协作。加强配套协作,聚焦"专精特新企业"特色技术优势,重点培育康成特导、越泰实业等一批专精特新企业参军。聚焦高新技术领域为重点,推动泰豪科技、江西为民机械、九江赛晶等具备竞争优势的"民参军"单位,由一般配套层次向分系统、关键分系统和总体层次提升。推动中央军工集团驻赣单位做强主业,分类释放产能,编制产能释放清单和承接企业清单,制定专项实施计划,提高一般能力社会配套率。目前,洪都集团、昌飞公司、602所外部配套率均超70%。

二、2023年工作重点

(一)工作思路和工作目标

坚持以习近平新时代中国特色社会主义思想为指导,全面贯彻落实党的二十大精神,坚定实施军民融合战略,巩固提高一体化国家战略体系和能力,进一步优化政策制度环境,促进军民协同创新和资源共享,积极推进军民融合产业高质量发展。

(二)重点举措

1. 深入推进"放管服"改革,加强对"民参军"企业军工保密资格、武器装备科研生产许可(备案)申报的靠前服务,优化办理流程,提高武器装备科研生产单位保密资格办理时效,在现有基础上缩短5个工作日;尽快完成"民参军"综合服务中心建设,实现信息"一窗式"服务。

2. 推动在赣优质民口央企,省属、市属国有企业积极参与武器装备科研生产;健全高校院所"民参军"工作机制,持续推动高校、科研院所和企业开放大型科研仪器共享;梳理专精特新中小企业、专精特新"小巨人"企业、制造业单项冠军企业,挖掘可服务于国防和军队建设的民口、民营单位,进行重点培育。

3. 突出重点领域,鼓励优势"民参军"单位开展具有军民两用前景的前沿技术研发和在武器装备上的应用;开展军民联合技术攻关,大力实施具有军民两用特征的研发项目;推动民口民营单位与军工科研院所、军工企业和高校开展合作,共同承担重大工程和重大项目,引导"民参军"单位由传统加工制造环节向军品科研生产一体化方向发展。

4. 推动军工央企与民口、民营单位加强产业协作,积极参与军工核心供应链配套,推动建立分工有序、配合紧密的产业链协作体系;制定《江西省先进技术(产品)目录》,向军工集团和军队有关部门适时推送;畅通军口需求侧和民口供给侧信息渠道,及时有效开展供需对接;组织开展产品技术需求对接展览、成果交易会等精准对接活动,积极争取军工集团在赣举办供应商大会等。

五 产业发展报告
CHANYE FAZHAN BAOGAO

全省有色产业2022年发展情况和2023年发展重点

一、2022年发展情况

(一)产业总体概况

2022年,全省有色产业规模以上企业784家,营业收入8217.26亿元,同比增长12.74%;利润总额509.88亿元,同比增长28.02%。铜产业营业收入4755.5亿元、利润总额244亿元,同比分别增长8.1%、22.3%,占全省有色产业规模的57.87%;钨产业营收315.1亿元、利润总额23亿元,同比分别增长6.9%、8.1%;稀土产业营业收入和利润总额同比分别增长34.6%、62.5%。

(二)产业发展主要特点

1. 突出转型升级。编制《省有色金属产业数字化转型行动计划(2022—2025年)》《省有色金属行业碳达峰实施方案》。指导10个项目获得国家重点新材料首批次应用保险补偿1006万元。开展省级新材料首批次应用保险补偿工作,发布《省重点新材料首批次应用示范指导目录(2022年版)》,补助36个保单项目1001万元。中科三环(赣州)成功中标工信部产业链协同创新和战略急需产品攻关项目,获9500万元国补支持,是省原材料项目所获最大一笔国家资金。

2. 突出集群发展。赣州稀土新材料及应用集群入选国家先进制造业集群。江铜集团营收5035亿元,成为全省首家五千亿企业,跃升世界500强第176位。江钨集团赣州产业园动工,首批项目获3800万元省级重创资金扶持。中国稀土集团获批成为国务院国资委现代产业链"链长"企业,上市公司迁址入赣,完成对四川江铜轻稀土资源整合,恢复赣南稀土矿山生产,启动全球最大稀土废料综合利用工厂建设。腾远钴业、逸豪新材登陆创业板。诺德股份100.56亿元锂电铜箔项目落户贵溪。

3.突出创新培育。编制《省"十四五"期间有色金属产业人才发展规划》。江铜集团、中科院赣江创新研究院、南昌大学相继牵头成立铜、稀土、超高温金属新材料产业科技创新联合体。江西理工先进铜产业学院开学运行,首届本科、研究生招生近500人。中科院赣江创新研究院引进院士团队9个、国家级人才6人、研究员11人、省"双千"人才13人,招收硕博研究生575人。

4.突出管理提升。印发《关于做好稀土投资项目核准和备案管理有关工作的通知》,进一步加强稀土投资项目建设事中事后监管。对萍乡、宜春、新余三地稀土企业开展现场核查,配合自然资源部、工信部对赣州、九江等地开展稀土行业综合整治实地核查。开展全省有色产业落后产能淘汰"回头看",督促4家企业完成整改任务。

5.突出服务保障。召开"2022长江(鹰潭)铜产业供需对接会",促成56家企业实现供需对接,现场签约订单120亿元。召开全省铜期货线上线下知识讲座,从业人员近300人参加。召开全国稀土产业政策及相关法律法规专项培训会,全省行业管理单位120余人参加。举办全省仲钨酸铵与水泥企业对接会,搭建跨产业绿色发展协作平台。

(三)产业优劣势分析

1.优势。江西省有色资源禀赋、产业链条完整、集群规模庞大,铜、钨、稀土和多个小金属矿产储量位居全国乃至全球前列。随着有色金属战略地位持续提升和革命老区振兴措施深入落实,国家层面对全省有色产业支持力度不断加大。

2.劣势。主要产值集中在资源开采和冶炼加工环节,高附加值的研发和应用环节偏弱,企业对科技创新的重视程度较低,研发投入不足、创新氛围不浓、人才队伍不强。

二、产业发展趋势判断

据中国有色金属工业协会预测,2023年全国有色金属工业生产总体仍会保持平稳运行,国家出台的扩大内需、稳定房地产等一系列稳增长政策在2023年将会逐步显效,支撑有色金属工业平稳运行。预计江西有色产业在这一大背景下也将继续保持健康增长。

(一)铜产业

随着5G设备、电动汽车、清洁能源等应用产业的快速发展,将进一步拉动对铜基金属材料的消费需求,但因铜具有较强金融属性,且产业链供应链与国际市场联系紧密,如美联储加息、地缘冲突、全球需求紧缩等"黑天鹅"事件对产业发展可能产生直接或间接影响。

(二)钨产业

钨行业上游开采和冶炼环节已高度集中,资源价格预计将保持稳定并呈逐步上升趋势,随着疫情防控政策调整,全国工业生产逐步复苏,对钨基硬质合金切割工具的需求将进一步支撑资源价格和推动应用环节发展。

(三)稀土产业

工信部《行政许可事项实施规范》正式实施,对稀土矿山开采、冶炼分离和深加工项目核准事项提出了新要求,行业规范程度进一步提升。同时中国稀土集团持续对南方七省稀土资源进行深度整合,产业发展思路逐步清晰,预计稀土行业将进入长期景气周期。

三、2023年发展重点

(一)发展目标

全省有色金属产业规模以上企业营业收入达到9000亿元,力争9200亿元;利润总额达到600亿元,力争620亿元。

(二)发展重点

1.铜产业。以鹰潭"世界铜都"为主战场,加快打造全省万亿有色产业集群核心区。

2.钨产业。聚焦九江大湖塘钨矿开发利用、枯竭钨矿山资源接续和硬质合金刀具等新材料产业发展,加快提升产业发展层次。

3.稀土产业。充分发挥央企集团龙头引领作用,推动"中国稀金谷"加快布局稀土永磁电机为主的新材料及应用项目,提升赣州稀土新材料与应用国家级先进制造业集群发展水平。

（三）主要工作

1.落实产业政策规划。贯彻《江西省"十四五"有色金属产业高质量发展规划》，加快推进传统产业实现优化升级，进一步巩固"世界铜都""世界钨都""中国稀金谷"等重点产业集群发展优势和影响力，科学引导打造高端化、智能化、绿色化的万亿有色产业体系。

2.培育壮大链主企业。探索开展"链主"培育机制，认定2—3家市场竞争力强、行业影响力大、主体意愿度高的省级有色产业链"链主"企业，支持"链主"企业在关键领域发挥牵头协调和示范引领作用。

3.强化优质投资招引。发挥江西有色原材料大省资源优势，瞄准产业链后端高附加值环节，重点面向粤港澳大湾区、长三角经济带等地区加大招商引资力度，争取引进一批市场影响大、技术含量高、拉动作用强的大企业和大项目。

4.提升科技创新能级。全力争取稀土国家重点实验室、国家稀土技术创新中心等平台落户江西。发挥铜、稀土、超高温金属新材料产业科技创新联合体作用，进一步聚焦关键核心和前沿性技术创新等方面的发展需求，推动有色产业上下游联合创新。

5.提高数字化发展水平。落实《江西省有色金属产业数字化转型行动计划（2023—2025年）》，有序推进传统有色企业实施数字化、网络化、智能化改造，培育打造一批有色产业数字化转型示范企业和典型应用场景。

6.着力向未来产业延伸。以中重稀土功能材料、铜钨基高性能金属材料为重点，扩大以有色新材料和器件为主的应用产业规模。深化实施省级新材料首批次应用保险补偿机制，加快促进省内新材料产用衔接和市场应用推广。

全省电子信息（半导体照明）产业2022年发展情况和2023年发展重点

一、2022年发展情况

(一)产业总体概况

"十三五"以来，江西电子信息产业营收以年均18%的高速增长态势阔步前行，逐步成长为布局较为合理、产业门类较为齐全的支柱型产业，有力支撑了江西经济社会发展。据工信部数据，江西省电子信息制造业营业收入2011年产业规模突破1000亿元，2014年产业规模突破2000亿元，2019年突破4000亿元，2020年突破5000亿元，2021年突破6000亿元，2022年突破万亿大关，达10112.2亿元，同比增长32.2%，实现利润900.7亿元，同比增长78.2%，营业收入和利润排名均跃居全国第四、多年稳居中部第一。

(二)产业发展主要特点

1. 产业规模跃升迅速。江西电子信息产业规模从"十二五"末的全国第12位、中部第3位，前移至目前全国第4位、中部第1位，使江西成为全国重要的电子信息产业基地之一。据工信部数据，江西省电子信息产业规模继2021年赶超上海，排名全国第7位、中部第1位后，2022年又先后赶超重庆、福建、四川，营业收入过万亿元，成为继广东、江苏、浙江之后的电子信息万亿大省之一。电子信息产业占全省工业的比重从2015年的4.3%大幅提升到2021年的19.4%，2022年进一步提升至20.9%，对全省工业增长的贡献率高达50.2%，全省净增规模以上企业有35%来自电子信息产业。

2. 骨干企业支撑强劲。2022年，全省电子信息产业规模以上企业2214家，比上年新增427家，增长23.9%。其中华勤电子、立讯智造、龙旗信息、美晨科技、木林森等超百亿企业达16家（含光伏2家、锂电5家），博硕科技、协讯电子等超50亿元企业39家,晶浩光学、深联电路、满坤科技等超20亿元企业85家,这些企业成为吸引电子信息产业转移江西的"强磁场",为全省电子信息产业发展提供重要支撑。

3. 产业集聚效益凸显。全省着力打造万亿级京九(江西)电子信息产业带,形成了以南昌、吉安、赣州、九江为主要节点的发展格局,在全行业保持良好的增长态势下,重点地区保持较快增长,吉安、南昌、上饶电子信息营收迈入两千亿级,赣州、九江、宜春迈入千亿级。打造了一批全国有优势、有竞争力的特色产业集群,成功创建了5个国家新型工业化产业示范基地,23个特色鲜明、实力突出的省级电子信息产业集群。

(三)产业优劣势分析

1. 优势。一是政策措施日益完善。近年来连续出台了《江西省"2+6+N"产业高质量跨越式发展行动计划(2019—2023年左右)》《关于加快推进5G发展的若干措施》《江西省"十四五"电子信息产业高质量发展规划》《江西省汽车电子产业发展三年行动计划(2022—2024年)》《京九(江西)电子信息产业带三年行动计划(2023—2025年)》等政策文件。省政府主要领导担任全省电子信息产业链链长,高位统筹推进产业发展。

二是区位优势日益强化。江西处于我国两大主要的电子信息产业基地珠三角和长三角地区之间,具备承接产业转移、形成产业配套的区位优势。赣深高铁开通运行,高铁"大十字"通道形成,从老区到特区、从苏区到湾区不再山遥路远,江西"四面逢源"、八面来风的区位优势进一步强化。2022年,吉安、赣州、南昌等地开展一系列招商对接活动,成效显著。

三是发展氛围日益浓厚。建设南昌、吉安电子信息产业集群写入新时代推动中部高质量发展的指导意见。建设南昌、吉安电子信息产业集群写入国家《关于新时代推动中部地区高质量发展的意见》;国家出台《革命老区重点城市对口合作工作方案》中,明确赣州市、吉安市分别与深圳市、东莞市建立对口合作关系。各地比学赶超、采取有力举措促进产业发展。一条纵贯京九江西段、串联起九江、南昌、吉安、赣州四城和全省十大基地的电子信息产业带舞动江西。

四是创新能力不断提升。在技术研发方面,江西硅衬底LED原创技术拥有发明专利 130 多项,原创的"硅衬底高光效 GaN 基蓝色发光二极管""高光效长寿命半导体照明关键技术与产业化"项目分别荣获国家技术发明一等奖和国家科技进步一等奖。硅衬底黄光 LED 电光转换率达到了 27.9%,远高于国外 9.6% 的最高水平,在全球达到"局部领跑"地位;在产品创新方面,由本地企业联合成立的江西省硅衬底半导体照明制造业创新中心自主研发的硅衬底 LED 牛仔系列路灯经国家电光源机构检测,整灯光效已经达到 197.8lm/W,属世界已知最高水平。

2. 劣势。一是供应链韧性不足。疫情冲击以及中美贸易摩擦,暴露出我们供应链"两端"市场(上游、下游)韧性不足,"卡脖子"问题引发的"断链"隐患较大。

二是抗风险能力偏弱。一些缺乏核心技术与品牌,依靠低成本、低价格优势参与市场竞争的中小企业,甚至是龙头企业,在面临外部冲击时,抵御风险的能力不够强。

三是协同创新水平不高。江西省科技创新基础设施建设相对滞后,在国内外有影响力的研发平台较少,公共服务平台的协同创新能力不强。

四是专业人才引育不足。受地理位置不便,优惠政策、高等科研机构和院校缺乏,企业竞争力不足、薪酬偏低等因素影响,企业普遍存在"招工难""留人难"问题。

二、产业发展趋势判断

1. 国际环境复杂多变。电子信息是一个高度全球化的产业,产业链较长,全球化程度较高。当今世界百年未有之大变局正在加速演进,经济全球化遭遇逆流,保护主义、单边主义上升,将长期对江西电子信息行业产生较大压力。

2. 国内行业竞争激烈。2022 年,国际国内消费电子市场需求不振,江西部分重点企业面临订单不足、主要产品产量下降问题。受疫情、终端消费习惯、消费者换机周期延长等多重影响,预计消费电子市场增长承压,企业想在短期内恢复较为困难。

三、2023年工作重点

(一)发展目标

一是做大产业规模。力争2023年全省规模以上电子信息产业营收达到1.2万亿元,利润达到1千亿元左右,继续保持全国前列、中部领先优势。二是优化产业结构。坚持做优智能终端体系和增强电子元器件配套两手抓,继续加大对核心基础元器件、半导体照明、汽车电子等领域的支持力度,逐步提高整机终端产品的本地配套率。三是提升创新水平。进一步发挥各类创新平台的作用,引导鼓励有条件的企业加大研发投入,促进企业与高校和科研机构有机对接,提高科研成果转化效率。

(二)发展重点

立足京九(江西)电子信息产业带电子信息制造基础优势,围绕做强终端体系和增强配套能力两大方向,狠抓移动智能终端、虚拟现实(VR)、汽车电子、半导体照明等重点产业领域。完善京九(江西)电子信息产业带空间布局,做强南昌、吉安电子信息产业集群"核心区",做大赣州、九江电子信息产业"桥头堡"。拓展辐射圈,形成全面开花、竞争有序发展格局。

(三)主要工作

瞄准做强终端体系和增强配套能力两大方向,坚定不移地做大规模、做强创新、做长链条、做优生态,纵深推进电子信息产业再上新台阶。

一是抓链条。发挥好链长制、特派员和专家服务团等机制作用,着力延链补链强链,密切监测产业链供应链重点环节,协调解决重大问题,加强咨询、指导和服务。继续推进半导体照明产业链党建试点工作,促进半导体产业链上下游企业党建耦合共生、相融相长,打造全国重要的半导体照明产业基地。

二是强创新。完善以企业为主体的产业创新体系,推进省级企业技术中心建设,引导企业加大研发投入,进一步推动产学研用协同协作。精心实施"重创工程",推进关键共性技术研发及产品产业化,加快推动重大创新成果在江西就地转移转化。引导各地发挥特色、错位发展,围绕汽车电子、虚拟现实(VR)、增强现实(AR)、人工智能、5G和区块链等前沿需求,推动产业向外延扩展,积极抢占市场先机。

三是搭平台。进一步搭建产业上下游企业对接平台、生产与消费供需对接平台、产销产融产教对接平台,组织开展智能终端企业省内配套提升活动,不断推动硅衬底半导体照明等省级制造业创新中心、产业技术研究院等重大创新平台建设。发挥充分发挥好制造业创新中心、科技创新联合体及省半导体照明产业协会、省电子信息学会、省电子电路协会等平台组织作用,更好为产业服务。

四是促合作。积极抢抓政策机遇和市场机遇,不断强化开放合作,持之以恒招商引资、招才引智。大力推动赣州与深圳、吉安与东莞对口合作,充分利用赣台经贸合作大会、世界 VR 产业大会、粤港澳大湾区专场推介等平台,狠抓以商招商、产业链招商、组团式招商,大力承接产业转移,为产业发展不断积蓄新的增长点,增添发展后劲。

全省装备工业（含汽车）2022年发展情况和2023年发展重点

一、2022年发展情况

（一）行业总体概况

2022年，全省装备工业紧跟缺芯少电、电池原材料成本上涨等情况，科学指导产业发展，提升产业链供应链稳定，保持了平稳运行，全面实现目标任务。全年实现营业收入7496.1亿元，同比增长6.6%，实现利润479.8亿元，同比增长8.1%。

（二）行业发展主要特点

1.电工电器行业快速增长。随着电网、地铁等基础设施建设项目的开工建设，电工电器行业再次突破2000亿元，实现营业收入2875.0亿元，同比增长21.0%，实现利润159.5亿元，同比增长22.2%，营业收入、利润均实现两位数增长。

2.汽车产业发展平稳。汽车产业实现营业收入1255.6亿元，同比增长5.1%，实现利润37.4亿元，同比增长11.6%，效益指标增速由负转正；新能源汽车实现倍增，产销量为58435辆和50506辆，分别同比增长122.8%和138%。

3.重点产业运行不均衡。金属制品业、通用设备制造业和专用设备制造业有升有降，分别实现营业收入1278.9亿元、915.6亿元和1005.4亿元，分别同比增长-3.9%、-4.4%和3.6%。

（三）产业优劣势分析

1.优势。一是产业链条逐步完善。目前，江西汽车产业建立了从整车到关键零部件的设计、研发、制造、物流、营销、服务较完整的价值链，新能源汽车已形成整车到"三电系统"较完备的产业链,电瓷产业形成了从瓷土开采到电气设备制造的较为完整的产业链,电线电缆和变电设备产品品种较齐全,电线电缆涵盖了电力电缆、海底电缆、轨道交通电缆、充电桩电缆等产品,变电设备能生产变压器、组合式变电站、电流及电压互感器等35大系列2000多种规格的产品,已逐步构建起"集聚度高、链条完整、品种齐全、配套完善"的产业链条。

二是产业集聚效应显现。2022年,全行业继续实施产业集群提升行动,强化延链补链强链,推动产业集群规模提能、质量升级,重点培育了赣州经开区新能源汽车产业集群、南昌高新区智能装备制造产业集群、芦溪电瓷产业集群等17个产业集群,打造江西省崇仁县中低压输变电设备产业集群为国家级中小企业特色产业集群。其中,南昌县汽车及零部件产业集群接近千亿规模,产业实力不断增强,产业链条不断延伸,已形成上下游企业众多、配套更加完备的产业生态优势;抚州崇仁变电设备产业集群建成了国家级输变电设备产业示范基地,拥有35大系列2000多种规格的各类输变电设备产品,中低压变电设备产品全省市场占有率达80%以上,配电变压器全国市场覆盖率居前三,新能源光伏电力箱式变电站全国占比15%,技术国内领先,干式变压器全国占比5%,技术国内领先,普通流式变压器全国占比3%,技术处于全国先进水平。

2. 劣势。一是龙头企业缺乏。农业机械、矿山机械、特种设备等特色产业细分方向缺少大型骨干企业,横向面临严重的同业竞争,尚未形成合力发展新局面。全省装备制造产业布局较为分散,产业链上下游企业协同性较低,本地整机企业与零部件企业产业黏性较弱,产业集聚效应尚未完全释放。

二是高附加值产品偏少。江西高档数控机床、工业机器人、超(特)高压电力设备、智能成套装备等高附加值产品较少;变电设备、电瓷、电线电缆等优势产业仍存在产品重叠率高、产品附加值低的问题;省内多个地市布局新能源汽车整车项目,多以A0及A00级为主,产品同质化现象比较严重。

二、产业发展趋势判断

2023年,江西装备工业将继续保持稳定发展态势。稳定经济依然是国家宏观政策的主基调,国家出台的一系列稳增长相关政策措施效用将进一步显现,保持经济平稳增长的运行环境在不断改善。中央与地方稳定经济政策措施效用将进一步显现,重点投资与重大工程项目建设相继开工落地,形成实物工作量,从宏观层面和市场层面为全省装备工业稳定增长提供有力支撑,一定程度上提振了行业信心。

同时要看到,全球经济增速放缓、经济活动萎缩、市场需求减弱,外贸出口不确定性压力加大,国内需求总量收缩,投资增长势头较弱,市场预期仍不稳固,尚未形成具有广泛带动作用的增长新动能,各种不确定短期变化和外部因素可能会加重压力,江西装备工业平稳运行依然面临挑战。

三、2023 年发展重点

(一)发展目标

2023 年,装备工业转型升级任务较重,预计全行业营业收入同比增长 6%,其中,汽车产业预计全年营业收入同比增长 5%,整车产量达到 45 万辆。

(二)发展重点

重点围绕汽车整车及零部件、电工电器、特色装备、智能装备四大产业板块,聚焦节能汽车、新能源汽车、智能网联汽车、电瓷、电线电缆、变电设备、电机、矿山机械、农机装备、特种设备、空压机、轨道交通装备、基础零部件、机器人、高档数控机床、智能成套装备等细分领域,加快推进新一代信息技术在特色装备产业链应用,提升技术水平及产业链现代化水平,培育一批竞争力强的龙头企业,进一步巩固行业的优势地位。以骨干企业为核心,发展节能汽车、新能源汽车及零部件,打造江西省汽车差异化发展格局,建设商用车强省。布局智能网联汽车核心零部件研发和制造体系,积极探索智能网联汽车创新发展模式,推进智能网联汽车示范应用,鼓励企业加快布局智能网联汽车。

(三)主要工作

一是稳住行业向好发展态势。坚持"稳中求进",密切关注上下游产业链产品价格动态变化,深入分析对装备工业的影响,提早谋划针对性举措。积极推进一批重大项目加快投产达标,尽早形成新增长点。积极应对风险挑战,加大政策支持,采取切实举措保持产业链供应链畅通。

二是促进汽车产业转型升级。实施强链延链补链,加快畅通汽车产业链省内大循环,加强汽车与关键零部件对接,促进省内汽车产业上下游相衔接、资源要素互共享,推动汽车产业链有序循环、健康发展。协同有关部门和设区市推进整车企业开展资产重组及产能合作,"一企一策"推动企业整合资源,盘活闲置产能,提高产能利用率。持续开展新能源汽车下乡活动,促进农村地区新能源汽车消费。大力支持汽车产业链科技创新联体平台建设,推动车载储能系统和智能驾驶全线控底盘控制系统等先进装备研发及产业化。

三是推进高端化智能化发展。落实首台(套)重大技术装备专项政策,发布年度首台(套)目录,实施首台(套)保险补偿,促进一批产品推广应用。拓展先进技术产业应用,推动5G、数字孪生等新一代信息技术在相关产业的应用,提高企业在产品设计、工艺流程改造、在线检测、流程管控等方面的智能化水平。聚焦行业企业特点,支持企业破解在实施智能化改造中存在的技术、人才、管理等难点问题。加强智能装备企业、智能制造解决方案供应商等与工业互联网运营商开展合作对接,增强全省智能制造供给能力。

全省新能源产业(光伏和锂电)2022年发展情况和2023年发展重点

一、2022年发展情况

(一)产业总体概况

2022年江西省新能源产业实现营业收入4065.1亿元,同比增长120.3%,占规模以上工业比重为8.4%,比2021年提高4.2百分点。其中光伏产业实现营业收入1402.85亿元,同比增加60.15%;实现利润总额97.27亿元,同比增加33.57%。锂电产业实现营业收入2352.8亿元,同比增加183.6%;实现利润总额520.5亿元,同比增加337.1%。

(二)产业发展主要特点

1. 光伏产业。一是企业实力增强。全年制造端营业收入过亿元企业超30家,同比增长33.33%,龙头企业晶科能源2022年营业收入超800亿元、同比增长104.7%,净利润29.47亿元、同比增长158.21%。捷泰新能源实现营业收入91.7亿元,同比增长68.4%。

二是产品产量增长。全省全年硅料(硅锭)、硅片、电池片、组件总产量分别为1.8万吨、35.8GW、20.1GW、13.2GW,同比分别增长249.7%、15.8%、84.2%、62.8%。晶科能源组件出货量全球第二,捷泰新能源率先实现N型TOPCon太阳能电池片量产,上饶地区全年电池片实现产量8.96GW,位列全球前十。

三是产业集群稳步壮大。上饶经开区光伏产业集群、新余高新区光电产业集群两大光伏产业集群共实现营业收入1196.5亿元。其中,上饶经开区抓住国家政策窗口期,先后引进建设彩虹新能源、信义玻璃等光伏玻璃重大项目,以及光伏胶膜龙头企业海优威新材料,填补了部分领域空白,产链得到进一步完善,全年经开区光伏产业集群营收首次突破千亿,实现营收1051.5亿元、同比增长47.7%。

2.锂电产业。一是企业有实力。2022年,全省拥有锂电新能源产业规模以上企业数量228家,占规模以上工业企业数量的1.39%。拥有赣锋锂业、九江天赐、孚能科技、紫宸科技、九江德福等多家具有行业影响力的龙头企业,其中,2022年营业收入超100亿元的企业有6家,50亿—100亿元企业6家,10亿—50亿元企业28家。龙头企业赣锋锂业2022年营业收入超400亿元,为全球最大的锂盐和锂金属生产企业,九江天赐是全球最大电解液生产企业,广州天赐的最大生产基地。

二是行业有地位。2022年,江西省碳酸锂产量18.36万吨,占全国的46.48%;氢氧化锂产量为11.01万吨,占全国的44.69%;负极材料产量约13万吨,占全国的9.29%;电解液产量19.98万吨,占全国的23.5%;隔膜产量约18.01亿平方米,占全国的13.85%。

三是集群有势头。江西锂电产业主要集中布局在宜春、新余、赣州、上饶等地,形成了宜春经开区锂电新能源、奉新新能源、宜丰绿色高效储能、新余高新区锂电、赣州经开区新能源汽车、上饶经开区汽车等6个省级锂电产业集群。以宜春产业规模为最大、产业链为最完整,2022年实现营业收入1117亿元,同比增长149.8%,是国家锂电新能源高新技术产业化基地、省级新型工业化产业示范基地(锂电新能源);新余以锂盐开发利用为特色,2022年实现营业收入527.3亿元,同比增长258.6%,是省级新型工业化产业示范基地(锂电新材料);赣州以孚能科技为龙头、以新能源汽车动力电池生产为特色,2022年营业收入437.8亿元,同比增长110.5%,是省级新型工业化产业基地(新能源汽车动力电池)。

(三)产业优劣势分析

1.光伏产业。江西省光伏产业链条健全,形成了从上游的铸锭/切片,到中游的电池、组件生产,再到下游发电系统及应用产品的较为完整产业链,在硅片、电池和组件等领域具有较强的规模、技术优势和竞争力。但江西省光伏产业发展不均衡,存在断链、弱链等问题,除晶科能源、捷泰新能源等少数企业外,企业总体规模偏小,竞争力偏弱,大多数企业以技术跟随战略为主,在前沿创新方面投入不多,在市场竞争中往往处于被动地位。

2. 锂电产业。江西省锂电产业体系基本齐全,已形成从上游锂矿开采到锂盐,正/负极材料、电解液、隔膜四大主材及铜箔等电池材料生产,电池制造环节动力电池、消费类电池和储能电池各种产品齐全,下游新能源汽车等应用的完整产业链,在锂盐、负极材料、电解液等领域具有一定领先优势,电池产品品类多元,具有一定规模产能和特色。但江西省锂电产业现阶段主要集中在产业链中上游,四大材料中价值占比最高的正极材料及高附加值、高技术含量、高带动作用的电池制造和新能源汽车等中后端较为薄弱,锂电池产品集中在消费电子等传统领域,产业链"头重脚轻"现象突出。

二、产业发展趋势判断

光伏产业在一系列国内政策利好和海外能源市场需求增加的双重驱动下,产业规模预计将继续扩大,新增装机容量将进一步增加,光伏加储能、光伏建筑一体化等光伏应用市场将加快发展,产业链各环节将继续高度集中,同时龙头企业将加快产能扩张和一体化布局,加速整个行业的优胜劣汰和产业集中度的提升。

锂电产业在全球能源紧张、科技进步、政策扶持和市场需求扩大共同作用的结果下,预计仍将保持快速发展的势头,各环节头部企业将继续加大投资扩产力度,行业集中度将继续提升,锂离子电池将在高能量密度、高温性能、高安全可靠等方面继续发展,储能市场将迎来更广泛应用空间和发展机会,但同时也要注意到碳酸锂价格的巨幅波动,大量新建项目产能释放可能造成的产业结构性产能过剩也将在一定程度上影响产业的发展。

三、2023年发展重点

(一)发展目标

2023年,江西省将贯彻落实中央"碳达峰、碳中和"各项工作,依托新能源产业链链长制等工作机制,进一步推动全省新能源产业向产业高端化、融合化、绿色化发展,力争全年新能源产业营收突破5000亿元。

(二)发展重点

一是坚持推动产业规模壮大。支持晶科能源、赣锋锂业等龙头企业进一步规模化发展,强化带动能力,支持宁德时代、国轩高科等一批重大项目,推动企业在太阳能电池片、锂电池制造等产业链环节重点项目建设,不断壮大和提升全省新能源产业规模。积极推动大中小企业融通发展,加快培育优势骨干企业,推动企业做大做强,着力打造一批新能源细分行业单项冠军、专精特新和专业化"小巨人"企业。

二是坚持推动优化产业结构。做大做强锂盐、电池材料等优势环节,加快引进项目完工投产,提升锂电池制造规模和技术水平,支持电池制造龙头企业在储能电池、钠离子电池等领域的研发生产能力,加速储能市场培育开发。巩固提升光伏产业原有优势,积极推动晶科能源等龙头骨干企业做大做强,不断完善产业链配套,加快培育并引进相关配套企业,有序发展光伏玻璃、胶膜等原辅料,提升光伏制造业关键设备和产线集成能力支撑。

三是坚持推动多样化应用。鼓励各地市加快推动新能源汽车推广应用,支持各地积极探索"光伏+储能"发展模式,推动风光储一体化,鼓励企业开发适用于各种光伏应用场景的多样化光伏发电产品,支持光伏建筑一体化(BIPV)示范项目建设,鼓励开发光伏建筑一体化系统及构件,不断扩大新能源应用范围和应用场景。

(三)主要工作

一是聚力延链、补链、强链,着力做大产业集群。坚持项目为王,加快推进宁德时代、国轩高科等重大项目投产达产,鼓励头部企业在赣扩大产能,稳固和扩大市场占有率。支持围绕头部企业"以商招商",引进锂电、光伏产业上下游配套企业入驻,推动产业链上下游建立对接机制,提升产业链配套水平。强化头部企业链式服务机制,以"一企一策""一事一议"方式为头部企业提供定制化、专业化、贴身化政务服务,深入开展企业特派员行动,引导龙头企业有效发挥牵引带动作用,推动江西新能源产业规模再上新台阶。

二是聚焦创新、融合、绿色发展,着力提升产业能级。发挥好光伏、锂电产业科技创新联合体作用,鼓励企业、科研院所加强产业关键共性技术研发,引导大企业向中小企业开放设计研发、仪器设备、试验场地等各类创新资源要素,加强对中小企业创新的支持,支持宜春新能源(锂电)产业申报国家战略新兴产业集群。以宁德时代与晶科能源强强联手为契机,加快新型储能项目战略布局,积极探索"光伏+储能"发展模式,推动光储一体化。鼓励江西光伏、锂电龙头企业建立战略合作关系,促进产业资源互补,各取所长、协同发展,实现产业链之间的跨界融合,共同推动产业转型升级。

三是聚合资源、要素、服务支撑,着力优化产业生态。深入推进营商环境优化升级"一号改革工程",充分发挥推进锂电新能源产业发展工作专班牵头协调作用,推动设立锂电产业发展引导基金,积极支持引进新能源重大项目。加快推进新能源产业数字化专项升级行动,将产业链建在"云端",以数字赋能产业链,坚持以需优供、以供促需,促进产业链循环畅通,进一步发挥好新能源产业链链长制作用,用好高峰论坛、专场对接会等线下平台,及时为企业提供金融、供需、人才服务,提高产业创新力与竞争力。

全省新材料产业2022年发展情况和2023年发展重点

一、2022年发展情况

（一）产业总体概况

2022年,全省新材料产业实现营业收入5222亿元,同比增长27.9%。其中包括:先进有色金属材料1807.2亿元,同比增长9%;电子信息专用材料1094.7亿元,同比增长110%;新能源材料898.6亿元,同比增长72%;先进钢铁材料664.1亿元,同比增长9.4%;先进化工材料416亿元,同比增长15.6%;特种陶瓷和玻纤材料341.4亿元,同比下降17.5%。

（二）产业发展主要特点

1.政策体系不断完善。省政府印发《江西省未来产业发展中长期规划（2023—2035年）》,加快布局未来信息通信、未来新材料、未来新能源产业。出台《关于做优做强江西锂电新能源产业的若干政策措施》,重点支持引进正极材料、下一代负极材料、动力电池等领域重点企业和重大项目。连续第二年开展省级新材料首批次应用保险补偿工作,更新发布《江西省重点新材料首批次应用示范指导目录（2022年版）》,并启动2023年版更新工作,2022年度共计补助36个新材料首批次应用项目保险金额1001万元。

2.企业发展势头良好。中科三环（赣州）公司重稀土特效利用烧结钕铁硼项目中标工信部产业链协同创新和战略急需产品攻关项目,获得9500万元国家资金支持,成为全省原材料工业项目所获最大一笔国家资金支持。星火有机硅公司实现营收74.85亿元,密封胶、低黏乳液等六个系列产品国内市场占有率第一,加快建设20万吨有机硅单体及配套装置,打造全球最大有机硅单体工厂。紫宸科技公司年产锂电池负极材料超过10万吨,位居全球第三。全省锂电铜箔产量9.36万吨，占全国（约38万吨）的24.64%，九江德福公司锂电铜箔出货量达到全国第二。明冠新材料公司铝塑膜产量达到全国第五。九江巨石三期达产后玻纤产能100万吨，成为全球第二大玻纤工厂。

3.产业聚合效应凸显。赣州市稀土新材料及应用集群入选工信部国家先进制造业产业集群，成为全国稀土新材料领域和全省唯一入选集群。瞄准高端磁性材料、永磁电机等领域龙头企业大力招大引强，先后举办中国稀金谷（赣州高新区）永磁电机产业云上推介对接会、中国（赣州）永磁电机产业创新发展大会，签约总金额超150亿元。赣州稀土磁材生产企业22家，规划产能7.7万吨，投产电机企业11家。永修有机硅产业基地聚集上下游及配套企业147家，其中高新技术企业58家，省级以上专精特新和"小巨人"企业26家。萍乡湘东工业陶瓷产业集群被工信部认定为2022年度中小企业特色产业集群，是全国最大的工业陶瓷产业集聚地。

4.创新能力持续增强。由各重点企业、科研院校牵头组建铜、锂、稀土、光伏、航空、钢铁、汽车、发光材料、超高温金属新材料、高性能医疗器械、房地产建筑等24个产业链科技创新联合体，集聚领域核心科研力量、高精尖人才协同攻关，着力提升产业链技术创新能力。不断加快中科院赣江创新研究院、江西省锂电新能源产业技术研究院等平台建设，全力争取稀土国家重点实验室、国家稀土技术创新中心等平台落户。江西理工大学牵头研发建设的世界首条新型高效智能永磁磁浮轨道交通系统"红轨"项目竣工运营。南昌大学"硅衬底高光效GaN基蓝色发光二极管"荣获国家科技创新一等奖，打破美日垄断，开辟全球第三条技术路线。

（三）产业优劣势分析

1.优势。江西发展新材料产业前端资源优势明显，全省发现各类矿产193种，查明资源储量的矿产有153种，包括战略性矿种26种，超过二分之一战略性矿种保有资源储量居全国前十位。基于矿产资源禀赋，冶炼加工及应用环节体系成熟、链条完备，具有较好的产业链延伸基础。同时，近年来全省技术创新能力不断增强，围绕14个重点产业链布局组建了24个科技创新联合体，国家稀土功能材料创新中心、中科院赣江创新研究院等国家级创新平台相继落户,"1+1+N"高校科技成果转化服务体系加快构建,省内多所高校在材料细分领域具有明显特色和较强优势。

2. 劣势。传统产业前端、中端比重过大,对资源的路径依赖明显,新兴产业能级不强,增长质量效益不高。自主创新能力不强,创新体制机制先天发育不足等短板制约产业技术创新的深层次问题尚未得到根本解决,技术创新的"腹地效应"短期内难以摆脱。此外,江西地处东中部较为发达省份中间,周边省市的虹吸效应对江西抢占新材料产业发展高地产生较大压力。

二、产业发展趋势判断

习近平总书记高度重视新材料产业发展,多次作出"新材料产业必将成为未来高新技术产业发展的基石和先导""新材料产业是战略性、基础性产业,也是高技术竞争的关键领域"等重要论述。当前,新一轮科技革命和产业变革正在加速推进,信息、生物、能源等领域颠覆性创新技术和应用场景不断涌现,全球工业产业格局加速重构,为新材料产业带来重大发展机遇。多年来,国家陆续出台多项政策措施支持新材料产业发展。有关数据显示,我国新材料产业规模已由2012年的1万亿元增长至2022年的8万亿元,预计"十四五"期间新材料产业将继续保持扩张趋势,在2025年左右达到10万亿元规模。在这一大背景下,江西应基于国家战略、产业生态、资源地位、区位交通等各领域优势,大力发展新材料产业,培育壮大新一代电子通信、清洁能源赛道,推动有色、钢铁、化工等传统产业加快换挡升级,为长期保持工业高质量发展赢得主动。

三、2023年发展重点

(一)发展目标

2023年,推动全省新材料产业实现营业收入5800亿元,力争达到6000亿元。

(二)发展重点

全面贯彻落实党的二十大精神,以《"十四五"原材料工业发展规划》《原材料工业"三品"实施方案》等文件为指引,加快落实《江西省未来产业发展中长期规划（2023—2035年）》《江西省"十四五"新材料产业高质量发展规划》，以培育产业集群、壮大企业规模、提高创新能力、布局新兴领域等方面为重点，稳步提升江西新材料产业发展水平。

（三）主要工作

1. 加大政策支持力度。更新发布《江西省重点新材料首批次应用示范指导目录（2023年版）》，补充、扩大支持鼓励的新材料产品种类范围。统筹安排省级工业发展专项资金，集中资源重点扶持材料创新企业和申报项目。

2. 建强国家级先进制造业集群。开展赣州稀土新材料及应用集群培育提升行动，省市各级加大配套政策和资金支持力度，加快打造全球领先、具有较强国际影响力的稀土新材料及应用产业集群和产业技术创新高地。

3. 梯次培育优质企业。支持中国稀土、金力永磁、江西铜业、宁德时代、方大特钢、星火有机硅等龙头企业做大做强优势领域，加快向下游领域布局延伸。围绕龙头企业产业链供应链加快培育一批专精特新、"小巨人"企业。

4. 发挥创新推动作用。发挥各类科研平台、联合体作用，服务产业链上下游企业创新需求。鼓励企业加大研发投入，推动产学研用高效对接。深入开展关键共性技术攻关、实施重创升级工程，推动重大创新成果转移转化。

5. 拓宽材料应用市场。大力发展稀土永磁、储氢、催化、特色铜钨基金属合金、高性能纤维复合、石墨烯、碳纳米管等功能材料产业。推动新材料产业与智能机器人、智能装备制造、新能源汽车等未来产业耦合融合发展。

全省石化产业2022年发展情况和2023年发展重点

一、2022年发展情况

(一)产业总体概况

石化产业是国民经济的基础和支柱产业,产业关联度高,带动作用强。江西省石化产业主要由原油加工业和化学工业两大子行业构成,原油加工业主要包括炼油和芳烃产业;化学工业涵盖基本化学原料、化肥、农药、氯碱、涂料、专用化学产品、橡胶制品、化工新材料等子行业。

截至2022年底,全省共有规模以上企业1816家。2022年,全省石化行业保持了平稳运行的发展态势,产业结构不断改善,主要经济指标平稳向好,实现营业收入4167.98亿元,同比增长11.38%;实现利润344.25亿元,同比增长1.51%。

(二)行业发展主要特点

1. 重点产业集群发展势头良好。1—12月,永修有机硅产业集群实现营业收入612亿元、同比增长32.9%,实现利润90.2亿元、同比增长8.0%。乐平精细化工产业集群实现营业收入442亿元、同比增长31%,实现利润28亿元、同比增长19%。彭泽精细化工产业集群实现营业收入315亿元、同比增长33%,实现利润22.8亿元、同比增长20%。会昌氟盐化工产业集群实现营业收入230.6亿元、同比增长26.2%,实现利润20.6亿元、同比增长26.5%。新干盐卤药化产业集群实现营业收入202.1亿元、同比增长21.5%,实现利润22.9亿元、同比增长96%。

2. 重点企业经济效益平稳增长。九江石化1—12月累计加工原油718.9万吨,同比增长7.8%;实现营业收入514.2亿元,同比增长37.0%。

蓝星星火有机硅 1—12 月有机硅单体产量 51.9 万吨,同比增长 6.1%;实现营业收入 74.9 亿元,同比增长 1.4%;利润 3.25 亿元。世龙实业 1—12 月实现营业收入 23.8 亿元,同比增长 22%;利润 2.14 亿元,同比下降 10%。江西晨光新材料股份有限公司 1—12 月实现营业收入 18.9 亿元,同比增长 16.3%;利润 7.2 亿元,同比增长 16.7%。江西心连心化学工业有限公司 1—12 月尿素产量 63.5 万吨,实现营业收入 69.5 亿元,同比增长 29%;利润 7.68 亿元,同比下降 32%。

3. 重大项目建设稳步推进。2022 年,江西石化行业共有亿元以上新建和技改投资项目 96 个,总投资 194.83 亿元,其中竣工投产 27 个。九江石化年产 89 万吨芳烃联合生产装置于 2022 年 6 月实现一次开车成功并产出合格产品。江西蓝星星火有机硅 20 万吨有机硅单体及配套装置和理文化工氟化工二期等重点项目顺利推进,行业发展支撑不断增强。

4. 数字化转型稳步推进。石化行业积极推进智能制造单元、智能车间、智能工厂示范建设。九江石化成为国内炼油行业智能工厂第一家试点示范企业,正努力打造成国家级石化流程型企业智能制造标杆企业。2022 年,石化行业拥有省级智能制造标杆示范企业 11 家;5G + 工业互联网示范企业 3 家;省级信息化与工业化融合示范企业 29 家。

5. 产业绿色发展成效明显。石化行业积极引导企业优化技术路线,推行清洁生产,提高资源利用效率,大力发展循环经济,鼓励企业加强资源综合利用,利用产业链补链延链,强化对工业固体废物等循环利用,减少污染物产生和排放,加快实现传统化工产品、工艺技术和设备的转型升级和更新换代,促进化工产业绿色升级。2022 年新增省级绿色工厂 5 家,国家级绿色工厂 5 家。现有 19 家国家级绿色工厂,4 个国家级绿色设计产品,1 家国家级绿色供应链企业。

(三)产业优劣势分析

1. 优势。一是资源优势明显。黑滑石资源储量居全球第 1 位,伴生硫、白云岩居全国第 1 位,萤石居全国第 3 位,岩盐居全国第 6 位。

二是部分产业独特。有机硅产业发展别具特色,有机硅单体产能为年产 50 万吨/年。永修有机硅产业基地是国家新型工业化有机硅产业示范基地、国家循环经济示范试点园区、省级新兴战略性产业集聚区。基地以蓝星星火有机硅公司为龙头,先后引进了包括美国卡博特公司在内的有机硅生产及配套企业100余家,产业关联度高达70%。九江石化是我国中部地区和长江流域重点炼化企业、江西省唯一的大型石油化工企业,是全国炼油行业第一家智能工厂试点示范企业、全国第一批绿色工厂,江西智能制造和绿色发展的样板,发展前景良好。会昌氟盐新材料产业基地是江西省唯一的氟盐化工产业基地,是江西省认可的六个"十四五"重点石化产业集群之一。已形成从离子膜烧碱、氟化氢、硫酸、甲烷氯化物、碳酸锂、五氯化磷到六氟磷酸锂、电解液等锂电新能源材料和PTFE(聚四氟乙烯)、水杨酸、制冷剂等高分子材料较为完整的产业体系。

2. 劣势。一是产品竞争力不强。低附加值、低科技含量、初级石化产品仍是行业的主流产品,企业产品较为单一,新产品和深加工产品较少,产品不够系列化。能参与国际竞争的产品偏少,化工新材料、精细化学品、高端化学品与发达国家相比还有一定差距。

二是产业结构不合理。江西大部分化工企业产业链延伸不够,部分石化产品停留于原材料粗加工阶段,下游深加工应用和延伸力量不强,企业间相互配套较少,未能形成紧密的产业链,产业结构不够合理。

二、产业发展趋势判断

2023年,从国内市场看,疫情的影响正在消退,石化市场的产品供应将比疫情期间增加,市场竞争将更加激烈;部分大宗基础化学品和通用材料产能过剩的状况将愈加严重,高性能材料和高端化学品短缺的结构性矛盾仍比较突出。从国际形势看,俄乌战争还在持续,受美国加息影响,全球经济紧缩仍将持续,出口市场仍将受到冲击,江西化工产业发展也将会受到一定影响。从产业政策看,江西不再强制一般石化化工项目进入化工园区发展,有利于这类新建扩建项目的落地开工,将促进产业健康发展。从发展支撑看,江西已有26个认定化工园区,全部达到一般安全风险或低安全风险等级并通过省级复核,为石化化工产业发展夯实了发展平台。预计全省石化产业2023年将持续保持平稳增长的发展态势。

三、2023年发展重点

(一)发展目标

2023年全年全省石化行业力争实现营业收入4500亿元,同比增长5%以上。

(二)发展重点

1. 炼化一体化。重点发展丙烯、苯乙烯、聚丙烯、聚苯乙烯、芳烃、环氧丙烷、精对苯二甲酸、聚对苯二甲酸二乙醇酯、己内酰胺、溶剂油、润滑油等重要石化原料。鼓励C4、C5资源综合利用。利用炼油工艺副产物积极发展特色化工产品,着力构建深度加工产业链,即芳烃产业链、丙烯产业链、溶剂油产业链、润滑油产业链等。加快炼油结构调整和烷基化改造,推进提质增效转型升级。

2. 化工新材料。加强改性及加工应用技术研发,大力发展前沿新材料。重点发展高附加值氟硅化学品、高性能合成橡胶、高性能合成树脂、高性能纤维、高性能聚烯烃、热塑性弹性体、特种工程塑料等。

3. 新型氟硅化学品。充分发挥江西萤石资源优势,进行合理开发和综合利用,实现基础原料规模化、中间体产品精细化、新产品环境友好化、含氟材料高端化。巩固江西有机硅单体原料优势,加强下游深加工产品的研发和生产,加强有机硅材料应用开发,拓展产品应用范围,大力发展硅橡胶、硅油、硅树脂、硅烷偶联剂为重点的深加工产品,抢占产业发展制高点。

4. 氯碱深加工。充分利用江西丰富的岩盐资源及低成本优势,重点发展AC发泡剂、对二氯苯、聚苯硫醚、三/四氯乙烯、对/邻氯甲苯、四氯丙烯以及氯化石蜡、氯化钛白粉、高纯氯乙酸、水合肼、己二酸、环己酮、己内酰胺等。

5. 高端专用化学品。重点发展高性能塑料助剂、特种玻璃助剂、造纸助剂、高端胶黏剂、高端涂料和密封材料、橡胶加工助剂等高端专用产品。

(三)主要工作

1. 做好运行监测分析。加强运行监测调度,及时掌握重点产业集群和重点企业运行情况,做好行业分析和预警预测。紧扣产业政策导向,加强行业管理,强化对市县工作的指导,推进产业高端化、集群化发展。

2. 推动产业转型升级。根据省政府有关工作部署,贯彻落实《江西省石化化工行业碳达峰工作方案》,积极推进石化行业碳达峰工作,促进石化产业绿色低碳发展;落实《全省石化产业数字化转型行动计划》(2022—2025),促进石化化工产业数字化、绿色化、智能化转型。

3. 加强化工园区管理。指导督促未通过认定的化工园区提档升级,加快安全风险整治提升,达到一般安全风险及以上等级,为通过认定打好基础。督促认定化工园区强化日常管理,进一步完善安全环保等基础设施建设,切实提高本质安全和绿色发展水平。

4. 引导安全绿色发展。加强化工投资项目监督管理,督促各地严格按照要求做好有关化工污染专项整治工作,不碰红线、高压线。做好安全生产指导工作,提高企业安全环保意识,促进企业规范生产、安全生产,节能减排,达标排放。

5. 提高禁化武履约水平。组织开展禁化武履约宣传和培训,完成监控化学品企业禁化武履约模拟核查全覆盖,做好全省监控化学品企业2022年度宣布和2024年度预计宣布,依法依规加强监控化学品企业的监管,切实提高全省禁化武履约能力和水平。

全省建材产业2022年发展情况和2023年发展重点

一、2022年发展情况

(一)行业总体概况

2022年,全省建材产业受新冠疫情、原材料燃料价格上涨、市场需求不足等诸多不利因素影响,总体运行向下,经济效益下滑。

1. 产品生产量下降。2022年,全省水泥产量8768.6万吨、同比下降14.1%;陶瓷砖产量12.3亿平方米,同比下降5.3%;玻璃纤维纱产量76.3万吨,同比下降0.6%。

2. 经济效益整体下滑。2022年,全省建材行业实现营业收入3577.9亿元,同比下降9.1%;实现利润332.0亿元,同比下降16.7%。其中水泥实现营业收入407.15亿元,同比下降20.53%;实现利润38.31亿元,同比下降62.26%。水泥制品实现营业收入739.28亿元,同比下降5.82%;实现利润71.8亿元,同比增加14.11%。建筑陶瓷实现营业收入390.21亿元,同比下降4.14%;实现利润30.37亿元,同比下降17.5%。特种陶瓷实现营业收入300.78亿元,同比下降21.05%;实现利润34.5亿元,同比下降23.83%。玻纤实现营业收入125.96亿元,同比下降7.69%;实现利润14亿元,同比下降32.17%。

3. 产品价格平稳。2022年水泥价格平稳,全年价格在400—500元/吨。阶段性波动不大,水泥价格在1—8月呈逐月下降趋势,9—12月呈逐渐上升趋势。价格波动区间不大,全年最高价和最低价仅相差120元/吨。

(二)行业发展主要特点

1. 产业布局逐步优化。产业集中度日益提升,从区域分布看,上饶、赣州、宜春、九江、吉安等5市建材规模相对突出。从产业结构看,传统建筑装饰装修材料持续升级,新型无机非金属材料等新产品、新材料所占比重逐年增长。从产能效用看,水泥产业集中度居全国前列,全省水泥熟料产能6500万吨,万年青、南方、海螺、红狮、亚东等五大集团合计产能5660余万吨、占全省总产能的87.1%。

2. 产业集群加速扩容。实施产业集群提能升级行动,产业链式发展、集聚集群势头强劲。截至2022年底,全省建材产业共培育7个省级重点产业集群,1个省级重点培育产业集群。正在培育永丰碳酸钙新材料、广丰黑滑石、金溪石墨和装配式建筑等产业集群。

3. 企业群体不断壮大。推进企业梯次培育,促进大中小企业融通发展。全省培育境内外上市公司1家,列入"映山红行动"重点拟上市后备企业名单26家。建材企业过30亿元8家、过100亿元1家,万年青位居中国水泥50强第17位。2022年全省建材行业共有规上企业2518家,其中,省级专精特新企业242家,专业化"小巨人"企业14家。

4. 数字智能加快发展。坚持数字产业化、产业数字化,建材行业数字化、智能化水平明显提升。建设了一批智能实验室与智能工厂,加大了智能部件与装备推广应用,大型水泥、陶瓷、玻璃企业都配备了智能控制系统(CAM)、分布式控制系统(DCS)、在线分析系统,涌现了一批智能制造标杆企业与示范企业。技术装备显著进步,水泥单线产能最大的玉山南方水泥8000t/d水泥熟料生产线投产,陶瓷、玻纤等行业应用了一批先进工艺技术,大型高效窑炉、大型辊压机等先进设备广泛采用。

5. 绿色转型有力推进。大力推广绿色低碳技术,加快绿色建材生产和应用,行业绿色发展取得新的进展。新型墙体材料、防水密封材料、新型装饰装修材料等建筑新材料,玻璃纤维复合材料、特种陶瓷材料、特种玻璃材料、特种密封材料等无机非金属新材料,纳米碳酸钙、改性碳酸钙等非金属矿产深加工产品加速发展。绿色创建取得明显成效。建材行业拥有绿色工厂35家,绿色产品4个,绿色供应链管理企业1家,其中国家级10个。

(三)开展的主要工作

1. 完善政策支持体系。聚焦绿色发展、数字智能、行业规范等重点任务,先后制定《江西省建材工业智能制造数字化转型行动计划(2022—2024)》《江西省水泥玻璃行业产能置换实施细则(试行)》等系列政策措施,启动《江西省促进散装水泥和预拌混凝土发展条例》修订工作,为引导和推动建材高质量跨越式发展提供政策保障。同时,坚持规划引领,组织编制《江西省萤石行业高质量发展规划》,推动无机非金属材料和非金属矿物材料加快发展。

2. 严格实施产能置换。严格执行水泥、平板玻璃等产能置换政策,确保产业安全发展。狠抓中央环保督察发现问题整改,召开产能置换方案协调推进会,指导和协调宜春市、赣州市、新余市工信局以及信丰县、袁州区政府和工信部门,督促宜春红狮通过产能置换方式依法依规解决61万吨/年水泥产能重复替代问题,于10月底对产能置换方案进行了公示。加强产能置换项目跟踪核查,先后完成江西赣丰水泥熟料生产线产能退出公示公告和玉山南方8000t/d、高安田南红狮4000t/d水泥熟料建设项目置换产能退出公示公告,组织对九江鑫山、江西九江南方的水泥熟料生产线产能置换项目现场核查,指导九江市彭泽县、柴桑区、赣州市于都县、新余市分宜县严格落实产能置换政策。积极做好光伏压延玻璃听证推荐工作,牵头组织完成全省光伏压延玻璃项目听证有关工作,并向工信部推荐3个光伏压延玻璃项目。组织对全省水泥生产线进行摸底排查,完成了2021年度全省水泥熟料、平板玻璃生产线情况公告,公告40家水泥企业63条水泥熟料生产线、2家玻璃企业4条平板玻璃生产线。

3. 扎实推进双碳工作。成立工作专班,组织对行业"双碳"工作进行专题调研,起草编制印发《江西省建材行业碳达峰实施方案》。加大绿色建材推广应用,制定了全省绿色建材推广应用(下乡)活动"1+3"工作方案,组织开展了绿色建材推广应用(下乡)启动活动视频会,推动九江市、萍乡市、赣州市结合地方特色开展主题推广活动。认真落实建材行业严格能效约束节能降碳工作,推动建材行业转型升级与绿色低碳发展,绿色创建取得明显成效,全年建材行业新增绿色工厂15家,绿色产品3个。

4. 持续推动产业升级。贯彻落实《江西省打造全国传统产业转型升级高地实施方案(2022—2025年)》,积极推进全省建材产业转型升级。2022年建材企业新增省级专精特新企业107家、专业化"小巨人"企业8家。目前,38家规模以上建陶企业生产线进行了智能化技术改造,智能设备的使用台数较2018年增长了60倍。2022年,新建了玉山南方8000t/d水泥熟料生产线,淘汰拆除 2 条 2500t/d、2 条 1500t/d、1 条 1000t/d、1 条 1200t/d 水泥熟料生产线;新建了高安田南红狮 4000t/d 水泥熟料生产线,淘汰拆除 1 条 3000t/d、1 条 1000t/d 水泥熟料生产线。

5. 着力促进规范发展。加强行业管理,促进建材行业规范发展。开展全省预拌混凝土行业打击非法生产违规经营专项整治行动,持续推进专项整治行动自查问题整改,实施了专项整治行动"回头看"。完成了 2022 年"双随机一公开"的专项检查工作,对 16 家企业散装水泥、预拌混凝土、预拌砂浆使用情况进行了检查。建立全省预拌混凝土、机制砂石行业企业档案,全省共有预拌混凝土企业 596 家、机制砂石生产企业 353 家。切实加强预拌混凝土、新型墙体材料行业管理,完成 6 批 91 家预拌混凝土生产企业目录公示公告、6 批 78 家企业新型墙体材料生产企业产品认定工作。规范机制砂石行业发展,定期调度分析行业运行情况,督促 20 家重点企业定期向工信部报送生产经营等信息。

二、行业发展趋势判断

总体来看,建材行业正处于转变发展方式、优化经济结构、转换增长动力的攻关期,产业转型升级加快,正向着绿色化、智能化、高端化发展。2023 年,随着供给侧结构性改革持续推进、房地产行业触底企稳,建材行业将保持企稳向上的发展态势,经济效益水平较 2022 年将明显改善。预计全年水泥需求将总体持平,需求增速呈现前低后高、前弱后强的特点。

三、2023 年发展重点

(一)发展目标

预计 2023 年全省建材行业营业收入增幅不低于全省规模以上工业增幅平均水平,营业收入力争达到 4000 亿元,实现利润约 360 亿元,2023 年运行经济指标好于 2022 年。

(二)发展重点

2023 年,全省建材行业将坚持以习近平新时代中国特色社会主义思想为指导,深入贯彻落实党的二十大精神,大力实施工业强省战略,聚焦"双碳"要求,聚力产业升级,着力打好集群提能、项目推进、技术创新、节能降碳、管理规范五大攻坚战,扎实推进产业总量跨越、企业群体壮大、智能制造升级、绿色低碳发展、行业安全发展,为全省工业高质量跨越式发展提供有力支撑。

(三)主要工作

1. 打好集群提能攻坚战,推进产业总量跨越。制定产业集群提能实施方案,推动传统集群转型,培育新型建材集群,提升产业集群在经济总量上占比。建立产业图谱,加强运行分析,做好重点子行业、重点产品的旬调度月分析,及时把握行业运行动态和趋势,做优做强水泥产业,做大光伏压延玻璃、玻纤等产业,推进装配式建筑等产业,推动全省建材行业链式发展,实现总量质量双提升。

2. 打好项目推进攻坚战,推进企业群体壮大。坚持项目为王,建立建材产业重点项目库,紧盯"5020"重大项目,实施全生命周期管理,推动项目加快落地、建设、投产,推进建材企业发展壮大。以重大项目为牵引,大力培育绿色建材骨干企业,新增一批专精特新企业,推动一批企业加快上市。

3. 打好技术创新攻坚战,推进智能制造升级。积极推进建材企业新增一批省级企业技术中心、工业设计中心等创新平台。加快5G、大数据、工业互联网、人工智能等新一代信息技术在建材行业推广应用,提高建材行业智能化生产、网络化协同、规模化定制、服务化延伸水平。

4. 打好节能降碳攻坚战,推进绿色低碳发展。认真落实《江西省建材行业碳达峰实施方案》,做好建材行业能效约束节能降碳工作,扎实推进水泥、建筑陶瓷等重点行业碳达峰工作。加强绿色建材产品推广应用,推进绿色建材认证,建立绿色建材产品名录。组织开展绿色建材下乡活动,促进绿色建材消费。实施建材行业能效"领跑者"计划,推动绿色工厂创建。

5. 打好管理规范攻坚战,推进行业安全发展。严守产业政策底线,依法依规做好水泥平板玻璃产能置换、光伏压延玻璃等工作。加强《江西省促进散装水泥和预拌混凝土发展条例》《江西省促进发展新型墙体材料条例》立法调研,修订新型墙体材料生产企业产品认定、预拌混凝土生产企业目录公示公告相关政策措施,建立操作规范指引,促进散装水泥、预拌混凝土、新型墙体材料等行业规范有序。

全省钢铁产业 2022 年发展情况和 2023 年发展重点

一、2022 年发展情况

(一)产业总体概况

全省钢铁产业约占全省规模以上工业总量的 6.47%,以二大钢铁集团(新余钢铁集团、方大钢铁集团)为主,产业链规模以上企业 172 家,涵盖铁矿采选、铁合金、焦化、钢铁制造、压延加工及原燃料加工等领域,主要生产建筑用钢、船舶及海洋工程用钢、输变电电机用钢、汽车用钢、家电用钢、金属制品等六大产品。

2022 年全省钢铁行业实现营业收入 3124.34 亿元,同比下降 4.77%;实现利润 150.6 亿元,同比下降 40.64%。

(二)产业发展主要特点

1. 产品产量保持稳定。在国家粗钢产量调控的大背景下,2022 年全省生产粗钢 2689.93 万吨,与 2021 年保持持平,圆满完成国家下达的粗钢产量调控任务。其中生产生铁 2384.69 万吨,同比增长 10.0%;生产粗钢 2689.93 万吨,同比下降 0.9%;生产钢材 3457.01 万吨,同比下降 0.7%。

2. 企业盈利水平大幅下降。受原材料价格高位和钢材价格大幅下跌两头挤影响,钢铁企业利润同比大幅下降,全年实现利润 150.6 亿元,同比下降 40.64%,销售利润率 4.82%,同比减少 2.85 个百分点。

3. 产品出口大幅增长。随着国际市场行情好转,全省钢材总出口量大幅增长,其中钢材出口 206.64 万吨,同比增长 226%;出口值 418.44 亿元,同比增长 427.3%。

4. 生产成本持续增加。一是原材料成本居高不下,进口铁矿石价格常年维持在 100 美元左右的高位,焦炭及炼焦煤平均价格分别上涨了 111.91 元/吨和 505.94 元/吨,燃料占成本比重达到 38%,已超过铁矿石 32% 的占比。二是运输成本增加,因旱情原因,水路货运不畅、交通不便,企业"水改铁",进一步增加运输成本。三是电价成本较周边省份高。随着江西电价上涨 0.07 元/千瓦时,电价高于周边省份 0.1—0.2 元/千瓦时,短流程企业吨钢成本增加 45 元,削弱了短流程企业的竞争力。

5. 钢材市场疲软。一是受房地产行业下滑影响,建筑钢材需求呈现大幅萎缩,社会库存增加,南昌钢材市场社会库存长期处于高位状态,最高达到 60 万吨,正常一般在 20 万吨以下。二是江西装备制造业企业总量不大、档次不高,特别是高端用钢制造企业缺失,造成全省工业用钢材消费水平低。新钢公司工业用材约 40% 销售外省,特别是新能源汽车电机用钢全部销售省外。江西没有新能源汽车电机生产企业,江铃集团新能源汽车用电机全部从省外采购。

6. 钢价持续低迷。特别是 2022 年 6 月中旬以来,钢材价格跌幅增大,7 月中旬钢材价格跌至 1 年来新低,以螺纹钢为例,比年内最高价格低 1200 元/吨。江西螺纹钢价格最低跌至 3500 元/吨,8 月价格有所回升,但也只保持 4100 元/吨左右,比上年底下降 16%,到 12 月份,价格仍保持 4100 元/吨左右,比上年同期低 500 元/吨。

(三)产业优劣势分析

1. 优势。一是钢材需求仍有空间。目前,全省人均粗钢消费量为 0.598 吨,低于全国人均粗钢消费量(全国人均为 0.735 吨)0.1366/吨,省内粗钢需求量仍存在较大空间。

二是优势产品市场占有率高。近年来,江西钢铁产业注重做大优势产品,市场占有率位居全国前列的产品不断涌现。新钢金属制品全球市场占有率 5%,国内市场占有率第一;方大特钢的弹簧扁钢国内的市场占有率 40%,位居第一;新能源汽车用电工钢、船用钢板、锅炉容器板、舰艇板、高层建筑用板、耐磨板、桥梁板等在全国的市场份额也都在前五位。

三是产业集中度高。目前,新钢集团、方大钢铁集团二大钢铁集团钢产量占全省比重达到 95%,产业集中度处于全国前列,远远高于全国排名前十钢铁企业占总量40.39%的集中度。

四是企业竞争力较强。新钢集团和方大钢铁集团都形成了年产粗钢1000万吨以上规模,其中方大钢铁集团进入全国前10位,世界排名第16位;新钢集团并入中国宝武,为打造成为具有世界影响力的一流钢铁企业创造了良好条件。在冶金工业规划研究院发布的"钢铁企业发展质量暨综合竞争力评估(2022)"中,方大钢铁集团、新钢集团被评为极强级(全国共18家),位列全国122家重点钢铁企业第16和17名。

2. 劣势。一是产品同质化严重。江西钢材产品中,建筑用钢约占60%。除新钢集团、方大特钢外,其他重点企业产品均以建筑钢材为主。

二是物流成本较高。江西钢铁企业主要集中在内陆,物流成本比沿江、沿海地区高70—100元/吨。

三是下游行业需求较弱。江西钢材市场需求与沿海城市和二、三线城市相比较低,除房地产外主要是装备制造业企业,档次不高,高端用钢制造企业缺失。

二、产业发展趋势判断

短期来看,钢材市场供需两弱,成本下移,钢价仍将低位震荡。目前,我国钢铁行业已进入了第六次下行通道或下行周期,主要原因是占钢材消费比重近35%的房地产市场已经趋于饱和,很难再维持近年来建筑钢材消费水平,更难提供消费增量。同时受到地缘政治、置换产能逐步落地等因素影响,钢铁企业将持续较长时期低利润,如无重大利好,2023年钢铁行业将面临着严峻考验。

长期来看,全国钢铁产量将逐步进入下降周期,供给侧结构性改革向更深层次推进;用钢结构将从建筑用钢需求向制造业需求转变,特钢领域发展潜力巨大;钢企向外投资,高端产品走向海外,不断提高附加值产品出口比例将是未来钢铁行业发展的重要出路;在"碳达峰""碳中和"的背景下,未来钢铁行业将降低化石能源消耗,加快能源的电气化,电炉炼钢将迎来大发展。

三、2023 年发展重点

(一)发展目标

全省钢铁行业实现营业收入 3300 亿元,同比增长 5.62%。

(二)发展重点

钢铁行业将进一步巩固化解钢铁过剩产能成果,严厉打击"地条钢"非法生产;扎实推进钢铁产业链工作,深化上下游企业合作,促进全省钢铁产业链延链、补链、固链;以钢铁行业优化升级为主攻方向,在转型发展、创新发展、智能发展、绿色发展、安全发展方面下足功夫,不断提高运行质量和效益为着力点;大力提升智能制造、两化融合和数字化转型水平,积极稳妥推进"碳达峰""碳中和",不断推进企业节能减排、超低排放,实现行业高质量发展。

(三)主要工作

1. 加强运行监测研判。一方面,强化行业运行调度、分析,密切监测钢材价格,及时掌握行业运行新情况,发现苗头性、趋势性问题。另一方面,深入重点企业调研,实地了解企业生产经营情况,存在的问题、困难,以及政策诉求意见等,帮助企业协调解决遇到的困难和问题,坚持"一企一策"采取应对措施,确保行业平稳运行。

2. 持续发力促进转型升级。一是强化政策引导。出台政策推进行业高质量发展,制定出台《江西省钢铁工业高质量发展若干措施》《江西省钢铁产业数字化转型行动计划(2023—2025 年)》等文件,细化措施,支持钢铁企业推进数字化、智能化进程,引导企业加快转型升级,促进钢铁行业提质增效。二是推进一批技改项目建设,进一步提升行业装备现代化水平。三是持续深化供给侧结构性改革。鼓励优势企业兼并重组落后产能,整合产品、资源、技术和市场等,有效化解低效产能和无效产能。四是继续落实完善防范"地条钢"工作机制,严厉打击、防范"地条钢"生产,强化源头管控,严禁违规新增钢铁产能。五是跟踪服务宝武集团在江西的投资项目,促进尽快落地。

3. 推进产业链链长制工作走深走实。收集产业链问题,助企纾困解难;

召开产业对接会,加强产业链上下游的合作;不断强链补链延链,重点配合有关地方招商引资,支持铁矿企业技改扩产增产。

4. 推进行业绿色发展。出台《江西省钢铁行业碳达峰实施方案》,引导企业加快绿色化改造,实现2030年前碳达峰;将绿色工厂创建工作与粗钢产量调控工作结合起来,提高企业创建绿色工厂的积极性和主动性,实现国家级绿色工厂零的突破。

5. 抓创新驱动促产品结构调整。发挥钢铁产业链科技联合创新体的作用,引导企业开发适应新需求的产品,提升产品档次。引导企业关注需求总量的变化,密切跟踪新材料、新基建、新领域、新业态等消费结构的新变化,支持企业在扩大钢铁产品应用上下功夫,加速推进以钢结构建筑为代表的跨行业合作,在减量中实现增量。

全省医药(中医药)产业 2022 年发展情况和 2023 年发展重点

一、2022 年发展情况

(一)产业总体概况

2022 年,在全国经济形势严峻复杂、疫情冲击的背景下,按照省委、省政府的统一部署安排,以打造升级版的产业链链长制为主抓手,总体实现全省医药产业平稳健康发展,效益有所提升。全年医药产业实现营业收入 1338.08 亿元、比上年略下降 2.30%;实现利润 150.06 亿元、同比增长 5.78%,产业规模近十几年来首次出现下降。其中:中成药营业收入 311.96 亿元、同比增长 7.56%,利润 49.42 亿元、同比增长 22.35%;中药饮片营业收入 105.71 亿元、同比增长 -26.90%,利润 7.80 亿元、同比增长 -17.48%。

(二)产业发展主要特点

1. 重点企业发展势头较好,产业集中度持续提升。2022 年,全省医药产业规模以上企业 592 户,比上年增加 39 户。行业规模前 20 位企业合计实现营业收入 624.80 亿元、利润 83.81 亿元,占全省医药行业的比重分别达到 46.69%、55.85%,分别比上年提高了 6.16、2.99 个百分点,产业集中度持续提升。前 20 位企业中,中药企业 9 户、化药 4 户、医疗器械 5 户、生物药 2 户。济民可信集团、仁和集团、青峰医药集团进入全国医药工业 2021 年度百强榜,分列第 11 位、第 67 位、第 77 位。

2. 优势品种数量增加,品牌影响力更加凸显。全省医药行业共有年销售额过亿元的优势品种 65 个,较上年增加 5 个,44 个品种销售额比上年增长,约占总数的七成;过 5000 万元的品种 36 个。其中销售额 10 亿元以上的品种6个,分别是金水宝、醒脑静注射液、康莱特、盐酸多柔比星脂质体注射液、健胃消食片、喜炎平注射液。

3. 产业集聚效应显现,发展后劲不断增强。2022年,全省7个主要医药制造业产业集群(基地)共实现工业营业收入633.30亿元,占全省医药行业的47.32%。其中两个产业集群过百亿,进贤医疗器械产业基地、樟树医药产业基地分别实现营业收入253.20亿元、113.70亿元;除樟树医药产业基地、永丰医药产业集群同比下降外,其余五个集群发展均实现正增长。

4. "互联网+"助力医药稳增长,外贸出口取得新进展。江西医药企业充分利用互联网拓展线上线下销售。化学药出口持续增长,天新药业的维生素B1、B6出口额13.13亿元,同和药业米拉贝隆、利伐沙班等原料药出口交货值7.89亿元,浩然生物的尿源绒促性素原料药出口交货值2.3亿元,司太立制药造影剂出口交货值1.79亿元。卫材及医疗器械出口大幅提升,荣嘉医疗、洪达医疗、三鑫医疗、九江华达出口增幅30%以上;英科医疗公司一次性医用丁腈检查手套,出口交货值达9.32亿元。

5. 行业创新能力持续提升,重大项目推进有力。创新平台建设进展较好,中国(南昌)中医药科创城综合体、华润江中科研中心已基本建设完成并运营,赣江中药创新中心、江西省道地药材质量评价研究中心等已开展研究工作。新产品开发力度加快,截至2022年底,全省共有20个批准文号通过(含视同通过)一致性评价,青峰药业"奥兰替胃康片"完成三期临床试验;共有三类医疗器械257个、二类医疗器械2409个。各设区市重大项目建设推进有力,南昌全市重大工业项目库项目36个,总投资283.33亿元;宜春全年引进医药项目38个,累计完成投资额113.79亿元;赣州引进33个重点生物医药大健康项目,总投资额305.76亿元;抚州持续做大生物医药产业发展,投资20.47亿元建设华润博雅生物血液制品智能工厂。

(三)产业优劣势分析

1. 优势。江西省中医药资源丰富,历史文化悠久;子行业门类齐全,产业链条较为完整;拥有一批龙头企业及成长性企业;拥有一批优势品种品牌,过亿元品种队伍持续壮大;产业集群加速形成,企业项目不断集聚;创新体系不断完善,企业创新能力不断提升。

2. 劣势。由于地缘、经济等因素,相较于周边发达省市,江西对于人才的吸引力略显不足,专业技术人员偏少。高精尖人才的缺乏,导致企业自主创新不足。由于国际大宗原材料价格始终处于高位,医药行业多数原材料上涨,企业生产成本持续攀升,而医药终端产品价格又只能降不能升,成本上涨因素难以消化,部分企业生产经营难度加大。产业结构不够合理影响整体发展,江西医药子行业虽比较齐全,但结构不合理,发展不平衡,仍需进一步调整和优化产业链,提升核心竞争力。由于医保控费、中药列入临床辅助用药、中药注射剂限用等长期政策性因素,也有2022年受疫情影响,求诊用药减少,对于中药的市场需求进一步减弱的问题。随着2022年国家医保药品目录调整方案出台,医保准入政策更加规范化和系统化,药品集中带量采购实施范围不断扩大,医药产品国内市场开拓难度不断加大。

二、产业发展趋势判断

(一)产业发展面临不少挑战

全球经济衰退,贸易争端加剧,全球医药产业体系和创新网络加速重构,技术"卡脖子"和产业链"断供"风险加大。国家全面实行药品、医用耗材集中带量采购,国内各地竞相布局医药健康产业,创新资源和人才争夺进入白热化阶段,给江西医药企业带来不少挑战。

(二)内需市场将带来发展机遇

随着新型城镇化加速、大众生活水平提升、人口老龄化加剧、健康教育普及、绿色低碳循环发展等长期趋势的不断深入,公众对医药产业的认知、关注度和需求明显提升,尤其是在"双循环"新发展格局之下,医药内需市场将得到进一步激活。

(三)行业集中度进一步提升

全球医药产业格局重构加快,医药产业进入兼并重组高峰期。2022年,济民可信、仁和集团、江中药业等全省营业收入排名前20家企业占医药产业比重超过46%。随着新产品产业化项目持续增加,中医药科创城建创新平台集聚能力加强,章贡区生物医药产业等集群配套设施进一步完善,规模效益显现,行业集中度继续提升。

三、2023 年产业发展重点

（一）发展目标

2023 年，对标"十四五"产业规划，以新结构新动能推动产业高质量发展，力争全省医药行业营业收入突破 1500 亿元，同比增长 8%—10%。

（二）发展重点

1. 提升创新发展水平。以创新平台为核心，着力建设药物研发产业化公共服务平台，着力引进培养研发管理高端复合型人才，让科研力量引领企业，赋能产业。

2. 提升产业结构。坚持问题导向，做好重点企业重点项目纾困解难帮扶，助力企业降本增效；积极引导优势企业开拓国内外市场，整合产业链条、丰富产品管线，壮大企业规模，提高产业集中度。

3. 优化产业生态。支持有利于产业创新发展的政策生态环境建设，支持省产创新药品、医疗器械参与政府采购和公共资源交易，支持重点培育品种进入国家医保支付目录和基本药物目录，加快形成鼓励创新产品推广应用的政策环境。

（三）重点工作

一是加快提升创新发展水平。推动中国（南昌）中医药科创城建设，加快构建政产学研用协同创新体系，着力建设一批药物筛选平台、药效试验平台、药物安全性评价平台、分析测试平台、医药新品中试基地、药品临床试验中心、医疗器械产业研究院等公共服务平台，加快推进优势企业打造创新研发飞地。围绕产业发展重点和人才缺口，完善江西省高校、科研机构医药相关学科体系建设，培养一批学术、技术带头人及高级管理人才。加大人才引进力度，鼓励高校、科研院所、企业面向国内外有计划引进产业发展急需的各类人才。

二是大力铸链延链补链强链。深入实施产业链链长制工作，延伸产业链条，提升产品附加值和竞争力。传承发展中医药产业，支持采用现代生物技术、先进制药工艺和制剂技术，对江西传统名优中成药进行二次开发，开展中药经典名方、中药饮片规范化炮制和中药配方颗粒、中药标准提取物研究及其产业化研究;提升发展化学药产业,推动原料药绿色发展,引导支持原料药绿色生产基地建设,在保障药品供应的前提下实现仿制药生产集中度提高;突破发展生物药产业,支持龙头企业加快对血液制品、抗血清制品与抗体药物的研发,积极引进国内外疫苗企业及技术领先的科研团队;创新发展医疗器械产业,重点发展免疫组化分析仪、光学检验仪器、医学影像临床数据处理类软件。

三是积极开拓国内外市场。稳定现有优势品种,提升优势品种的市场占有率,持续加大新药新品开发力度,丰富品种管线,加快形成新的增长点。引导企业加强市场分析和市场策略研究,加快市场营销模式的改革和转变,大力开拓药房和基层医院市场。加强海外布局,通过收购合资等手段丰富产品线,支持企业在欧美市场开展药品注册及临床研究,利用目前江西仿制药产品相对的成本优势和技术优势,加入国际化竞争,挤入欧美大市场,抢占新兴市场份额。推动制药企业走"仿中有创"的道路,不断提升产业规模,完善产业结构,提升产业国际化程。

四是不断优化产业生态。围绕提升产业链供应链韧性和安全,以推进产业要素建设为着力点,向区域纵深发展转变,发挥产业金融、人才等要素在补短板、强弱项方面的积极作用。以优化结构、创新驱动为主线,推进医药产业数字化绿色化发展,支持数字工厂建设、医药电商新业态,推广绿色生产制药技术,鼓励优势企业跨区域合作整合发展。积极构建有利于产业创新发展的政策生态环境,加强与国家试点政策的衔接和对接,争取将江西纳入政策先行先试的省份,加快形成鼓励创新产品推广应用的政策环境,支持省产创新药品、医疗器械参与政府采购和公共资源交易,支持重点培育品种进入各类国家医保支付目录和基本药物目录。

全省纺织产业2022年发展情况和2023年发展重点

一、2022年发展情况

(一)产业总体概况

2022年,全省纺织服装行业共有规模以上企业1567户,实现营业收入1725亿元,同比下降12.1%;实现利润100亿元,同比下降25.9%;实际出口65.4亿美元,同比增长15.8%。主要产品中,化纤产量125万吨,同比下降1.6%;布产量7.2亿米,同比下降26.7%;服装产量12.5亿件,同比下降9.6%;纱产量147万吨,同比下降7.2%。

4个一级子行业中,除化纤外,其他子行业均同比下降。其中,化纤业实现营业收入180亿元,同比增长17.8%;服装业781亿元,同比下降19.2%;纺织业762亿元,同比下降8.8%;纺机业3.3亿元,同比下降58.5%。15个二级子行业中,有6个子行业实现增长,其中,纤维素纤维、化纤织造、家纺等子行业同比分别增长18.71%、22.37%、16.05%;有9个子行业同比下降,其中,棉纺、机织服装、产业用纺织品等子行业同比分别下降13.58%、17.97%、1.83%。

11个设区市中,抚州市和景德镇市实现同比增长,同比分别增长4.7%和3.0%,其他设区市均为下降,其中,新余、上饶、南昌同比分别下降29.6%、20.5%和18.3%,位居降幅前列。九江、赣州、南昌、宜春、上饶等五个设区市产业规模超过百亿,九江市稳居首位,赣州市超越南昌位居第二。

(二)产业发展主要特点

1.出口创历史新高。2022年,全省纺织服装行业出口在价格拉升、RCEP新机遇和跨境电商新模式等因素推动下,克服疫情反复、需求下降、订单转移等多重压力,实现较快增长,全年实际出口65.4亿美元,创下历史新高,同比增长15.8%,高于全国平均水平13.2个百分点。其中,服装出口50.1亿美元,同比增长21.8%;纺织品出口15.3亿美元,同比下降0.3%。

2. 集群化发展趋势明显。2022年,相关省级产业集群从出台政策、完善产业配套、加快智能化改造等方面发力,推动集群发展壮大。其中,青山湖区鼓励企业开展智能化改造,对现有工业企业购买智能化生产设备在50万元以上的,按购买设备发票额的10%给予补助。截至2022年年底,全区重点企业智能化应用率达60%以上,针纺企业生产效率提高了20%左右,人员节省了30%左右,产品合格率大大提升。共青城市建立工人电子档案,要求所有服装工人必须持证上岗,有效遏制了随意跳槽、恶意涨价、中途撒料、劳资纠纷等行业乱象。于都县推动中纺标检测中心、红星面辅料商城、服装订单中心、牛仔产业研究院等平台有序运营,推进面辅料市场、全国羽绒服装检测基地等平台项目落地,产业配套不断完善。2022年,9个产业集群有5个实现同比增长,9个集群共实现营业收入1294亿元,占全行业的75%,较上年提高4.7个百分点。

3. 骨干企业平稳发展。列入监测的40户营业收入过亿企业共实现营业收入379亿元,有26户企业同比增长,17户企业增幅超过10%,成为行业发展的中坚力量。其中,赛得利(中国)实现营业收入77亿元,同比增长38.6%;鸭鸭股份实现营业收入73亿元,同比增长3.4%;赛得利(九江)实现营业收入45亿元,同比增长11.8%;赢家时装实现营业收入26亿元,同比增长8.3%。

4. 发展后劲不断增强。2022年,全行业围绕补链延链强链,全力以赴招大引强,深入推进重大项目建设,不断夯实发展后劲。省工信厅与赣州市等单位共同举办的2022江西纺织服装周签约项目32个,签约金额200.55亿元。于都县外出招商392批次,签约项目73个。德安县签约项目9个,签约金额75.1亿元。据不完全统计,2022年全行业共有162个过亿元在建项目,总投资达598亿元,亿阳纺织智能工厂、金源纺织5万锭智能化纺纱生产线改扩建、金达布艺年产9000万米高档麻面料等112个项目实现投产或部分投产,成为行业发展助推器。

5. 优化升级步伐加快。面对严峻发展形势,企业纷纷加快优化升级步伐,提升竞争力,对冲不利因素影响。赛得利(中国)持续开展纤维产品的研发创新,从单一纤维生产,延伸到无纺纤维、纱线、无纺布、高档面料、湿巾等产品。鸭鸭股份公司全面布局抖音、快手等直播新电商平台,推动品牌向品质化、年轻化、潮流化转变,2022 年被评为中国最具价值品牌 500 强(第 351 位)。赢家时装积极建设工业互联网标识解析二级节点及数字运营中心,2022 年被评为江西省智能制造标杆企业。德鑫纺织新建 7 万锭产能数字化、智能化涡流纺车间,实现了从机械投料到机器人打包全自动化,产能提升 15%,用工减少 75%。华兴、众拓实业积极打造 5G+智慧工厂项目,带动豪驰、中大、尚嘉、志强实业等一批针纺企业效仿,加大投入建设"5G+智慧工厂"项目。

(三)产业优劣势分析

1. 优势。一是产业基础较好。全省纺织服装行业规模居全国第二方阵前列,形成以服装为龙头,棉纺、针织、化纤、家纺、产业用纺织品等协同发展的产业格局,服装、麻纺、黏胶短纤产业具备较强竞争力。

二是发展氛围较好,省委、省政府高度重视纺织服装产业发展,专门实施纺织服装产业链链长制,各地从资金、能源、土地、用工等多方面出台了一系列政策举措,助推纺织服装产业发展。11 个设区市中,有 5 个设区市将纺织服装列为主导产业;100 个省级工业园区中,有 37 个将纺织服装列为主导产业。

三是产业承接条件较好。江西省是全国唯一毗邻长三角、珠三角和闽东南的省份,土地、水电价格和工资水平较沿海发达省份相对较低,具备承接产业转移的良好条件。

2. 劣势。一是发展层次不高。江西纺织服装企业以贴牌加工出口经营模式为主,产品附加值偏低,企业盈利空间小,抵抗风险能力弱。棉纺、化纤仍以常规初加工产品为主,服装家纺自主品牌比重低。

二是产业配套不完善,省内尚未形成与行业发展配套的成熟专业市场,面辅料、拉链、纽扣等原辅料均需从外省采购。印染产能不足,大部分布需运往外省印染。

三是转型升级存在瓶颈。近年来,由于行业下行、生产成本上升,大多数企业处于微利或亏损状态,没有余力进行转型升级,行业数字化、品牌化、绿色化改造步伐有所减缓。

二、产业发展趋势判断

(一)有利因素

1. 发展韧性较强。江西纺织服装行业门类较为齐全、产业链较为完整。近年来,通过实施产业链链长制,江西纺织服装行业在产业质量、产业安全、产业协同等方面具备了更强优势。2023年1—2月,全省纺织服装行业实际出口10.8亿美元,同比增长11.1%,展现了较好的发展韧性。

2. 内销市场有望支撑行业发展。2023年以来,"拼经济"成为关键词,在此背景下,我国推出一系列围绕消费、投资、产业转型升级的政策举措,国内经济有望迎来强劲复苏,为纺织服装产业发展提供广阔市场。2023年1—2月,全省服装、鞋帽、针纺织品类商品零售额同比分别增长5.4%、14.6%。

(二)不利因素

1. 订单转移。受成本上升影响,大量订单转移至成本更低的东南亚地区。同时,欧美国家出于政治考量,推动产业链去中国化,叠加新疆棉禁令、贸易摩擦等因素影响,导致国内订单大量减少。2023年1—2月,全国纺织服装行业外贸较为疲软,实际出口408亿美元,同比下降18.5%。

2. 宏观经济形势较为复杂。俄乌冲突、国际供应链体系难以完全恢复、各国为应对通胀采取紧缩货币政策等因素,使得全球经济复苏前景愈加不明朗,各主要发达市场消费能力与消费者信心受到抑制,并将在一段时间内持续承压。

三、2023年发展重点

(一)发展目标

2023年,全省纺织服装行业发展目标为:规模以上企业实现营业收入1820亿元,同比增长5.5%;实现利润110亿元,同比增长10%。

(二)发展重点

以习近平新时代中国特色社会主义思想为指导,全面贯彻党的二十大精神,紧紧围绕立足新发展阶段、贯彻新发展理念、构建新发展格局、推动高质量发展的重要要求,以延链补链强链为主线,以自主创新、数字化转型、品牌建设、绿色发展为主要发力点,进一步健全工作机制、优化发展环境、完善产业生态,推动江西纺织服装产业实现高质量发展。

(三)主要工作

1. 深入实施产业链链长制。举办形式多样的人才对接、技术对接、产销对接、产融对接等活动,进一步融通供应链、延伸产业链、提升价值链,推动产业基础高级化和产业链现代化。

2. 推动数字化转型。实施数字"三品"战略,推动行业"增品种、提品质、创品牌"。促进新一代信息技术与产业深度融合,加快数字化转型、智能化改造步伐。深入挖掘新模式新业态典型案例,举办全省纺织服装产业数字化转型现场会,加强宣传推广。

3. 推动技术创新。依托纺织服装产业科技创新联合体,组织实施一批产业关键共性技术攻关。进一步发挥企业技术中心、工业设计中心、创意设计园区(平台)、重点实验室等平台作用,提高产业链各环节创新增值能力。

4. 推动绿色制造。加快推进产业低碳转型,依法依规淘汰落后产能,在粘胶、印染等行业推广节能节水低碳技术,组织企业申报行业准入。推动企业实施绿色改造项目,创建绿色工厂。

5. 推动稳定发展。加强调研调度,准确把握行业发展走势。选择一批重大项目进行跟踪服务,推进项目建设进度,增强行业发展后劲。针对企业(地方)反映的各种问题,通过产业链链长制平台,积极协调解决。

全省轻工业（含食品）2022年发展情况和2023年发展重点

一、2022年发展情况

(一)产业总体概况

面对新冠疫情冲击和复杂严峻的国内外环境，全省轻工业扎实做好"六稳"工作，全面落实"六保"任务，切实帮助企业解决生产经营困难，生产需求逐步恢复，企业生产经营情况持续改善，增长动力不断加强，全省轻工业生产实现平稳发展。2022年，江西轻工业规模以上工业企业实现营业收入7833.2亿元，同比增长2.4%；实现利润总额782.8亿元，同比增长19.5%。

(二)产业发展主要特点

1. 行业整体发展平稳。2022年，全省轻工行业（含食品）规模以上工业企业实现营业收入同比增长2.4%，利润总额同比增长19.5%，全省轻工行业运行质量进一步提升。

2. 重点子行业间发展差异较大。19个重点子行业中仅6个行业实现营业收入正增长，即采盐、电池及家电、造纸、日化、烟草和农副食品加工，同比增长分别为56.3%、53.2%、13.7%、13.1%、5.0%和4.5%。电池及家电、采盐和烟草等子行业利润增长成为全省轻工行业整体利润增长的主要拉升力量。

3. 出口保持快速增长。2022年，全省12个主要出口轻工商品中，10个商品出口值实现同比增长，其中增长保持两位数的商品有纸浆、木制品、鞋靴、箱包、陶瓷产品、塑料制品、烟花爆竹、玩具、茶叶和家具，同比增长分别为86.1%、30.3%、29.9%、29.9%、24.7%、24.6%、23.6%、14.1%、7.2%和5.2%。

4. 重点产业集群实现平稳增长。2022年，18个轻工重点产业集群实现营业收入、利税双增长。营业收入和利润增幅同时超过15%的有10个，宜丰绿色高效储能系统产业集群实现营业收入307.9亿元，同比增长45.2%；完成利润总额69.7亿元，同比增长4.2倍。黎川陶瓷产业集群实现营业收入137.8亿元，同比增长34.2%；完成利润总额7.3亿元，同比增长51.8%。景德镇陶瓷产业集群实现营业收入96.1亿元，同比增长33.6%；完成利润总额9.8亿元，同比增长24.7%。上高制鞋产业集群实现营业收入142亿元，同比增长25.7%；完成利润总额10.9亿元，同比增长38.0%。余江眼镜产业集群实现营业收入110.4亿元，同比增长25.5%；完成利润总额5.9亿元，同比增长30.8%。南丰绿色食品产业集群实现营业收入79.1亿元，同比增长20.9%；完成利润总额8.1亿元，同比增长41.5%。宜黄高分子塑料制品产业集群实现营业收入120.4亿元，同比增长20.0%；完成利润总额2.3亿元，同比增长18.1%。上高绿色食品产业集群实现营业收入140亿元，同比增长19.5%；完成利润总额10.5亿元，同比增长35.9%。新干箱包皮具产业集群实现营业收入69.7亿元，同比增长19.3%；完成利润总额7.5亿元，同比增长38.9%。樟树金属家具产业集群实现营业收入438亿元，同比增长15.3%；完成利润总额26亿元，同比增长23.8%。

（三）产业优劣势分析

1. 优势。一是资源丰富。江西森林覆盖率居全国第二，井矿盐、高岭土和多种金属矿资源保有储量位居全国前列，农产品产量高，这些为发展食品、盐业、造纸、家具、木竹藤草制品、陶瓷、工艺美术品、金属制轻工制品制造等行业提供了便利条件。

二是劳动力成本较低。轻工行业大多属于劳动密集型行业，江西省劳动力成本在东部地区相对较低，同时交通便利，近年来吸引了众多国内外的大型轻工企业前来投资办厂。

三是韧性显著。轻工行业是重要的民生产业，产品大多属于人民群众必备的日用品。与其他重工业产品相比，轻工产品的需求相对更稳定，价格等因素变动对总需求量的影响也相对较小。

2. 劣势。一是总量依然偏小。近年来，尽管轻工行业经济总量实现了快速发展,占全国轻工行业的比重不断提高,但占比依然偏小,与广东、山东、江苏、河南、福建等轻工大省差距较大。

二是缺少大型龙头企业。世界知名企业、央企落户江西不多,且大部分以生产基地形式存在,未能实现区域总部经济效应。本土轻工企业规模普遍较小,品牌知名度较弱,缺少一批支撑带动作用力强的龙头企业。

二、产业发展趋势判断

(一) 因素分析

1. 有利因素。一是国内经济基本面长期向好。在疫情影响逐步消退、促消费政策持续发力等因素作用下,全国消费市场将加快修复,并有效带动国内需求逐步改善,促进全国经济循环逐渐改善。我国经济长期向好的基本面没变,构建新发展格局的有利条件没变,新的经济增长点将不断涌现。二是市场空间广阔。我国经济已由高速增长阶段转向高质量发展阶段,消费结构的调整升级将为经济持续发展注入内生动力。轻工产品大部分为人民群众的日用消费品,轻工行业在消费升级的过程中将获得大量发展机会。三是营商环境持续改善。"放管服"改革不断推进,审批事项不断规范,营商环境持续改善,减税降费以及财税、金融、价格和投资体制改革持续为企业减负。各项政策效应未来将不断释放,并将进一步激发和增强市场活力,有利于市场化程度较高的轻工行业发展。

2. 不利因素。一是国内需求不足。受需求收缩、供给冲击、预期转弱三重压力共同作用,国内经济回升基础尚需稳固,需求不足问题仍较突出。二是外部环境更趋复杂严峻。国际环境依然复杂严峻,外需减弱,全球通胀高企,主要经济体增长乏力,各国政策权衡与协调困境等因素更增加了世界经济复苏前景的不确定性。三是原材料涨价。受疫情暴发影响,部分原材料供给产能受到极大影响,大宗商品价格上涨、劳动力市场结构性错配等因素对实体经济尤其是中小微轻工企业造成成本上升压力。

(二) 发展趋势判断

2023年,随着"国内大循环为主体,国内国际双循环相互促进"新发展格局的稳步构建和发展,加上宏观政策持续发力和市场主体修复调整共同作用,江西轻工将呈现平稳增长态势。

三、2023 年发展重点

(一)发展目标

2023 年全省轻工行业(含食品)规模以上工业企业力争实现营业收入 8500 亿元,同比增长 8%;利润总额 850 亿元,同比增长 8%。

(二)发展重点

以习近平新时代中国特色社会主义思想为指导,全面贯彻落实党的二十大精神,紧紧围绕立足新发展阶段、贯彻新发展理念、构建新发展格局、推动高质量发展的重要要求,进一步强化产业链链长制,推动传统产业优化升级,进一步强化行业规范管理,推进烟草产业、工艺美术产业发展,推动全省轻工行业(含食品)产业实现高质量发展。

(三)主要工作

一是抓好产业链链长制相关工作。以产业链链长制为工作平台,继续推进现代家具产业、绿色食品产业等科技创新联合体建设,开展产业调研,加强企业对接及工作调度;举办中国首届特(兼)香型白酒产业高质量发展峰会,力争承办全国轻工业信息化大会或全国轻工业数字化转型大会。

二是落实食品安全有关工作。落实国务院食品安全委员会有关工作部署,继续推进全省食品工业企业诚信体系建设工作,开展诚信体系建设培训,鼓励、指导有关设区市在辖区内开展诚信体系建设培训,推动食品行业安全生产;继续抓好婴幼儿配方乳粉追溯体系和食盐电子追溯体系等建设工作。

三是加强重点行业管理。推动全省烟草行业稳定增长,发挥行业对全省财政的支撑作用,促进全省经济稳定运行;继续抓好烟花爆竹生产企业整顿收尾工作;加强食盐储备管理和检查,开展食盐定点企业换证工作。

四是推动江西省工艺美术大师评选。指导成立江西省轻工行业联合会,适时启动第七届江西省工艺美术大师评审工作,提升江西工艺美术人才库建设,助推工艺美术人才健康发展,为江西开展中国工艺美术大师评选工作奠定坚实基础。

五是推动烟草产业加快发展。充分发挥全省烟草产业发展联席会议机制作用,及时协调相关部门解决烟草产业发展问题,推动全省烟草产业实现快速发展。

六是支持特色展会促进行业发展。支持举办2023年景德镇国际陶瓷博览会,展示江西省陶瓷产业发展成就,提升地区及产业投资吸引力度。支持举办中国(赣州)第十届家具产业博览会,引导企业积极参与,关注行业发展动向,以展促销,以展定销,持续提升企业个性化、定制化产品设计及供应能力。指导全省食品企业参加相关展会。

注:本文所称轻工是指除医药、纺织、电子以外的轻工行业。

全省航空产业2022年发展情况和2023年发展重点

一、2022年发展情况

(一)产业总体情况

目前,江西已成为我国为数不多的航空产业重点布局省份(辽宁、陕西、四川、上海等)之一,我国唯一同时拥有旋翼机和固定翼飞机研发生产能力的省份,我国直升机、教练机研制生产的核心基地,我国民机生产试飞、民机大部件和航空配套设备生产的重要基地,在我国航空工业布局中具有举足轻重的地位。多年来,江西航空产业实现由小变大、接连突破。2010年,全省航空产业营业收入不足百亿元;2019年,突破1000亿元大关,实现十年10倍大跨越;2022年,达到1604.56亿元,同比增长13.5%。

(二)产业发展主要特点

一是产业体系持续完善。全省拥有航空企事业单位128家(含过百亿企业2家),有洪都、昌飞、江西直升机公司、南昌冠一通飞公司等整机(含无人机)制造企业13家,有商飞江西、洪都商飞、景航锻铸、明兴航空等配套企业81家,有江西航空、江西快线、江西适航审定中心、江西华赣航投公司、中信海直华夏九州公司等航空运营及服务单位22家,有南昌航空大学、江西先进复材研发中心、江西航空研究院、北航江西研究院等航空科研及教育单位12家,职工3万余人,基本形成研发、制造、试飞、审定、服务等为一体的较为完备的航空产业链条。

二是产品谱系相对齐全。先后研制并交付了初教-6、强五、教-8、教-10,直8、直10、AC系列直升机,攻击-11、AR500、小青龙等先进无人机,ARJ21、C919大飞机试飞,ARJ21完工交付、C919大部件生产,海防导弹、近程/中程空地导弹等主要产品，产品辐射军民用飞机、导弹、大飞机生产试飞、机体大部件制造以及通航等多个领域。

三是基础设施日臻完善。已建成覆盖全省"一主一次六支"民用机场体系，规划形成以南昌昌北国际机场为主枢纽，赣州黄金机场为次枢纽，7个支线机场为补充的"一主一次七支"的运输机场格局。在通航方面，现建成10个通用机场（南昌瑶湖通用机场、赣州南康通用机场、景德镇吕蒙通用机场、景德镇高新通用机场、景德镇浮梁通用机场、吉安桐坪通用机场、九江威家通用机场、庐山通用机场、共青城通用机场、靖安通用机场）。到2025年底，全省规划建成25个以上通用机场，为产业发展提供有力支撑。

四是试点示范深入推进。江西低空空域管理改革试点拓展工作取得重大进展，10个空域、28条航线获得东部战区批复，形成通航全域的低空飞行航线网络，高起点、高标准建成具有江西特色的通航飞行协调与服务系统。江西省通航协调运行中心建成A类飞行服务站，为通航运营提供了"一站式"高效便捷服务。赣州被中国民航局批复成为全国首批13个民用无人驾驶航空试验基地（试验区）之一。联合应急部打造航空应急救援体系建设试点省，加快建设具有江西特色的航空应急救援体系。

(三)产业优劣势分析

1.优势。一是制造能力突出。拥有航空工业洪都、昌飞、602、商飞江西公司、江西直升机等央企、民营整机及配套企业，其中景德镇"厂所结合"、洪都"厂所一体"研制生产模式在全国具有明显优势，形成了较强的总体设计、试验验证、先进制造和总装总成能力。

二是产业平台完备。占地50平方公里的南昌航空城、12平方公里的景德镇航空小镇基本建成，洪都、昌飞等一批企业搬迁投产。民航江西适航审定中心全面运营，适航审定能力进入全国"第一方阵"。北航江西研究院、江西先进复材研发中心等一批新型科技创新平台成功落户，航空产业科技研发能力进一步提升。华赣航空产业投资有限公司等多个投融资平台组建成立，为航空产业投融资打下良好基础。

三是政策环境优越。省委、省政府领导高度重视航空产业发展，成立了由省领导担任组长的全省航空产业发展推进领导小组。统筹全省航空产业资源,定期召开领导小组会议和产业链链长会议,研究推动产业发展事项。制定颁布了一系列规划、政策,在财税支持、金融扶持、人才激励、土地供应等方面予以支持。

四是开放合作较好。与波音、空客等世界知名航空企业开展航空转包合作,与应急部、民航局、中国商飞、航空工业、中国航发、航空学会等单位的合作不断深化,中国商飞江西飞机制造有限公司、重型直升机等一批重大项目布局江西、开花结果。联合中国商飞开展研发、制造、试飞、运营等全面战略合作,着力打造国产民机创新发展及应用示范省。连续四年举办中国航空产业大会和南昌飞行大会,江西航空产业的知名度和吸引力进一步提升。

2. 劣势。一是航空制造强、运营服务弱。目前江西航空制造规模居全国前列,但全年通航作业时间不到全国的1%,与航空大省地位极不相称。

二是整机总装强、协作配套弱。虽有洪都、昌飞等整机企业,但本地配套企业数量不多、配套层次低,发动机、机载系统等高附加值产品不全、产业链不完整。

三是军用产品强、民用产品弱。航空制造格局仍以军机为主,民机尚处于发展初期,还没有形成具有较强市场竞争力的民机产品谱系。

四是产业能力强、资金投入弱。航空产业资金投入大、回报周期长,虽然江西成立了华赣航投等投融资平台,可利用的资金仍然偏少,但与航空产业发达省份相比,江西航空产业资金投入规模偏小。政府引导、企业主体、金融支持、社会参与的市场化航空投融资体系尚未形成。

三、2023年发展重点

(一)发展目标

坚持以习近平新时代中国特色社会主义思想为指引,深入贯彻党的二十大精神,聚焦"作示范、勇争先"目标定位和"五个推进"重要要求,贯彻新发展理念,紧紧抓住国家实施大飞机战略、制造强国战略与加快低空空域改革等重大历史机遇,立足自身比较优势和产业基础,以市场需求为牵引,以技术创新为动力,以重大项目平台为抓手,持续壮大集群规模,加快实现江西由航空大省向航空强省的历史性跨越。到2025年,基本建成以研发制造为核心、以航空运营为驱动、以保障服务为牵引的全产业链集群,力争产业经济规模达到2600亿元。

(二)发展重点和主要工作

1. 调布局。一是争取国家航空增量布局。积极对接国家有关部委及航空央企,争取在江西省增加中高端公务机、中小型航空发动机及高端航空装备的生产备份等产业布局。二是强化国产大飞机产业布局。扩建大飞机大部件生产线,全面提升中国商飞江西飞机制造公司生产能力,争取ARJ21、C919飞机生产交付、客改货项目落户南昌,全力争取大飞机第二总装基地落户江西。三是提升航空产业链条。以延链补链强链为目标,以数字化转型为方向,以洪都、昌飞、602所、商飞江西公司等央企为牵引,推动航空发动机总装、机载设备研制、大飞机改装维修等高附加值重点企业落户江西;开展航空制造业数字化转型三年行动,加快形成具有全球竞争力的航空制造业产业集群。

2. 稳增长。落实企业特派员制度,精准帮助企业发展壮大,发挥好产业链链长制常态化开展产业运行监测调度,力争2023年航空产业总收入同比增长12%以上。主要做好以下三个方面的产业增长:一是促进大飞机批产放量。2023年预计C919大部件交付14架份,较2022年4架份大幅增长;推动新增近10架ARJ21客改货和完成20架以上ARJ21完工交付任务。二是促进无人机爆发式增长。推动多型军用无人机定型并批量交付;民用无人机方面,顺丰羽途生产基地全面建成投产,预计超过千架无人机完成交付;推动深圳大疆、四川腾盾等知名无人机生产基地落户赣州。三是促进航空运输快速回暖。加大与国内航司对接,争取更多航司及飞机来赣运营、过夜经停、维修保养,特别是增加ARJ21、C919国产飞机运营数量和优质航线,推动江西航空、东航江西分公司等航司优化航线和提升运营能力。

3. 抓项目。一是加快重大项目建设进度。持续推进试飞台项目建设,确保2024年底建成。持续做好重型直升机等重点型号研保条件建设,巩固提升江西军机研制优势。二是引进实施一批新项目。深化推动与中国商飞战略合作全面落地,召开中国商飞全球供应商大会南昌专场,落地一批产业链项目。深化与航空工业战略合作,争取航空工业618所、609所、中航无人直升机有关项目落户。加强与中国航发对接,推动双方签订战略合作协议,推动更多发动机领域项目落户江西。

4. 争订单。一是积极争取军品订单。加强与军方机关对接,进一步争取军方对教练机、直升机增量订单。二是扩大军贸市场。推动直10、无人直升机、教练机等产品拓展国际市场。三是拓展民机市场。发挥"江西快线"的品牌优势,持续扩大省外运营市场份额;积极拓展初教6、AC系列直升机等飞机民用市场;争取中国商飞支持,扩大ARJ21飞机在江西完工交付数量,2023年争取交付20架以上,占总交付数量50%以上。

5. 优环境。一是加强政策扶持。围绕江西重点推进的大飞机、无人机、通用飞机等产业方向,积极争取国家部委、军方机关政策支持。推动以省政府办公厅名义出台《关于支持新时代江西航空产业高质量发展的若干行动》、印发《无人机产业高质量发展三年行动方案(2023—2025年左右)》等政策文件。二是加强产业配套。加快江西适航审定中心、华东第二区域管制中心、通用机场及直升机起降点等配套建设,构建集适航审定、试飞验证、飞行培训、空域管理等于一体的航空产业支撑体系。三是加强科技和人才支持。发挥省级工业专项资金引导作用,组织开展航空整机、发动机、无人机等领域关键共性技术攻关。支持航空产业链科技创新联合体发展,研究论证成立航空中小型发动机区域协同创新中心、航空发动机大修维保中心。联合省委组织部、相关设区市、航空企业开展航空高端人才引进培育,加强产业人才培训。推动产教融合,引导南昌航空大学、江西飞行学院等高校抓好重点学科建设,建设高素质产业人才梯队。

6. 强服务。一是用好做实工作机制。在省政府领导下,充分发挥全省航空产业发展推进领导小组办公室牵头抓总作用,谋划重大事项,开展重大活动,解决重大问题。利用试飞台发展推进省、市、区三级工作专班联动机制,服务保障好国产发动机重大专项任务。二是加强日常问题办理。深入实施航空产业链链长制,常态化调度收集、协调解决企业反映问题。三是突出抓好项目服务。改进工作作风,深化"放管服"改革,到企业一线靠前了解重大项目情况,为项目立项落户、开竣工、投产达产等创造最好条件、提供一流服务。

全省船舶产业2022年发展情况和2023年发展重点

一、2022年发展情况

(一)产业总体概况

全省船舶企业90家,其中船舶修造企业69家,经船级社产品认证的船舶配套企业21家。69家船舶生产企业中有5家为出口企业,其余为内河船舶制造企业。主要分布在长江、鄱阳湖、赣江沿线。九江市是江西船舶工业重点地区,也是江西船舶制造基地和配套基地,大、中型及船舶出口企业基本集中在此。全省规模以上企业现共有3千吨级船坞以上船台26座,其中6万吨级船坞1座,5万吨级船坞2座,3万吨级船坞3座,2万吨级以上船台(坞)7座、6500吨举力浮船坞1座。船舶主要产品有:1.65万吨化学品船、1.2万吨重吊船、海洋工程辅助船、7000—8000吨成品油船、大马力拖轮、小型豪华游艇、内河运输船等。21家船舶配套企业,主要企业为中船九江海洋装备(集团)有限公司和南昌康富科技股份有限公司。船舶配套主要产品有:船用导航仪器仪表、船用消防灭火装置、船用舱室消防系统、卫生单元系统、船用小功率主机和辅机等。

(二)产业发展主要特点

1. 产品档次不断提升。通过规划引导和重点帮扶,江西船舶产品初步实现了从"低价抢占市场"向"质优取胜"的转变。重点发展的2万吨级化学品船、重吊船、成品油船、多用途船、散货船市场份额得到巩固,特别是1.2万吨级的重吊船占据了国际市场主要份额。在船舶新产品方面,持续推出了海洋工程船、公务船艇、小型豪华游艇等高技术高附加值船舶,拓宽了企业的主营业务范围。在政策引导下,船舶配套企业的兼并重组加速,船舶配套产品市场竞争力和非船产品生产能力得到有效增强,营业收入年均增幅超过25%。

2. 综合实力显著增强。以同方江新造船、江西华东船为龙头的骨干企业,通过加大固定资产投入,加快优化升级,综合实力明显提升,产业集聚效应得到增强,辐射功能不断增大,目前,骨干企业产值过10亿元的企业5家。以九江大千和九江飞籁特为代表的游艇企业,加大资金和技术投入,积极融入当地旅游资源的整体开发,带动了江西游艇全产业链的初步形成。以中船九江海洋装备(集团)公司为代表的船舶配套企业,按照自主研发、产品结构优化、系统集成三个方面不断提升船舶配套设备的技术水平和附加值,并在船舶配套产品和非船产品相关多元化的业务发展方向上形成了多个新的支柱产品,提升了江西在我国船舶配套产业中的地位。

3. 生产经营逆势上行。面对低迷的船舶市场,江西船舶企业正视船舶市场的新形势和新变化,坚持勇于创新,积极应对挑战。在生产管理上,加强精细化管理,降本增效;在市场方向调整上,努力巩固原有市场,不断增强多元化经营;在产品结构调整上,在积极争取大型船舶订单的同时,积极承接公务船艇、桥梁钢结构和非船产品等业务。通过一系列的应对措施,船舶企业生产经营实现了规模、效益同步增长。

(三)产业优劣势分析

1. 产业链不够完整,船舶配套发展滞后。江西船舶制造产业链尚不完整,造船企业中,内河船舶建造量占总数的比重很大,而钢制海船建造数量较少,船舶工业产业结构不尽合理;船舶配套业发展滞后,配套产业规模较小,本地配套率低,远落后于上海、江苏、浙江等省市地区,配套出口船舶的产品及其他关键配套设备大部分需从省外购买或国外进口。

2. 行业规模总量较小,抗风险能力偏弱。江西船舶工业企业仍存在数量少、规模小、分布散、不能形成有效经济规模。大部分企业在综合技术、管理水平、产品研发等方面相对较弱,船型技术含量及附加值不高,整体抗风险能力偏弱。

3. 自主创新能力不足,造船模式相对落后。江西船舶企业整体上存在科研投入较少,专业船舶研发机构匮乏,设计能力薄弱,产品开发能力较差,自主创新能力不足等缺点,在造船模式方面,建造方式还处于由传统的分段建造向现代化的分道建造过渡阶段,精度控制化造船模式推行相对缓慢。骨干造船企业生产效率与世界先进水平差距较大,产品类型相对低端。

二、产业发展趋势判断

(一)国际船市进入新一轮调整周期,海洋工程装备和高技术船舶领域竞争日趋激烈

自2008年国际船市进入新一轮大调整以来,船舶市场持续低位徘徊,其间虽有起伏,但目前总体上还处在产业调整周期的低位,世界造船市场需求不足、产能过剩,将在一段时间内成为常态。未来需求结构将出现明显变化,散货船等常规船型需求乏力,绿色船舶及高技术船舶需求相对旺盛。市场热点向技术复杂船型转移,更多的市场增量将来自超大型集装箱船、LNG船、LPG船、汽车运输船、豪华游船、远洋渔船等技术复杂船型,符合国际造船新标准、新规范要求的节能环保型船舶将更能赢得船东的青睐。未来世界造船业的主要力量仍将是中国、韩国和日本,并且主要体现在海洋工程装备和高技术船舶这些需求热点上,主要造船国家之间的竞争将更为激烈。

(二)船舶产业核心竞争要素发生重大变化,船舶企业的竞争从硬实力转向软实力

船舶产业发展的重心已经从追求速度规模转向追求质量效益。我国原有的设施规模、劳动力与土地成本等竞争力优势在新的产业竞争环境下已被弱化,决定船舶企业竞争成败的关键已转向技术、管理等软实力,取决于企业船舶设计、集成制造、生产管理、全寿命周期服务的深度融合,并持续应用先进信息技术、自动化技术和工艺集成技术。船舶企业在未来的发展中应深化主力船型,优化技术,不断提高技术性能水平、扩大市场占有率,加强高技术船舶的自主和协同研发。同时,加快推进现代造船和精益造船,运用数字化手段,积极构建高效的作业体系以及造船、配套等全产业链协同。

(三)新一轮科技革命和产业变革正孕育兴起,将引发制造业分工格局的深度调整

当前,新技术替代旧技术、智能型技术替代劳动密集型技术趋势明显,

制造模式加快向数字化、网络化、智能化转变,船舶制造也正朝着设计智能化、产品智能化、管理精细化和信息集成化等方向发展,世界造船强国已经提出打造智能船厂的目标。同时,国际海事安全与环保技术规则日趋严格,船舶排放、船体生物污染、安全风险防范等船舶节能环保安全技术要求不断提升,船舶及配套产品技术升级步伐将进一步加快。未来我国船舶企业必将加快技术改造升级,分步实现车间互联推进生产效率、信息集成优化实现智能制造、产业链无缝对接和综合集成打造智慧船厂,重塑船舶企业新的生产模式和商业模式。

三、2023 年发展重点

（一）发展目标

全面加速船舶工业转型升级,加快三大基地(船舶制造基地、船舶配套基地和游艇制造基地)建设,做强船舶制造业,做大船舶配套业,做全游艇产业链,不断壮大船舶产业集群,使江西成为我国长江流域重要的船舶工业基地。争取到 2023 年,全行业实现年总产值 240 亿元,出口创汇 10 亿美元,其中造船主业 190 亿元,船舶配套 40 亿元,游艇等相关业务 10 亿元。

（二）发展重点

1. 做优主力船型。在化学品船、成品油船、多用途船、重吊船船型以及较好基础的主力船型上,加快产品优化升级,努力打造 2 万吨级市场节能环保、低成本、高质量、智能化的国内外知名品牌,强化江西在中小型出口船舶细分领域的重要地位。

2. 做强公务船艇。继续拓展在公务船、海洋供应保障船、远洋渔船等市场空间,重视渔政、海监、海事、边防、海关等部门的发展需求,在执法、科考、救助、打捞、清污、保障等应用领域积极拓展产品种类,谋求在中国公务、工作船市场快速崛起的一席之地。

3. 做大配套产品。做强消防灭火系统、船用阀门、舱室卫生单元、船用锅炉等军民两用产品市场;做优惯性测试系统及设备、船用导航系统及设备、精密测量系统及设备等业务;加快发展模块化舱室系统、船舶安全防护系统、动力辅助系统的集成和成套供货;加快船舶配套服务网络化建设,建立本省船舶制造企业和配套企业间的信息协作平台,提高船用设备本土化装船率。

4.做实游艇产业。借力鄱阳湖国际湿地生态旅游、南昌动感都市滨湖观光、庐山西海养生度假、九江八里湖水上运动休闲等水上旅游资源,积极开拓小型游艇、旅游观光艇、公务艇和商务艇等细分市场产品,加快建立集设计、生产、销售和服务为一体的游艇制造产业链。

(三)主要工作

1.夯实基础,巩固地位。继续加快"船舶制造基地""船舶配套基地"和"游艇制造基地"三大基地建设,坚持差异化竞争的发展思路,有计划分步骤向设计智能化、产品智能化、管理精细化和信息集成化等方向发展,进一步优化升级主力船型,不断改善企业组织生产结构和经营管理效率。

2.军民融合,深度发展。紧紧围绕强军目标,推进军工船舶核心能力建设,提升武器装备的供给保障能力。加大资金投入、扶优扶强,加强共性、关键技术研究,推动先进军工船舶工业技术开发和运用,增强基础和前沿技术储备。

3.规范管理,协同创新。完善政策体系,积极引导扶植,加强制度创新,夯实管理基础,加强成本和风险控制,引导船舶企业深化内部改革,提升船舶企业在国内外市场的竞争力。

全省物联网产业 2022 年发展情况和 2023 年发展重点

一、2022 年发展情况

(一)产业总体概况

江西作为新一代宽带无线移动通信国家科技重大专项成果转移转化试点示范基地,经过 5 年多的发展与壮大,已具备较好的物联网产业基础,尤其是传感器和智能终端等产业基础较好,南昌、吉安、九江、赣州等地电子信息产业呈现出量质同升、升级发展的良好态势,智能终端整机、模组配件等领域具备了较强的生产能力与市场影响力,发展势头强劲。移动物联网基础设施不断完善,全省已实现 NB-IoT 和 eMTC 两张网的全域覆盖,5G 商用和规模部署正加速推进,截至 2022 年底,全省累计开通 5G 基站 90386 个,累计建设 5G 基站 65610 个,5G 网络实现"乡乡通"。平台建设初具规模,建成了完善的物联网公共服务平台体系。应用领域快速拓展,在工业、农业、旅游、交通运输、公共管理、智慧城市领域的应用推广不断深入,打造了智赣 119、赣智电、智能制造等一批应用品牌。2022 年,物联网及直接关联产业营业收入约 1900 亿元,产业发展态势良好。

(二)产业发展主要特点

1. 产业布局不断优化。江西省物联网产业形成了以鹰潭基地、南昌为产业主体区,其他设区市为特色功能区的"1+1+10"移动物联网发展格局,打造了 5G+物联网、5G+VR、5G 智能硬件制造等 5 个 5G 产业基地,形成了适合江西实际、布局合理的物联网产业布局。鹰潭是全国四大物联网基地之一,智能终端、智能家居、智能穿戴等领域在全国占有一席之地;吉安市重点发展移动通信终端及传输、多层线路板、触控显示、数字视听等细分集群;赣江新区在智能终端整机、模组配件等领域具备较强的生产能力与市场影响力。

2. 产业链逐步完善。江西物联网产业以基础元器件或传感器、终端等产业为发展载体,以电子信息制造业为基础,物联网产业链和产业体系逐步完善,初步形成涵盖芯片、模组、传感器、网络设备、终端产品在内的物联网产业体系,产业发展正进入快速上升期。NB-IoT 模组规模出货,大规模应用可期,5G 关联产业处于快速成长期。

3. 平台体系日渐完备。江西在全国创新出台了移动互联网平台服务管理办法等文件,规范平台建设、服务和管理,初步建成全国领先的物联网公共服务平台体系。鹰潭已建设全国领先的物联网公共服务平台体系,设立了物联网创新创业孵化基地、中国信通院物联网研究中心、中国泰尔实验室、国家物联网通信产品质量监督检验中心等公共服务平台,与三大通信运营商、华为、中兴联合打造了 NB-IoT 开放实验室,鹰潭(江西)物联网平台、产业云平台相继建成。

4. 应用场景不断丰富。物联网技术在工业、智慧城市、农林、环保、家居、安防等领域应用场景不断增多,应用不断深入。5G 应用扬帆起航,全省"5G+工业互联网"建设项目超过 300 余个,在 14 个领域涌现出 5G 扬帆优秀案例近 350 个。

(三)产业优劣势分析

1. 优势。一是政策环境优。2017 年 9 月,科技部、工信部和江西省人民政府在南昌签订了《共同推进新一代宽带无线移动通信网国家科技重大专项转移转化试点示范框架协议》,2020 年 12 月,续签了战略合作框架协议。近年来,江西省和各设区市发布多项政策,优化物联网和 5G 连接环境,推进物联网和 5G 产业链生态构建,陆续出台了《江西省移动物联网发展规划》《江西省物联网产业高质量发展行动计划(2019—2023 年左右)》《加快推进 5G 发展若干措施》《关于加快江西省 5G 发展行动计划(2019—2021)》等一系列政策文件,推动网络、产业、应用、平台等多个方面建设。

二是布局优势。2022 年全省电子信息制造业营收突破万亿大关,达 10112.2 亿元,跃居全国第四,稳居中部第一。江西物联网和 5G 产业以电子信息产业为基础,具备较为完备的上游产业体系。打造了以鹰潭为基地(国家级物联网产业基地)、南昌为产业主体区,其他设区市为特色功能区的"1+1+10"移动物联网发展格局,模组、传感器、智能终端、5G 关联产品成为物联网产业发展重点,形成了适合江西实际、分布合理的物联网产业布局。

2. 劣势。虽然江西物联网产业保持了较快增长,但仍旧存在产业链不完善,产品技术水平不高,龙头企业缺乏,平台和人才支撑不足等问题。在产业链上游,感知层物联网芯片、嵌入式微处理器等关键环节缺乏核心技术和核心产品。在产业链中游,物联网软件服务和应用集成等方面不完整,有待创新。在产业链下游,以生产物联网智能终端应用产品为主,如智能耳机、无人机、智能水表、智能安防设备、智能可穿戴设备、智能家居等,物联网产品技术水平不高,应用端产品居多,高端研发型企业缺失,缺少高端传感器产品。

二、产业发展趋势判断

全球物联网行业发展的内生动力正在不断增强。连接技术不断突破,NB-Iot、eMTC、Lora 等低功耗广域网全球商用化进程不断加速;物联网平台迅速增长,服务支撑能力迅速提升;区块链、边缘计算、人工智能等新技术题材不断注入物联网,为物联网带来新的创新活力。受技术和产业成熟度的综合驱动,物联网呈现"边缘的智能化、连接的泛在化、服务的平台化、数据的延伸化"等特点。各项技术不断突破带动行业不断发展。随着物联网的快速发展,物联网在生活中的应用越来越广。物联网遍及智能交通、环境保护、政府工作、公共安全、工业监测、个人健康等多个领域。物联网应用领域丰富,市场需求逐渐被释放,市场前景广阔。据 Strategy Analytics 数据显示,2019 年全球物联网产值达到 6860 亿美元,2024 年有望突破 1.1 万亿美元。据 GSMA 报告显示,2019 年全球物联网总连接数达到 120 亿,预计到 2025 年,全球物联网总连接数规模将达到 246 亿,年复合增长率高达 13%。在全球物联网的发展格局中,欧美处于规模领先地位,而中国则是处于增速领先地位。IDC 研究数据显示,2020 年全球物联网支出达到 6904.7 亿美元,其中欧美地区占比超过49%，中国市场占比为23.6%。除基数较小的拉美、中东欧和中东非洲市场外，中国物联网市场增速是最高的。

三、2023年发展重点

（一）发展目标

全省物联网产业发展工作遵循"数智赋能强赣鄱，百千万亿新融合"思路，围绕"108420"量化目标，即累计开通10万个5G基站；实现8个百万级应用，全省泛物联网连接数突破4500万，基本实现"物超人"，全省物联网核心及关联产业营业收入突破2000亿元。

（二）发展重点

江西以03专项为契机，围绕物联网发展，从完善政策体系、优化产业布局、夯实网络基础设施、构建创新和公共服务平台、推进融合应用、人才培育等方面着手，多措并举加快发展物联网产业。

（三）主要工作

一是持续优化产业政策环境。拟出台物联网新型基础设施建设的实施意见，加速打造全面感知、泛在连接、安全可信的物联网新型基础设施体系，制定全省2023年5G发展工作要点，明确目标和任务，全力推进5G技术融合应用。二是培育一批5G产业基地。加快推进5G领域相关产业布局，引导产业基础好、具备发展条件的地区产业集聚发展。三是推动企业利用物联网技术提升综合管理能力。实施企业上云上平台计划，推动设备联网上云。支持企业应用物联网、射频标签等信息技术，建设智能仓储物流系统，实现仓库全封闭、全自动和无人操作，提高仓储物流管理精准化、标准化、可视化和智能化水平。支持企业建立产品可追溯系统，实现产品的全生命周期管理。推广应用数字孪生技术建立虚拟工厂。四是强化创新能力提升。鼓励企业开展产学研合作，建设产业创新中心、重点实验室、产业技术研究院、企业技术中心以及公共服务云平台，构建政产学研用深度融合的技术创新体系。引导高等院校面向人工智能、智能传感、集成电路、大数据与云计算等重点领域设置专业课程。五是实施产业链延链补链强链工程。针对物联网产业链的薄弱环节，在传感器、芯片、通信模组、平台和智能终端等领域加强与发达省份的区域合作,引培一批重大项目;开展精准招商和产业招商,引进和培育一批创新能力强、市场前景好的物联网制造业企业,支持引导企业进行技术攻关,补齐短板,着力延链补链强链。六是加快人才引进培育。支持企业重点引进海内外高层次创新人才和创新、创业团队。鼓励采用兼职、短期聘用、定期服务等方式,吸引综合型人才来赣服务。开展5G、工业互联网中高端人才高级研修班;依托工业互联网发展创新工程,建设物联网人才实训基地,开展多层次物联网人才培训或实训,提高人员队伍水平。

全省虚拟现实（VR）产业 2022 年发展情况和 2023 年发展重点

一、2022 年发展情况

（一）行业总体概况

近年来，随着世界 VR 产业大会连续五年在南昌成功举办，江西省 VR 产业发展迅速，成效明显，VR 产业规模从小到大、VR 产业平台从弱到强、VR 技术应用从少到多。截至 2022 年底，全省共有 VR 企业 400 多家，全省 VR 及相关产业营业收入由 2018 年的 42 亿元快速增长至 2022 年的 812 亿元，其中南昌市 VR 相关产业营业收入超过 600 亿元。江西 VR 产业按照"一核心、两体系"进行总体布局，企业龙头持续增加，目前全省拥有华为、阿里、腾讯、微软、高通、紫光、海康威视等一批国内外 VR 相关领域头部企业，联创电子、华勤电子、小派科技、江西影创、三极光电等一批 VR 硬件制造企业，初步形成产业上下游聚集、抱团发展的局面。其中，全国 VR50 强企业落户南昌市数量达 16 家。

（二）行业发展的主要特点

一是虚拟现实应用扶持政策不断涌现。全球各地都将虚拟现实及其相关产业视为布局重点，国家部委和全国各省（市）相继出台产业政策助推虚拟产业发展。二是虚拟现实硬件消费级市场提振明显。IDC 数据显示，2021 年全球虚拟现实头显出货量达到 1123 万台，市场同比增长 92.1%。虚拟现实硬件的巨大市场潜力，也吸引了国际科技企业布局相关产品和应用。三是关键核心技术和产品迭代速度加快。如 HTC、Pico、No-lo、创维、TCL、影目科技均推出虚拟现实终端新品，从音频、视觉、交互等方面入手，为用户提供全方位的沉浸式交互体验。四是虚拟现实产业发展生态不断完善。国际科技公司正在通过并购等方式不断完善相关产业链和技术体系，形成了以龙头企业为核心、版图不断扩展的产业发展生态。

（三）产业优劣势分析

1. 优势。一是国家层面大力支持，省市政策密集出台。党中央、国务院高度重视江西省 VR 产业，习近平总书记向 2018 世界 VR 产业大会亲致贺信，并在视察江西时强调"用好大会成果，加强国际交流合作，推动相关产业发展"；刘鹤、王勇等中央领导同志先后亲临大会指导。工业和信息化部与江西省政府签署战略合作协议，合力推进虚拟现实产业发展。省市先后出台《江西省虚拟现实产业发展规划（2019—2023 年）》《进一步加快虚拟现实产业发展的若干政策措施》《南昌市虚拟现实产业发展规划（2019—2023 年）》等，大力支持 VR 产业发展。

二是产业基础较为扎实，产业链条持续完善。目前全省已拥有一批 VR 产业重点企业，涵盖硬件、软件、内容、行业应用，产业链条持续健全，产业生态体系初步建立。同时，江西省电子信息产业发展实力较为雄厚，有利于推动打造 VR 产业链、构建产业生态圈，为 VR 产业发展提供了坚实的基础。2022 年，全省电子信息制造业营收率先突破万亿元，完成营收 1.01 万亿元，实现利润 900.7 亿元，营收和利润排名均跃居全国第四，并双双稳居中部第一。

三是品牌效应初步彰显，发展环境日益优化。江西发展 VR 产业起步早、宣传力度大，全省坚持一张蓝图绘到底，深耕 VR 产业链，已形成较好的品牌效应。特别是世界 VR 产业大会连续五年成功举办，已成为全球 VR 领域"最专业、最权威、最高水平"的行业盛会。当前，江西省"产业有规模、创新有能力、产品有特色、行业有地位"的 VR 产业生态正在加速构建，虚拟现实产业已经成为全世界认识江西、了解江西、投资江西的"新名片"。

四是应用推广不断加强，试点示范取得进展。出台了《江西省虚拟现实应用推广工作方案》《江西省加快虚拟现实技术应用推广三年行动计划（2022—2024 年）》，推动虚拟现实深度应用，通过示范应用引领 VR 产业加快发展，2020—2022 年共遴选 56 个应用示范项目予以重点推广。目前，虚拟现实在全省教育、文旅、工业、医疗、住建、交通、军事、文娱影视、党建、商贸、应急救援等众多领域都有较好的应用场景,促进了产业生态的不断完善。

五是技术研发不断突破,创新能力持续增强。江西省虚拟现实创新中心成功创建国家级VR制造业创新中心,于2022世界VR产业大会上正式揭牌,目前已经突破超薄VR眼镜显示模组、360度全景影像模组等共性技术难题,达到了国际先进水平。华为南昌研究所、高通影创联合创新中心、微软AI+VR创新基地等一批创新平台也已经开展实际运营;华为、阿里、腾讯、软通动力等一批优秀团队以及北航赵沁平院士、清华金国藩院士、上海理工庄松林院士等一批业内顶尖人才倾情加盟。

六是人才支撑不断强化,培育机制更加健全。连续四年开展省VR产业创新创业优秀人才团队评选工作,2019—2022年,共给予42个团队4400万元奖励资金,并举行隆重授牌仪式,大大增强了省外优秀人才吸引力。将虚拟现实纳入省人才培训和招聘重点,江西财大和九江学院均新设立了虚拟现实现代产业研究院,其中江西财大还建立硕士博士点人才梯队培养体系,大力支持开展VR行业(院校)职业技能培训。

七是体制机制不断完善,产业发展保障有力。江西省成立了以省领导为组长的VR产业发展领导小组,每年的世界VR产业大会组委会由工业和信息化部与江西省委省政府主要领导共同挂帅,2020年开始实施由省领导担任链长的虚拟现实产业链链长制,南昌市专门设立了新兴产业发展推进中心,部省市联合联动、协同协力,为产业发展提供了坚强有力的组织保障。

2. 劣势。一是龙头带动有待强化。目前江西省仅有泰豪、科骏等6家国内VR50强企业总部在南昌,缺少平台型、总部型VR龙头企业。

二是产业链条有待完善。VR产业链硬件制造环节薄弱,整机制造短板明显,零部件配套市场份额很小。

三是融合应用有待提质。可复制、可推广、可运营的示范项目仍然较少,还未形成市场对产业的拉动效应,重点行业领域VR深度融合还有待进一步激发。

二、行业发展趋势判断

随着计算能力不断增强、硬件成本持续降低、开发工具日渐丰富,虚拟现实将呈现出从单一终端到多元终端、由分立技术到融合创新、由注重硬件向注重感知交互和内容制作的发展趋势。在终端上,VR/AR 的设备形态呈现多元化趋势,VR/AR 不再是手机功能的延伸,更加独立的终端形态日益受到市场重视。在技术上,VR/AR 正在从部分沉浸向深入沉浸发展,高分辨率与广视场角成为提升虚拟现实沉浸式体验的关键,5G 网络的发展,将显著增强云端计算能力与网络通信能力,有效提升 VR 设备的分辨率和刷新率。在内容制作上,消费级市场将涌现一批以游戏、视频、直播为主的杀手级应用,军事、教育、工程、房地产、零售等企业级应用将全面铺开,VR/AR 产业逐步进入内容主导阶段。预计未来几年虚拟现实与人工智能、大数据、物联网等技术和产品的融合发展将日益加快,行业整体将保持较好的增长势头。

三、2023 年发展重点

(一)发展目标

2023 年,力争全省虚拟现实及相关产业营业收入突破 1000 亿元。

(二)发展重点

加快推进虚拟现实硬件设备、专用软件和虚拟现实集成、测试等专业服务发展,积极发展传感器、新型显示、电子材料等与虚拟现实核心业态紧密联系的配套产业。面向制造、教育、文娱、医疗、旅游等重点行业,发展实用性强、示范性好的虚拟现实产品和系统,培育一批有实力、有经验的系统解决方案供应商。

(三)主要工作

一是全力筹办世界 VR 产业大会。坚持国际化、品牌化、专业化、大众化的办会宗旨,认真谋划并筹办好 2023 世界 VR 产业大会,进一步提升大会品牌影响力,推动江西省 VR 产业发展。

二是加大应用示范项目推广力度。积极落实《江西省加快虚拟现实技术应用推广三年行动计划》,持续开展虚拟现实应用项目评选,推动评选上的应用示范项目在全省推广。

三是持续开展人才团队遴选工作。在连续四年开展省 VR 产业创新创业优秀人才团队评选工作的基础上,继续会同省委人才办,遴选VR产业创新创业优秀人才团队,并举行授牌仪式,强化对人才团队的吸引。

四是积极推进重点项目落地落实。加快推进南昌VR科创城、国家职业教育虚拟仿真示范实训基地等重点项目以及世界VR产业大会签约项目建设,强化项目调度,争取早开工、早建设、早投产、早见效。

五是持续统筹推动VR产业发展。尽快出台《江西省元宇宙产业发展指导意见》和《江西省虚拟现实与行业应用融合发展行动计划》政策文件,利用好省VR产业发展领导小组和虚拟现实产业链链长制,按照2023年产业发展工作要点,统筹推动全省VR产业发展。

全省大数据产业 2022 年发展情况和 2023 年发展重点

一、2022 年发展情况

（一）产业总体概况及发展主要特点

1. 顶层设计有体系。一是印发《江西省"十四五"大数据产业发展规划》，明确了江西省"十四五"期间大数据产业发展目标和重点任务，该规划也是江西省首个大数据领域五年规划。二是发布《江西省推进大数据产业发展三年行动计划（2023—2025 年）》，该行动计划以省工业强省建设工作领导小组办公室名义印发，进一步落细落实江西省大数据产业工作。

2. 产业培育有亮点。一是培育大数据试点示范项目。组织各地开展申报，择优推荐一批项目报送工信部，其中三川智慧科技股份有限公司入选工信部 2022 年大数据产业发展试点示范项目。二是提升大数据基础设施。进一步强化省内大数据基础设施项目调度，目前省内各地已投入使用重点数据中心近 60 个，已投入使用机柜约 22000 个。与此同时，积极开展国家新型数据中心典型案例和国家绿色数据中心推荐工作，向工信部推荐一批优秀案例，其中国家税务总局江西省税务局数据处理中心获评"国家绿色数据中心"，九江瑞昌市平安城市"天网"边缘数据中心获评"边缘数据中心典型案例"。三是培育省级大数据示范企业。组织各地申报推荐近 90 家大数据示范企业，经专家评审、实地核查、管理评分后，培育认定 32 家企业纳入示范管理，同时，对 2019 年第一批省级示范企业进行了复核，目前示范企业总数达到 90 家。

3. 企业贯标有突破。一是制定方案。按照工信部要求，全面推动省内企业数据管理国家标准贯标工作，制定了全省贯标工作实施方案，明确了年度工作目标和进度要求。二是召开宣贯会。邀请工信部司局机关、部属单位、省内科研院所、企业等单位 100 余人在赣州市召开了"数据管理能力评估模型"（DCMM）宣贯会，并先后指导南昌、景德镇等地召开了 DCMM 宣贯会。三是培育本土机构。推动江西师范大学与江西省金融控股集团签约并成立合资公司，围绕 DCMM 贯标，预评估系统开发，企业数字化服务，数据交易，资产领域跟踪研究等开展工作，进一步推动 DCMM 贯标工作落细落实。

4. 产业支撑有力度。一是强化产业技术支撑。开展省级大数据专家增补征集工作，共征集近 200 名专家，经遴选，印发《江西省工业和信息化厅关于公布 2022 年度江西省大数据专家新增人员名单的通知》（赣工信电政字〔2022〕109 号），新增 30 名专家纳入省级大数据专家库管理。二是举办大数据企业专家行活动。组织省内高校、企业专家赴南昌、上饶、九江等地开展大数据企业专家行活动，专家对企业就如何推进大数据应用等问题进行了现场指导，协调解答了部分企业提出的问题。三是联合举办开放数据创新应用大赛。与省发改委、省教育厅等省直单位联合举办全省开放数据创新应用大赛，拓宽行业应用赛道，扩大产业影响。

5. 产业集聚有提升。一是创建国家级产业基地。指导和推动上饶申报国家大数据方向新型工业化产业示范基地，2023 年 3 月工信部公布了第十批国家新型工业化产业示范基地名单，"大数据—上饶高铁经济试验区"在列。二是强化产业运行监测。开展了四个季度大数据产业调度，全面了解产业运行情况。

（二）产业优劣势分析

江西省区位较好，便于承接长三角、珠三角的相关产业，同时用工成本较低，地方政府招商引资力度较强，出台了多个产业优惠政策。与此同时，江西省发展大数据产业也存在劣势。一是统筹指导较弱。省内大数据领域未形成有效的工作机制，各单位协同合作较少，力量分散。二是产业规模较小。江西省大数据产业总体规模小，水平不高，大多处于扶持培育期，对政策依赖性较大，缺乏带动性强的龙头企业和大项目的支撑。三是技术支撑不足。受当地科技发展、经济水平的限制，江西省内人才总量较小，擅长大数据领域的人才不足,且外流情况严重。

二、产业发展趋势判断

当前,国内外环境依然复杂严峻,不确定不稳定因素较多,全球经济增长动能持续减弱。与此同时,新一轮科技革命和产业变革持续深化,数据已经成为一种新型生产要素,是数字化、网络化、智能化的基础,已快速融入生产、分配、流通、消费和社会服务管理等各环节,深刻改变着生产方式、生活方式和社会治理方式,是推动数字经济深化发展的核心引擎。数字资源成为重要的新型生产要素,制造业数字化、智能化成为重要发展趋势。国内经济长期向好的总体态势也不会变,而江西省依托具有规模优势、技术优势和先发优势的产业领域,制造业发展将迎来新的机遇。

总的来看,还是机遇多于挑战,希望大于困难。党的二十大确定了到2035年我国发展的总体目标,省委十五届三次全会,对全省工业和信息化今后发展作出了全面系统的部署安排。贯彻新发展理念、推动高质量发展是江西的根本出路,也是江西实现现代化的唯一出路。江西省要坚持实施新一代信息技术与制造业融合发展行动,力争建成全国数字经济发展基地。

三、2023年发展重点

(一)发展目标

2023年是"十四五"时期承前启后之年,也是贯彻二十大精神开局之年,开好局破好题对于后续工作开展非常关键。将继续坚定不移贯彻国家大数据发展战略,落实省委省政府推动数字经济做优做强"一号发展工程",主攻大数据产业培育,充分发挥大数据赋能传统产业的优势,扩大产业规模的同时,提高产业影响力。

(二)发展重点

主要聚焦大数据企业培育、产业集聚,培育数据要素,赋能传统产业;完善基础设施,推动算力应用;夯实技术支撑,扩大产业影响。

(三)主要工作

1. 加大企业培育力度。企业是推动产业发展的主体,据不完全统计,江西省大数据领域规上企业仅有400余家,竞争力不强、头部企业不多的问题依然存在,提高企业培育力度和质量,迫在眉睫。一是要引进和培育龙头企业。引进一批技术领先、产品应用广泛、产业带动性强的国内外知名大数据重点企业。二是着力培育本土企业。培育多层次、梯队化的产业主体。三是积极培育大数据示范企业,聚焦江西省支柱、优势产业以及重点发展领域,优先选择在数据资源丰富、信息化基础较好、应用需求迫切的行业领域开展大数据应用试点示范,力争示范企业总数突破120家。

2. 完善数字基础设施。一是统筹推进数据中心建设。按照"一核四副两备"的整体布局,按需建设数据中心,覆盖赣南、赣北、赣东、赣西四大区域,同时推进中国电信中部云和大数据中心等重点项目建设。二是提高数据中心发展质量。大力推动绿色数据中心创建、运维和改造,充分优化整合现有大数据中心资源,加快提升大数据中心利用率。

3. 提升数据管理水平。一是推广DCMM贯标。鼓励相关单位主动与DCMM标准研制单位对接,加快培育DCMM贯标咨询评估机构,打造高素质数据管理人才队伍,建立数据管理能力成熟度评估专家库。二是培育DCMM贯标企业。开展DCMM评估试点示范,鼓励金融、电信、能源企业等率先开展DCMM贯标工作。鼓励企业进行数据治理软件研发,推广数据治理软件工具的应用,引导企业加强数据治理体系建设。三是推动数据要素流通。探索建立不同行业、不同领域数据交易模式。

4. 推进数据融合应用。推动大数据在工业领域的深度应用、工业企业深度上云和数字化改造。开展工业大数据平台建设专项行动,鼓励龙头企业搭建工业互联网平台,推进工业产品研发、生产制造、运维管理、销售经营等各环节数据采集、汇聚、分析、挖掘、应用,拓宽工业大数据应用场景,力争在电子信息、光伏新能源、有色金属、装备制造、生物医药、家具、服装、石化、纺织、航空等领域创建一批国内有影响的行业大数据平台。加快推进工业互联网标识解析节点在行业规模化应用,积极开展主动标识载体建设,建成国家工业互联网大数据中心江西分中心,鼓励南昌、赣州、九江探索建立区域性工业大数据平台,鹰潭建立江西铜产业大数据平台。

5. 夯实产业技术支撑。面向全省遴选一批大数据专家,充实省级大数据专家库,开展大数据企业专家行活动,为产业发展打造良好支撑。举办大数据行业会议、产业论坛、业务培训等交流活动,扩大大数据产业影响,为产业发展营造浓厚氛围。发挥研究院、产业联盟、协会等第三方机构桥梁纽带作用,推动大数据企业与国内外龙头企业、相关组织机构的交流合作,提升发展水平。

全省软件和信息服务业2022年发展情况和2023年发展重点

一、2022年发展情况

(一) 行业总体概况

2022年,全省软件和信息服务业发展平稳,全年实现营业收入390亿元,同比增长20.0%;软件业务收入304.8亿元,同比增长25.6%。其中:软件产品收入128.2亿元;信息技术服务收入155.1亿元;信息安全收入1.64亿元;嵌入式系统软件收入14.6亿元;软件业务出口1.06亿美元。全省软件产业实现利润37亿元。

(二) 行业发展的主要特点

1. 基础软件有所变化。当前,PC领域Windows一家独大,但是占有率从2015年的88%左右降至2021年底的73%,第二名苹果公司的OS X系统占据15%左右的份额,而Linux、Chrome等系统占比达到10%,是一股新兴力量,可能改变未来桌面系统的格局。手机领域仍由Android和iOS双垄断,第三方权威调研机构Strategy Analytics公布了一组最新数据,数据显示,2022年安卓系统的市场占有率达到了80%,其次是苹果的iOS系统,占有率为18%,华为的鸿蒙系统市场占有率仅仅为2%,截至2022年底,鸿蒙3.0系统的装机量已经突破了3亿,且鸿蒙生态主打的就是万物互联,不仅可以和智能手机适配,还能和智能汽车、智能家居、智能手表等各种配备了鸿蒙系统的智能设备进行互联,未来仍然可期。

2. 网络化、服务化、智能化、平台化、融合化明显。计算技术的重心正在从计算机转向互联网,互联网成为软件开发、部署与运行的平台,将推动整个产业全面转型。软件即服务(SaaS)、平台即服务(PaaS)、基础设施即服务

（IaaS）等不断涌现，无论是泛在网、物联网还是移动计算、云计算，都是软件网络化趋势的具体体现。服务化正在成为软件产业转型的本质特征。软件构造技术和应用模式正在向以用户为中心转变。智能化已成为软件技术发展的永恒主题。软件的感知范围逐步由温度、水、气、物体等物理形态向意识思维领域扩展，软件将能够从复杂多样的海量数据中自动高效地提取所需知识，软件开发语言更加高级化、开发工具更加集成化。平台化是软件技术和产品发展的新引擎。操作系统、数据库、中间件和应用软件相互渗透，向一体化软件平台的新体系演变。平台化趋势下，软件的竞争从单一产品的竞争发展为平台间的竞争，未来软件产业将围绕主流软件平台构造产业链。融合化是软件技术和产业发展的新空间。软件技术和产业正步入高度分化基础上的高度融合阶段。

3. 开源技术重塑产业格局。开源正逐步成为全球信息技术创新和软件产品创新的重要模式，在市场竞争中的价值不断提升，从既往来看，Linux 作为最为成功的开源操作系统内核，深刻影响着全球信息技术的演进。在如今中美两国大博弈的背景下，给软件国产化带来了契机。一些底层软件和专业软件方面长期被美国软件公司控制，比如：操作系统、数据库、设计软件等。目前在很多领域，国产软件已经实现了对国外软件的部分替代，未来有望持续提升国产化率。比如金山 WPS 对微软 OFFICE 的替代，一些工具软件的国产化等。

（三）主要优劣势分析

1. 优势。一是骨干企业发展迅速。近年来，江西省软件和信息服务业企业数量不断增长，目前全省有全国互联网百强企业 2 家。江西贪玩信息技术有限公司营业收入超过 50 亿元，达到 57.6 亿元，成为江西省第一家软件营业收入突破 50 亿元的企业。全省共有 12 家企业营业收入超过 10 亿元，营业收入达到 277 亿元。初步形成了龙头企业带动，上下游共同发展的格局。

二是创新能力显著提高。2022 年，全省软件行业研发经费占比超过 5%；2022 年，国家虚拟现实创新中心落地，中国工业互联网研究院、国家工业信息安全研究中心 2 个国字头平台落户江西省，企业创新能力持续增强，思创数码公司承接了全国省级以上发改部门的智慧发改系统软件开发；博微新技术电力造价软件全国市场占有率达90%；泰豪软件自主研发的电网调度软件已经占领全国17省市的电网调度市场，市场占有率近50%；金格科技在电子签章及商用密码领域跻身全国前三；唐人通信是中国移动一级集采供应商全国第七位。

三是集聚效应明显增强。江西省南昌、上饶两市占到全省软件产业总量的80%以上，南昌市以金庐软件园、浙大科技园、中兴软件园等为核心壮大国家火炬计划软件产业基地，上饶市先后建成文娱创意中心、电竞总部基地、中科数创园、贪玩游戏生态产业园、网易数字文化创新中心、花脸文旅元宇宙总部及产业园、信州播基地等一批"筑巢"载体，大幅提升产业承载力，形成了数字文娱、数字营销、网络文学等为主的产业生态。鹰潭、赣州等设区市智慧物联产业蓬勃发展。

2. **劣势**。一是产业规模小、创新弱。全省软件产业规模总量位居全国中下游。软件开发工程化程度较低，企业资源整合、技术迭代和优化能力弱，缺乏创新引领能力强的大企业，生态构建能力亟待提升。

二是软件人才匮乏。高层次的专业技术人才、领军人才、管理人才、实用型人才较为缺乏，人才培养跟不上产业发展需求。

二、行业发展趋势判断

随着中国工业化进程的加快及产业结构不断升级，信息产业已逐渐成为推动国民经济发展和促进全社会生产效率提升的强大动力，是国民经济支柱产业之一。其中，软件产业作为国家的基础性、战略性新兴产业，受国家重点支持和鼓励，其行业收入占GDP比重也进一步提升。

（一）信创产业迎来黄金期

我国基础软件仍然处于起步阶段，目前我国数据库系统国产化率是18.9%。虚拟化市场国产化率59.1%。操作系统国产化率4.46%，国外操作系统品牌几乎垄断了巨大的中国市场，随着我国信创产业的持续推进，建立自主可控的信息技术底层架构和标准，在芯片、传感器、基础软件、应用软件等领域实现国产替代，产业迎来黄金发展期，预计2023年我国信创市场容量将突破万亿,对于国产软件而言,是一个巨大的蓝海市场。

(二)软件技术加快行业融合

随着我国经济发展模式的演进与转变,以传统产业转型升级为背景,大量垂直行业将会重新寻找自身的创新驱动力,数字化转型需求将迎来爆发式增长。在数字经济的大背景下,国家持续推出智慧城市、大数据、人工智能等新技术的利好政策以及智慧交通、文旅融合、数字乡村等行业的数字化促进意见,给各行各业带来大量的数字化转型需求,这一过程中,软件企业围绕新一代信息技术在具体场景应用进行研发和实施,将促进数字经济和实体经济深度融合,提升产业链、供应链现代化水平,推动传统产业高端化、智能化、绿色化转型。

(三)软件智能化发展趋势明显

智能化正在引领企业发展新方向。ChatGPT火爆的背后是人工智能的迅速发展,预计在未来几年内人工智能在会计、客户管理等领域迅速取代人类。按照智能化发展的三个阶段,即 RPA(机器人流程自动化)、IA(智能自动化)、AI(人工智能)。未来,经营管理领域一方面将加速应用 RPA,使得数字化机器人大规模参与业务处理,改善用户体验,提高工作质量和效率;另一方面,随着自然语言处理、神经网络、深度学习等人工智能技术的探索应用,数字化服务将在更广范围提供智能管控、智能预测、智能决策等服务,发挥智慧力量,为业务赋能。

三、2023年发展重点

(一)发展目标

2023年,全省软件产业主营业务收入力争达到450亿元,同比增长15%以上。

(二)发展重点

1. 虚拟现实应用软件。鼓励 VR 系统平台和开发引擎研发,发展 VR 软件开发工具包(SDK)、中间件等专用软件,研发云端渲染、光场渲染等应用软件,加快构建 VR 相关应用开发环境和测试系统环境。

2. 工业软件。鼓励有条件的软件企业和工业企业合作,推进工业知识和工业技术软件化进程,开发一批特定行业、特定场景工业软件。

3. 新兴软件。鼓励开展移动互联网、云计算、区块链、大数据、人工智能、工业互联网、集成电路设计等新兴软件技术和系统的研发,结合江西"2+6+N"产业布局,有针对性发展行业应用软件及系统集成方案,推动软件技术向传统产业渗透,加速业务重构,优化业务流程,进一步提升产品和服务价值,促进传统企业转型升级。

4. 信息系统集成服务。重点发展信息系统设计、集成实施、系统运维等服务,提高信息系统综合集成、应用集成能力、安全水平,满足重点部门和重要领域信息化发展需要。

5. 首版次软件。引导软件企业在关键共性软件技术领域加强基础性创新,在重点行业信息化领域加强软件功能创新和模式创新,鼓励首版次软件产品开发,引导有关行业应用先进适用的首版次软件。

(三)主要工作

1. 着力推动融合创新发展。优化产业布局,重点推动南昌高新区软件产业园、南昌VR科创城、上饶高铁经济试验区、抚州大数据产业园、鹰潭物联网等错位发展、扬优成势,在全省形成互补融合发展局面。引导推动在云计算、大数据、人工智能、区块链、5G等长板领域加快布局,加强新兴平台软件和创新应用软件开发与推广,抢占产业未来发展的先机和制高点。重点推进行业应用软件技术在交通、电力、电信、教育、医疗等领域的深度应用,重点推进计算机辅助设计、辅助制造、生产过程智能化管理系统等工业软件的应用和研发,重点发展信息系统设计、集成实施、系统运维等信息系统集成服务。

2. 持续优化产业发展环境。抓好国家软件发展战略和惠企政策、省软件发展行动计划的落实,持续优化软件企业营商环境。积极争创中国软件名园。推动软件国民基础教育,创建特色化示范性软件学院,打造高素质人才队伍。加大力度利用省级工业发展资金支持软件产业和企业项目建设。加强软件知识产权保护,推进软件正版化工作,鼓励支持企业开展软件著作权、发明专利申请和高新技术企业认定。加强《关于软件和集成电路产业企业所得税优惠政策有关问题的通知》(财税〔2016〕49号)和《国务院关于印发新时期促进集成电路产业和软件产业高质量发展若干政策的通知》(国发〔2020〕8号)政策的宣贯,让更多企业享受政策红利。

3. 不断深化对外开放合作。切实抓好信息技术应用创新工作,全力争取更多本土企业进入信创目录,拓展企业市场,提升产品竞争力,全力招商引资,争取更多企业扎根江西、投资江西。鼓励企业通过重组、并购等途径,实现低成本扩张,做大做强,创建一批国内市场竞争力强、国际市场知名的名牌企业和产品。积极搭建各类合作交流平台,加强区域合作和国际合作,组织地方和企业参加有影响力的专业会议、展览、创新大赛、研修等活动,加大交流合作,提升合作水平和实效。

全省民爆行业 2022 年发展情况和 2023 年发展重点

一、2022 年发展情况

（一）行业总体概况

2022年,全省民爆行业认真学习贯彻习近平总书记关于安全生产重要指示精神和党中央、国务院,省委、省政府决策部署,按照"疫情要防住、经济要稳住、发展要安全"的要求,统筹发展和安全,紧紧围绕"防风险、保安全、迎二十大"这条主线,迎难而上、主动作为,抓紧抓实重大安全风险防控,各项工作取得新的成效,确保了行业安全生产形势平稳。

（二）行业发展主要特点

1. 提高站位强指导。印发民爆行业安全生产工作要点;制定安全生产监督检查计划和"双随机、一公开"检查计划;连续三季度召开民爆行业安全生产工作视频会议,通报检查问题;组织企业负责人、安全管理人员培训,472人取得考核合格证明。指导行业协会组织开展销售企业库管员培训,346人通过培训。结合"安全生产月"活动,组织习近平总书记关于安全生产重要论述学习,观看《生命重于泰山》。

2. 深入检查强执法。一是推进线上惠企业办实事。结合疫情防控工作,利用信息化技术,对国泰集团9个生产点开展线上检查。对新余国泰电子雷管、龙南民爆仓库搬迁项目等,开展线上试生产安全条件考核、线上验收。二是开展"双随机、一公开"检查。省市县三级联动,与公安、气象部门开展联合检查,检查企业35家,查出隐患178条。迎接国家民爆行业安全生产检查,开展检查"回头看",举一反三促整改,形成"查隐患、促整改、严复查"的闭环管理模式。三是开展重要节假日、重点时段督导检查。两会、汛期、高温、党的二十大期间,下发通知、开展督导,落实安全生产"零报告"制度,有力保障了特殊时段特别是党的二十大期间生产安全。四是督促企业开展隐患排查治理。落实企业安全隐患"双报告"制度,企业通过隐患排查信息系统自查化解隐患1859条,有效强化了企业安全生产主体责任的落实。五是推进安全生产标准化。广泛组织动员,明确考评办法,细化考评指标,开展专题培训。严格开展考评,组织企业自评和现场评审,过筛式梳理风险隐患,全过程关联式即查即改,通过考评49家。

3. 依法行政强服务。取消民爆物品销售许可年检,依法依规开展生产许可、安全生产许可、销售许可延续、年检、年度报告,许可事项全面实现了一网通办,实行了电子证照,做到了让企业一次不用跑。

4. 科技引领强支撑。一是加快产业升级步伐。完成基础雷管自动收集装盒改造,销爆拆除5条淘汰生产线,强制报废使用超过10年的现场混装炸药车。销售企业完成7个企业仓库新改扩建,淘汰了9个企业老仓库,雷管拆箱工序安装了视频监控。二是智能制造扎实推进。实施"工业互联网+安全生产",建设MES智能制造系统、基于"5G+VR"的虚拟智能工厂、基于5G的现场混装炸药车远程监控指挥系统和电子雷管生产使用工业互联网标识解析二级节点建设项目工程,以数字赋能推动企业转型升级。三是调优产品结构。加快电子雷管全替代,停止普通工业雷管生产,加大煤矿许用和井下使用电子雷管研发力度,完成新余国泰电子雷管三期项目建设,电子雷管生产能力达到2050万发。推广使用现场混装炸药,江铜民爆年产44000吨现场混装乳化炸药生产系统搬迁技术改造项目通过设计评审,国泰七零九现场混装炸药生产系统通过试生产。推进先锋公司防雹增雨炮弹生产线,新余国科防雹增雨火箭弹手工危险作业工序改造,防雹增雨火箭弹及高炮弹单个危险工房操作人员降至9人。四是延伸上下游产业链。产业链韧性进一步增强,国泰集团与上海鲲程合资设立国鲲微电子公司,进军电子雷管芯片产业。"走出去"取得新突破,国泰集团尼日利亚年产12000吨乳化炸药生产线正式投产运行,参与"一带一路"建设迈出了新的重要步伐。

二、产业发展趋势判断

我国已转向高质量发展阶段,经济长期向好,现代化基础设施体系建设重大工程和重大项目持续推进,智能制造和数字技术赋能传统产业加快转型升级,共建"一带一路"高质量发展稳步推进,将为民爆行业发展提供广阔空间和多方面有利条件。同时,也存在民爆物品供给体系与国内需求还不适配,主要产品区域性、结构性过剩矛盾仍未根本解决,高效规范、公平竞争的市场秩序尚未完全建立,智能制造和数字化基础薄弱等突出问题,民爆物品科研、生产、爆破服务"一体化"发展仍有较大空间,供给侧结构性改革任务仍然艰巨。

三、2023 年发展重点

2023 年,全省民爆行业将以习近平新时代中国特色社会主义思想为指导,深入贯彻党的二十大精神,坚持"人民至上,生命至上",深化供给侧结构性改革,统筹发展和安全,稳住安全生产基本盘,坚决防范和遏制重伤以上生产安全事故。

（一）夯实安全管理基础,提升本质安全

学深悟透习近平总书记关于安全生产工作的重要论述,压实企业主体责任,健全安全责任体系,完善风险防控和隐患排查治理双重预防机制,加强安全教育培训,从根子上把预防的各项措施落到实处,从每一个场点、每一个环节、每一名员工抓起,严防风险演变、隐患升级导致事故发生。大力推进智能制造装备应用,进一步减少危险岗位操作人员,提升本质安全。

（二）进一步强化执法检查,持续开展安全生产标准化建设

加大执法检查力度,抓好专项整治,持续开展全面检查,实行重大节假日时间节点重点督查,持续开展安全生产打非治违、民爆产品质量提升行动,深入查找共性问题,健全完善长效机制。通过严格细致的检查,形成强大震慑,牢牢守住安全生产基本盘,坚决防范和遏制重伤以上生产安全事故。持续开展安全检查和安全生产标准化考评一体推进,即查即改,扫除隐患,确保完成销售企业达三级以上标准任务。

（三）加大科研技改投入,持续推进行业高质量发展

推动江铜民爆整体技改搬迁,加快抚州国泰少（无）人化技术改造。推进江西国科"三园一区"建设。鼓励民爆企业开展科研、生产、爆破服务一体

化经营,加大现场混装炸药推广使用,支持区域内销售企业重组整合,压减销售企业数量,逐步淘汰经营规模小、安全投入保障不足的销售企业。

(四)推进"放管服"改革,严格依法行政

实施行政审批证明事项承诺制审批,落实民爆物品销售许可年度报告制度。加强对安全设计、安全评价合规性审查核查力度,严格行政许可审查,依法依规开展安全生产、销售许可的延续工作,对存在技术条件不足、设备设施落后、经营规模与仓储条件不匹配等问题企业,不再延续安全生产许可、销售许可。

(五)打造安全生产新型能力,提升安全保障水平

实施"工业互联网+安全生产"计划。贯彻落实《工业互联网+安全生产行动计划(2021—2023)》,持续在民爆行业先行先试打造基于工业互联网的安全生产感知、监测、预警、处置和评估新型能力,推进民爆行业治理体系和治理能力现代化。抓实安全产业。开展安全应急装备应用试点示范工程和安全应急产业示范基地(创建)申报工作,培育一批具有较强竞争力的安全产品,打造一批具有较强市场竞争力的企业,形成具有江西特色的安全产业体系。

六 重要文件
ZHONGYAO WENJIAN

国务院促进中小企业发展工作领导小组办公室关于印发加力帮扶中小微企业纾困解难若干措施的通知

工信部企业函〔2022〕103号

各省、自治区、直辖市及计划单列市、新疆生产建设兵团促进中小企业发展工作领导小组,国务院促进中小企业发展工作领导小组各成员单位,国家外汇管理局,中国出口信用保险公司:

《加力帮扶中小微企业纾困解难若干措施》已经国务院促进中小企业发展工作领导小组第九次会议审议通过,现印发给你们,请结合实际,认真抓好贯彻落实。

国务院促进中小企业发展工作领导小组办公室
2022年5月9日

加力帮扶中小微企业纾困解难若干措施

中小微企业是国民经济和社会发展的重要组成部分,是市场的主体,是保就业的主力军,是提升产业链供应链稳定性和竞争力的关键环节。近期,受外部环境复杂性不确定性加剧、国内疫情多发等影响,市场主体特别是中小微企业困难明显增加,生产经营形势不容乐观,迫切需要进一步采取有力措施帮扶中小微企业纾困解难,实现平稳健康发展。为此,制定以下措施:

一、各地要积极安排中小微企业和个体工商户纾困专项资金,优化支出结构,加大对受疫情影响暂时出现生产经营困难的中小微企业和个体工商户的支持,结合本地实际向困难企业和个体工商户提供房屋租金、水电费、担保费、防疫支出等补助并给予贷款贴息、社保补贴等。(各地方负责)

二、2022年国有大型商业银行力争新增普惠型小微企业贷款1.6万亿元。对受疫情影响暂时出现生产经营困难但发展前景良好的中小微企业和个体工商户,银行根据自身风险管理能力和借款人实际情况,合理采用续贷、贷款展期、调整还款安排等方式予以支持,避免出现抽贷、断贷;其中,对2022年被列为中高风险地区所在地市级行政区域内餐饮、零售、文化、旅游、交通运输、制造业等困难行业,在2022年底前到期的普惠型小微企业贷款,银行如办理贷款展期和调整还款安排,应坚持实质性风险判断,不单独因疫情因素下调贷款风险分类,不影响征信记录,并免收罚息。进一步落实好小微企业不良贷款容忍度和尽职免责要求,支持银行按规定加大不良贷款转让、处置、核销力度。构建全国一体化融资信用服务平台网络,加强涉企信用信息共享应用,扩大中小微企业信用贷款规模。(人民银行、银保监会、财政部、发展改革委按职责分工负责)

三、发挥政府性融资担保机构作用,扩大对中小微企业和个体工商户的服务覆盖面,对受疫情影响较大行业的中小微企业和个体工商户加大服务力度。进一步落实银担分险机制,扩大国家融资担保基金、省级融资再担保机构对中小微企业和个体工商户的再担保业务覆盖面;对于确无还款能力的中小微企业和个体工商户,依法依约及时履行代偿义务。(财政部、银保监会、工业和信息化部会同各地方按职责分工负责)

四、支持银行为中小微企业提供汇率避险服务,支持期货公司为中小微企业提供风险管理服务。进一步扩大政策性出口信用保险覆盖面,针对性降低短期险费率,优化理赔条件,加大对中小微外贸企业的支持力度。鼓励保险机构针对中小微企业的风险特征和保险需求,丰富保险产品供给。(银保监会、证监会、外汇局、中国出口信用保险公司按职责分工负责)

五、开展防范和化解拖欠中小企业账款专项行动,集中化解存量拖欠,实现无分歧欠款应清尽清,确有支付困难的应明确还款计划,对于有分歧欠款要加快协商解决或运用法律手段解决。加大对恶意拖欠中小微企业账款、在合同中设置明显不合理付款条件和付款期限等行为的整治力度。开展涉企违规收费专项整治行动,建立协同治理和联合惩戒机制,规范收费主体收费行为,加强社会和舆论监督,坚决查处乱收费、乱罚款、乱摊派。(工业和信息化部、财政部、国资委、发展改革委、市场监管总局会同各地方按职责分工负责)

六、做好大宗原材料保供稳价,运用储备等多种手段,加强供需调节,促进价格平稳运行。加强大宗商品现货和期货市场监管,严厉打击串通涨价、哄抬价格等违法违规行为,维护市场价格秩序。鼓励有条件的地方对小微企业和个体工商户用电实行阶段性优惠,对受疫情影响暂时出现生产经营困难的小微企业和个体工商户用水、用电、用气"欠费不停供",允许在6个月内补缴。制定出台减并港口收费项目、定向降低沿海港口引航费等政策措施。(发展改革委、工业和信息化部、市场监管总局、证监会、海关总署、交通运输部会同各地方按职责分工负责)

七、加强生产要素保障,将处于产业链关键节点的中小微企业纳入重点产业链供应链"白名单",重点加强对企业人员到厂难、物料运输难等阻碍复工达产突出问题的协调解决力度。深入实施促进大中小企业融通创新"携手行动",推动大中小企业加强创新合作,发挥龙头企业带动作用和中小微企业配套能力,助力产业链上下游中小微企业协同复工达产。各地方要综合施策保持中小微企业产业链供应链安全稳定,建立中小微企业人员、物流保障协调机制,引导企业在防疫措施落实到位的情况下采取闭环管理、封闭作业等方式稳定生产经营。(工业和信息化部、发展改革委、交通运输部会同各地方按职责分工负责)

八、2022年中小微企业宽带和专线平均资费再降10%。加强制造业中小微企业数字化转型培训,开展中小微企业数字化转型"把脉问诊"。鼓励大企业建云建平台,中小微企业用云用平台,云上获取资源和应用服务。鼓励数字化服务商为受疫情影响的中小微企业减免用云用平台的费用。通过培育具有较强服务能力的数字化服务平台,加大帮扶力度。(工业和信息化部、财政部会同各地方按职责分工负责)

九、鼓励开展绿色智能家电、绿色建材下乡活动和农产品产地市场建设,大力支持开展公共领域车辆电动化城市试点示范,努力扩大市场需求。(市场监管总局、发展改革委、农业农村部、商务部、工业和信息化部、交通运输部会同各地方按职责分工负责)

十、深入开展"一起益企"中小企业服务行动和中小企业服务月活动,组织和汇聚各类优质服务资源进企业、进园区、进集群,加强政策服务,了解中小微企业困难和诉求,帮助中小微企业降本增效。鼓励地方采取"企业管家""企业服务联络员"等举措,深入企业走访摸排,主动靠前服务,实行"一企一策""一厂一案"差异化举措,帮助企业解决问题。发挥各级中小企业公共服务示范平台和小型微型企业创业创新示范基地作用,健全完善"中小企助查"APP等政策服务数字化平台,为企业提供权威政策解读和个性化政策匹配服务,打通政策落地"最后一公里"。开展全国减轻企业负担和促进中小企业发展综合督查,压实责任、打通堵点,推动政策落地生效。(工业和信息化部会同各部门、各地方按职责分工负责)

各地、各有关部门要切实把思想和行动统一到党中央、国务院决策部署上来,充分发挥各级促进中小企业发展工作机制作用,结合实际进一步细化纾困举措,推动助企纾困政策落地见效;加强运行监测和分析研判,密切关注中小微企业运行态势,推动企业家参与制定涉企政策;建立横向协同、纵向联动的工作机制,强化组织领导和统筹协调,形成助企纾困支持合力。有关工作进展及时报送国务院促进中小企业发展工作领导小组办公室。

国家发展改革委　工业和信息化部等12部门关于印发促进工业经济平稳增长的若干政策的通知

发改产业〔2022〕273号

各省、自治区、直辖市人民政府，新疆生产建设兵团，国务院各部委、各直属机构：

当前我国经济发展面临需求收缩、供给冲击、预期转弱三重压力，工业经济稳定增长的困难和挑战明显增多。在各地方和有关部门共同努力下，2021年四季度以来工业经济主要指标逐步改善，振作工业经济取得了阶段性成效。为进一步巩固工业经济增长势头，抓紧做好预调微调和跨周期调节，确保全年工业经济运行在合理区间，经国务院同意，现提出以下政策措施。

一、关于财政税费政策

1. 加大中小微企业设备器具税前扣除力度。中小微企业2022年度内新购置的单位价值500万元以上的设备器具，折旧年限为3年的可选择一次性税前扣除，折旧年限为4年、5年、10年的可减半扣除；企业可按季度享受优惠，当年不足扣除形成的亏损，可按规定在以后5个纳税年度结转扣除。适用政策的中小微企业范围：一是信息传输业、建筑业、租赁和商务服务业，标准为从业人员2000人以下，或营业收入10亿元以下，或资产总额12亿元以下；二是房地产开发经营，标准为营业收入20亿元以下或资产总额1亿元以下；三是其他行业，标准为从业人员1000人以下或营业收入4亿元以下。

2. 延长阶段性税费缓缴政策，将2021年四季度实施的制造业中小微企业延缓缴纳部分税费政策,延续实施 6 个月;继续实施新能源汽车购置补贴、充电设施奖补、车船税减免优惠政策。

3. 扩大地方"六税两费"减免政策适用主体范围,加大小型微利企业所得税减免力度。

4. 降低企业社保负担,2022 年延续实施阶段性降低失业保险、工伤保险费率政策。

二、关于金融信贷政策

5. 2022 年继续引导金融系统向实体经济让利;加强对银行支持制造业发展的考核约束,2022 年推动大型国有银行优化经济资本分配,向制造业企业倾斜,推动制造业中长期贷款继续保持较快增长。

6. 2022 年人民银行对符合条件的地方法人银行,按普惠小微贷款余额增量的 1% 提供激励资金;符合条件的地方法人银行发放普惠小微信用贷款,可向人民银行申请再贷款优惠资金支持。

7. 落实煤电等行业绿色低碳转型金融政策,用好碳减排支持工具和 2000 亿元支持煤炭清洁高效利用专项再贷款,推动金融机构加快信贷投放进度,支持碳减排和煤炭清洁高效利用重大项目建设。

三、关于保供稳价政策

8. 坚持绿色发展,整合差别电价、阶梯电价、惩罚性电价等差别化电价政策,建立统一的高耗能行业阶梯电价制度,对能效达到基准水平的存量企业和能效达到标杆水平的在建、拟建企业用电不加价,未达到的根据能效水平差距实行阶梯电价,加价电费专项用于支持企业节能减污降碳技术改造。

9. 做好铁矿石、化肥等重要原材料和初级产品保供稳价,进一步强化大宗商品期现货市场监管,加强大宗商品价格监测预警;支持企业投资开发铁矿、铜矿等国内具备资源条件、符合生态环境保护要求的矿产开发项目;推动废钢、废有色金属、废纸等再生资源综合利用,提高"城市矿山"对资源的保障能力。

四、关于投资和外贸外资政策

10. 组织实施光伏产业创新发展专项行动,实施好沙漠戈壁荒漠地区大型风电光伏基地建设,鼓励中东部地区发展分布式光伏,推进广东、福建、浙江、江苏、山东等海上风电发展,带动太阳能电池、风电装备产业链投资。

11. 推进供电煤耗300克标准煤/千瓦时以上煤电机组改造升级,在西北、东北、华北等地实施煤电机组灵活性改造,加快完成供热机组改造;对纳入规划的跨省区输电线路和具备条件的支撑性保障电源,要加快核准开工、建设投产,带动装备制造业投资。

12. 启动实施钢铁、有色、建材、石化等重点领域企业节能降碳技术改造工程;加快实施制造业核心竞争力提升五年行动计划和制造业领域国家专项规划重大工程,启动一批产业基础再造工程项目,推进制造业强链补链,推动重点地区沿海、内河老旧船舶更新改造,加快培育一批先进制造业集群,加大专精特新中小企业培育力度。

13. 加快新型基础设施重大项目建设,引导电信运营商加快5G建设进度,支持工业企业加快数字化改造升级,推进制造业数字化转型;启动实施北斗产业化重大工程,推动重大战略区域北斗规模化应用;加快实施大数据中心建设专项行动,实施"东数西算"工程,加快长三角、京津冀、粤港澳大湾区等8个国家级数据中心枢纽节点建设。推动基础设施领域不动产投资信托基金(REITs)健康发展,有效盘活存量资产,形成存量资产和新增投资的良性循环。

14. 鼓励具备跨境金融服务能力的金融机构在依法合规、风险可控前提下,加大对传统外贸企业、跨境电商和物流企业等建设和使用海外仓的金融支持。进一步畅通国际运输,加强对海运市场相关主体收费行为的监管,依法查处违法违规收费行为;鼓励外贸企业与航运企业签订长期协议,引导各地方、进出口商协会组织中小微外贸企业与航运企业进行直客对接;增加中欧班列车次,引导企业通过中欧班列扩大向西出口。

15. 多措并举支持制造业引进外资,加大对制造业重大外资项目要素保障力度,便利外籍人员及其家属来华,推动早签约、早投产、早达产;加快修订《鼓励外商投资产业目录》,引导外资更多投向高端制造领域;出台支持外资研发中心创新发展政策举措,提升产业技术水平和创新效能。全面贯彻落实外商投资法,保障外资企业和内资企业同等适用各级政府出台的支持政策。

五、关于用地、用能和环境政策

16. 保障纳入规划的重大项目土地供应,支持产业用地实行"标准地"出让,提高配置效率;支持不同产业用地类型按程序合理转换,完善土地用途变更、整合、置换等政策;鼓励采用长期租赁、先租后让、弹性年期供应等方式供应产业用地。

17. 落实好新增可再生能源和原料用能消费不纳入能源消费总量控制政策;优化考核频次,能耗强度目标在"十四五"规划期内统筹考核,避免因能耗指标完成进度问题限制企业正常用能;落实好国家重大项目能耗单列政策,加快确定并组织实施"十四五"期间符合重大项目能耗单列要求的产业项目。

18. 完善重污染天气应对分级分区管理,坚持精准实施企业生产调控措施;对大型风光电基地建设、节能降碳改造等重大项目,加快规划环评和项目环评进度,保障尽快开工建设。

六、保障措施

国家发展改革委、工业和信息化部要加强统筹协调,做好重点工业大省以及重点行业、重点园区和重点企业运行情况调度监测;加大协调推动有关政策出台、执行落实工作力度,适时开展政策效果评估。国务院有关部门要各司其职,加强配合,积极推出有利于振作工业经济的举措,努力形成政策合力,尽早显现政策效果。

各省级地方政府要设立由省政府领导牵头的协调机制,制定实施本地区促进工业经济平稳增长的行动方案。各级地方政府要结合本地产业发展特点,在保护市场主体权益、优化营商环境等方面出台更为有力有效的改革举措;要总结推广新冠肺炎疫情防控中稳定工业运行的有效做法和经验,科学精准做好疫情防控工作,在突发疫情情况下保障重点产业园区、重点工业企业正常有序运行;针对国内疫情点状散发可能带来的人员返程受限、产业链供应链受阻等风险提前制定应对预案,尽最大努力保障企业稳定生产;加大对企业在重要节假日开复工情况的监测调度,及时协调解决困难问题。

国家发展改革委　　　工业和信息化部
财　政　部　　　　　人力资源和社会保障部
自然资源部　　　　　生态环境部
交通运输部　　　　　商　务　部
人民银行　　　　　　税务总局
银保监会　　　　　　能源局

2022 年 2 月 18 日

中共江西省委 江西省人民政府关于新时代深入实施工业强省战略推动工业高质量跨越式发展的意见

赣发〔2022〕9号

为深入学习贯彻习近平总书记关于制造强国战略重要论述，认真贯彻党中央、国务院决策部署，深化落实省第十五次党代会精神，进一步做大做强做优"六个江西"建设的产业支撑，现就新时代深入实施工业强省战略、推动工业高质量跨越式发展，提出如下意见。

一、总体要求

坚持以习近平新时代中国特色社会主义思想为指导，聚焦"作示范、勇争先"目标要求，以供给侧结构性改革为主线，以工业强省战略为统领，大力实施传统产业转型升级、新兴产业倍增发展、未来产业培育发展"三大工程"，抓项目、育企业、强平台、铸链条、壮集群，强化要素支撑保障，推动产业创新、融合、绿色、开放、安全发展，努力建成中部制造业高质量发展示范区、全国传统产业转型升级高地和全国新兴产业培育发展高地（以下简称"一区两高地"），加快形成具有江西特色的现代产业体系，奋力迈出工业强省建设新步伐，为携手书写全面建设社会主义现代化江西的精彩华章作出积极贡献。

到2025年，工业高质量跨越式发展态势更加明显，产业竞争力进一步提升，"一区两高地"建设取得重要进展，新兴工业大省地位更加稳固。

——规模更大。工业规模化、集约化发展趋势更加明显，规模以上工业企业达到2万家，"2+6+N"产业做强做大，规模以上工业增加值年均增长7%以上，全部工业增加值达到1.3万亿元，占全省地区生产总值（GDP）比重稳定在 1/3 以上,工业经济主要指标全国排位力争进位赶超。

——结构更优。规模以上工业企业研究与发展(R&D)投入占比达到 1.5%,数字经济核心产业增加值占 GDP 比重达 10% 以上,高新技术产业、战略性新兴产业、装备制造业增加值占比年均提高 1 个百分点左右,产业结构不断优化升级。

——循环更畅。产业链供应链堵点痛点进一步打通,科技创新、现代金融、人力资源与产业发展的协同性不断提升,优势主导产业竞争力在中部乃至全国的位次前移,对我省打造全国构建新发展格局重要战略支点的支撑作用明显增强。

二、重点任务

（一）实施三大工程,加快构建现代产业体系

1. 实施传统产业转型升级工程。开展新一轮技术改造,编制技改投资引导目录及省级重点技改项目库,推广应用新技术、新工艺、新材料、新设备,加快建设世界级有色金属产业基地,提高石化产业集中度,推动建材产业绿色高端多元发展,引导钢铁产业结构调整,促进纺织服装和食品、家具等特色轻工业品牌化发展,着力打造全国传统产业转型升级高地。

2. 实施新兴产业倍增发展工程。深入推进数字经济做优做强"一号发展工程",加强数字技术创新转化,实施应用场景"十百千"计划,推动电子信息产业突破 1 万亿元,发展信创产业,培育壮大虚拟现实(增强现实、混合现实)、移动物联网、人工智能、空间信息、区块链等数字产业新赛道,促进数字经济规模倍增。聚焦航空、装备制造、医药、新能源、新材料等优势新兴产业,推进航空制造、民航运输、航空服务、临空经济一体化发展,做强新能源汽车、高档数控机床、变电设备等装备细分领域,推进中医药一二三产融合,发展生物医药,做优光伏、锂电产业,发展稀土永磁、高端碳材等前沿新材料产业,着力打造全国新兴产业培育发展高地。

3. 实施未来产业培育发展工程。以"未来技术产业化"和"现有产业未来化"为基本思路,组织编制未来产业发展规划,搭建未来产业创新联盟,鼓励建设创业苗圃、孵化器、加速器等众创空间,探索全产业链培育模式,在新

型能源、生命健康、柔性电子、微纳光学、量子科技、元宇宙等领域梳理细分适合江西发展的产业或技术路线,推动类脑智能、量子计算等新技术与现有产业的嫁接应用和融合互动,抢占未来产业竞争新高地。

(二)聚焦五大载体,着力夯实产业发展根基

1. 狠抓工业项目。牢固树立"项目为王"意识,围绕重点产业发展,加强项目谋划,每年滚动储备、引进、推进一批重点项目。瞄准国内外制造业500强、行业龙头及高成长性企业,深化"三请三回""三企"入赣行动,引进实施一批投资过50亿元、20亿元重大产业项目。持续开展工业领域"项目大会战",强化项目全过程服务,每年统筹实施亿元以上工业项目3000个左右。

2. 培育优质企业。实施"领航企业"培育计划,推动国有企业战略性重组和专业化整合。促进中小微企业健康发展,引导企业上规模上水平,造就一批独角兽(潜在、种子)企业、瞪羚(潜在)企业、专精特新"小巨人"企业,每年新增规上工业企业1000家以上。推动大中小企业融通发展,支持龙头骨干企业通过产业纽带、上下游配套、分工协作、技术扩散和平台支持等,构建与上下游中小微企业之间形成创新协同、产能共享、供应链互通的新型协作关系。

3. 强化平台支撑。深入实施开发区"两型三化"管理提标提档、集群式项目"满园扩园"行动,完善检验检测、产业创新服务综合体、担保增信等功能性服务平台,促进开发区经济规模、产业集聚和综合效益迈上新台阶。深化开发区体制机制改革创新,因地制宜推行纯公司化运行、"管委会+平台公司""开发区+主题公园"等运营方式,不断提高管理运营效率。高水平建设南昌航空城、景德镇航空小镇、上饶世界光伏城、中国(南昌)中医药科创城、中国(赣州)稀金谷、宜春锂电新能源产业基地、新余锂电新材料产业集群、鹰潭国际综合港经济区等特色产业承载平台。

4. 打造优势链条。聚焦工业"五基"(关键基础材料、基础零部件/元器件、先进基础工艺、产业技术基础、工业基础软件),实施制造业基础再造工程。完善产业链链长制,开展产业竞争力调查和评价,实施制造业产业链提升行动,打造3—5条具有全国竞争力的重点产业链。探索实行龙头企业提需求、上下游企业揭榜参与的协作模式,促进产业链整合协同,提升产业稳

定性和根植性。深化供应链信息共享,优化供应配套半径,促进供应链多元化,维护供应链稳定。

5. 提升集群能级。实施产业集群提能升级计划,力争培育形成 15 个千亿级产业集群、100 个百亿级产业集群、1—3 个国家级先进制造业集群,世界级先进制造业产业集群实现零的突破。完善省级工业产业集群综合评价体系,编制产业集群发展指数,推行产业集群星级管理。鼓励建设"标准厂房 + 主题产业园"。探索建设省级制造业高质量发展试验区,争创国家级试验区。

(三)坚持五大路径,推动新旧动能接续转换

1. 坚持创新驱动,提升产业核心竞争力。强化企业创新主体地位,实施研发投入攻坚行动,力争规模以上工业企业有研发机构的达到 50% 以上、有研发活动的全覆盖,高新技术企业数突破 1 万家。实施创新平台攻坚行动,建设产业链科技创新联合体,争创国家制造业创新中心、国家产业创新中心、国家技术创新中心等高端平台。推广运用"揭榜挂帅""赛马制"等方式,力争在中药提取和新药研制、生物医用材料、稀有金属新材料、高端精密制造、感知交互技术等领域,突破一批"卡脖子"技术。推动国家级大院大所技术进江西,建设新技术应用场景、中试基地、示范项目,打造国家级科技成果转移转化示范区。开展消费品工业"三品"(增品种、提品质、创品牌)专项行动,实施"赣出精品"工程。

2. 坚持融合互促,加快制造业数字化网络化智能化服务化。推进互联网协议第 6 版(IPv6)规模部署和应用,加快建设国家级互联网骨干直连点、工业互联网标识解析节点,完善窄带物联网(NB-IoT)、第五代移动通信技术(5G)、千兆网络、数据中心等网络基础设施,探索发展卫星互联网、车联网。实施新一代信息技术与制造业深度融合行动、智能制造升级工程,深化"5G + 工业互联网"协同应用,分行业编制制造业数字化转型路线图,推动企业设备换芯、生产换线、机器换人,加快建设一批智能车间、"黑灯工厂""产业大脑",大幅提升"两化"融合水平。建设省工业互联网(云)服务商资源池、数字化转型促进中心,支持中小企业"上云上平台"。实施服务型制造专项行动,大力发展生产性服务业和面向服务的制造业,推进服务业与制造

业深度融合。

3. 坚持绿色转型，促进工业低碳发展。开展工业领域碳排放达峰行动，推进钢铁、有色、建材、石化等重点耗能行业有序达峰。实施绿色制造提升行动，开发绿色产品，打造绿色工厂、绿色园区，培育绿色供应链企业，在建材等领域培育一批绿色示范企业和基地。推进工业节能监察，深化工业节能诊断服务，促进工业生产余热、余压、余能循环利用。发展风电、光伏发电，推动工业能源体系绿色转型。加强高耗能、高排放项目准入管理，坚决遏制"两高"项目盲目发展。依法对"双超双有高耗能"行业实施强制性清洁生产审核，强化固定污染源监管，依法依规淘汰落后产能。

4. 坚持开放升级，融入全国构建新发展格局产业循环。高标准建设内陆开放型经济试验区，办好世界 VR 产业大会、世界赣商大会、世界绿色发展投资贸易博览会等品牌盛会。融入粤港澳大湾区、长三角一体化等区域战略，高质量承接沿海发达地区产业转移，做实海峡两岸（江西）产业合作区、赣湘边区域合作示范区、浙赣边际合作（衢饶）示范区、九江长江经济带产业升级示范区等区域产业合作载体。深度参与"一带一路"建设，对接融入《区域全面经济伙伴关系协定》（RCEP），深化制造业国际合作。

5. 坚持安全发展，筑牢产业安全稳定基石。建立关键产业安全风险评估预警机制，探索形成同准备份、降准备份、异地备份、产能备份等体系化断链断供替代方案，确保极端情况下关键产业、民生产业正常保供运转。推进工业互联网与工业安全生产深度融合，提升网络安全防护水平。落实关键信息基础设施安全保护相关规定，加强无线电安全保障，守住网络信息安全、保密安全底线。全面落实企业安全生产责任制，坚决遏制重特大事故发生。

（四）强化五大保障，促进形成工业强省良好政策环境

1. 强化财税保障。统筹用好支持工业发展相关专项资金，加大对工业发展支持力度，不断提高资金使用效益。加大对重点创新技术、产品和服务采购力度，引导企业及其科研人员开拓创新。鼓励各级政府运用市场化手段，建立和规范运作相关产业发展资金。落实企业研发费用税前加计扣除、高新技术企业、节能减排等税收优惠政策。对领航企业兼并重组涉及的资

产评估增值、债务重组收益、土地房屋权属转移等,按规定给予税收优惠。

2.强化金融保障。优化调整产融合作主导产业重点企业"白名单",引导金融资源加大对先进制造业、高技术制造业配置,提高初创企业融资可得性,增加制造业中长期贷款投放。鼓励社会资本聚焦重点产业链,发起设立相关产业链基金,引导国有资本积极参与。实施企业上市"映山红行动"升级工程,支持企业发行绿色债券,不断提高企业直接融资比重。完善供应链金融,构建基于真实交易背景的上下游一体化融资体系。创新知识产权质押、股权质押、商业信用保险保单等融资方式,推进专利保险、履约保证保险业务,落实"首台套、首版次、首批次"保险补偿。

3.强化人才保障。探索在省重点产业链推行"链长人才工作负责制",优化升级省级"龙头"人才工程,引育一批国内外高端创新创业人才、经营管理人才、技术技能人才在赣创新创业就业。加强校企合作,深化新工科建设,推进职业教育管理体制机制改革,建立江西省职业教育——产业发展人才供需数据平台,推动产教零距离深度融合,提高高校毕业生留赣来赣比例。深化职称"放管服"改革,优化技能人才评价制度,开展特色产业职称评审,突出企业用人主体地位,推动人才评价与使用紧密结合,逐步打破身份、学历等限制。

4.强化用地保障。建立完善产业项目用地精准供给机制,在符合国土空间规划和用途管制的前提下,推动不同产业用地类型合理转换,探索增加混合产业用地供给。全面推广"亩产效益"综合评价,依法依规实施资源要素差别化供给政策。加强和改进标准厂房建设,原则上新引进项目一律入驻标准厂房。对纳入省重大项目清单的单独选址产业项目,所需用地依法依规由国家配置计划保障。支持各设区市整合搭建网上交易平台,加大对僵尸类企业项目用地妥善处置力度,盘活用好存量用地。符合我省优先发展要求且用地集约的工业项目用地,在确定土地出让底价时,可按不低于所在地土地等别相对应全国工业用地出让最低价标准的70%执行。

5.强化能源保障。大力实施可再生能源替代,构建清洁低碳安全高效的能源体系。健全用能预算管理和清单管理制度,建立省市县三级"两高"项目管理联动机制。加强优质项目能耗统筹,支持省重大项目、先进制造业、高技术产业等绿色低碳高效优质项目建设。深入挖掘节能减排潜力,严格节能目标责任考核和结果运用,对超额完成能耗强度降低目标的设区市予以能耗增量指标激励。支持建设用能权、林业碳汇等交易平台,推动能源要素向优质工业项目、企业、产业和经济发展条件好的、能耗强度较低的地区流动和集聚。

三、组织实施

(一)加强组织领导。省委、省政府每年召开1次工业强省推进大会,省委常委会会议、省政府常务会议听取和研究工业重大事项。调整充实省工业强省建设领导小组,发挥领导小组办公室协调作用和各成员单位职能作用,各地结合实际完善相关工作机制。加强工业发展思维和规律、产业变革大势和科技前沿等新知识新趋势的培训普及,强化各级抓工业的意识和专业化能力,培养造就一支符合工业发展需要的干部队伍。

(二)完善工作机制。建立健全工业经济运行会商协调机制,加强工业经济联动监测、分析和研判,协同稳定工业增长。提升工业统计水平,研究制定制造业高质量发展监测评价办法。建立健全工业强省督查督办和考核评价机制,提高综合考核权重,强化工业崛起表彰正向激励。发挥企业家作用,健全企业家参与重大产业政策制定机制。加大工业宣传,弘扬企业家精神,营造全社会支持工业发展的浓厚舆论氛围。

(三)优化营商环境。大力实施营商环境优化升级"一号改革工程",聚焦企业全生命周期服务,推进"五型"政府建设,深化"放管服"改革、要素市场化配置改革,完善惠企纾困长效机制,打响江西营商环境品牌。加大政策落实情况的政治监督,着力解决惠企政策"最后一公里"问题。强化企业、企业家权益司法保护,规范涉企执法行为,支持企业合规经营、健康发展。

江西省人民政府办公厅关于进一步加大帮扶力度促进中小企业平稳健康发展的通知

赣府厅字〔2022〕4号

各市、县（区）人民政府，省政府各部门：

为贯彻落实国务院办公厅《关于进一步加大对中小企业纾困帮扶力度的通知》（国办发〔2021〕45号）等文件精神，进一步加大帮扶力度，促进中小企业平稳健康发展，经省政府同意，现就有关事项通知如下。

一、全力帮助中小企业纾困解难

（一）加强财政资金帮扶。发挥现有财政专项资金作用，健全完善中小企业公共服务体系，支持中小企业提升创新能力和专业化水平，加快培育专精特新、专业化"小巨人"等优质中小企业。鼓励有条件的地方按规定安排中小企业纾困资金，对产品有市场、有竞争力以及社会效益高的中小企业给予资金帮扶。（省财政厅，各设区市人民政府按职责分工负责）

（二）落实减税降费政策。积极落实增值税所得税减免、研发费用加计扣除、固定资产加速折旧等税费惠企政策。对因新冠肺炎疫情导致发生重大经济损失，缴纳房产税、城镇土地使用税确有困难的中小企业，可申请房产税、城镇土地使用税困难减免。发挥12366纳税缴费服务热线"小微企业服务专线"作用，及时主动、有针对性地推送优惠政策，帮助企业充分享受税费减免红利。（省税务局、省科技厅、省财政厅、南昌海关，各设区市人民政府按职责分工负责）

（三）强化融资信贷支持。继续用好用足再贷款再贴现等货币政策工具，做好两项直达实体经济政策工具转换接续，扩大普惠小微贷款投放，提高信用贷款占比，降低融资成本。鼓励提供短期过桥转贷资金服务，重点面向受疫情影响较深的中小微企业，解决企业到期还款资金不足问题。（人行

南昌中心支行、省金融监管局、江西银保监局、省财政厅,各设区市人民政府按职责分工负责)

(四)强化金融服务创新。鼓励金融机构深化运用大数据、人工智能、区块链等技术手段,改进小微企业信贷融资授信审批和风险管理模型。实施知识产权质押融资入园惠企行动,增强中小企业利用无形资产融资能力。规范发展供应链存货、仓单和订单融资,发挥人民银行征信中心动产融资统一登记公示系统作用,提升企业通过动产担保融资的便利度。提高供应链金融数字化水平,引导金融机构开展标准化票据融资业务。大力推进地方征信平台建设,支持企业征信机构研发针对中小企业融资的征信产品和服务。(省金融监管局、人行南昌中心支行、江西银保监局、省知识产权局,各设区市人民政府按职责分工负责)

(五)落实担保奖补政策。落实创业担保贷款贴息及奖补政策,支持创办小微企业。用好小微企业融资担保降费奖补资金,支持扩大小微企业融资担保业务规模,降低融资担保成本。强化政银合作,发挥好中小企业贷款风险补偿机制作用,加大中小企业融资支持。(省人力资源社会保障厅、省财政厅、省工业和信息化厅、人行南昌中心支行,各设区市人民政府按职责分工负责)

(六)缓解成本上涨压力。鼓励各地通过减轻房屋租金、水电费等负担,给予社保补贴等,帮助中小企业应对成本上升压力。加强大宗商品价格监测,适时发布市场价格情况,为中小企业采购原材料提供价格信息服务。加强价格监督执法,坚决查处囤积居奇、哄抬价格等扰乱市场价格秩序的违法行为。(省发展改革委、省工业和信息化厅、省财政厅、省人力资源社会保障厅、省市场监管局,各设区市人民政府按职责分工负责)

(七)强化稳岗就业支持。发挥各级政府公共就业服务平台、人力资源服务机构等作用,发布实时有效的中小企业岗位和高校毕业生信息,加强用工供需信息对接。通过失业保险稳岗返还及社保补贴、培训补贴等减负稳岗扩就业政策,支持中小企业更多吸纳高校毕业生等重点群体就业。(省人力资源社会保障厅、省财政厅、省教育厅,各设区市人民政府按职责分工负责)

（八）强化市场开拓支持。落实《政府采购促进中小企业发展管理办法》，细化预留中小企业采购份额、价格评审优惠、优先采购等措施，提高中小企业在政府采购中的份额。搭建产品供需对接平台，分行业、分领域组织开展产品供需产业链对接活动。发挥展会、跨境电商等作用，为中小企业提供线下网上交流、供需信息对接等服务，帮助中小企业开拓国内外市场。（省财政厅、省发展改革委、省工业和信息化厅、省商务厅，各设区市人民政府按职责分工负责）

（九）保障企业款项支付。落实《保障中小企业款项支付条例》，发挥省减轻企业负担领导小组和保障中小企业款项支付投诉平台作用，继续开展清理拖欠民营企业和中小企业账款专项行动，加大联合惩戒力度，严禁恶意拖欠行为，从源头遏制拖欠问题。（省工业和信息化厅，省直有关部门，各设区市人民政府按职责分工负责）

二、着力促进中小企业创新发展

（十）提升管理水平。引导企业加强管理创新，建立现代企业制度，提升现代化经营管理水平。支持企业参与行业标准、国家标准、国际标准制修订。提供认证认可、检验检测等服务和解决方案，推动小微企业开展企业质量管理体系认证提升行动。强化企业自主品牌策划、申请、推广、保护、提升，不断提高自主品牌知名度和市场份额。（省工业和信息化厅、省市场监管局，各设区市人民政府按职责分工负责）

（十一）提升创新能力。健全科技资源开放共享机制，引导创新平台向中小企业开放创新资源，构建产学研协同创新体，推动大中小企业协同创新。鼓励中小企业加强产业关键技术攻关和核心环节专利申请，促进中小企业知识产权获取和转化应用。畅通维权渠道，加强中小企业商业秘密保护和知识产权保护维权。（省科技厅、省发展改革委、省工业和信息化厅、省知识产权局、省工商联，各设区市人民政府按职责分工负责）

（十二）提升数字化发展水平。打造一批数字化服务功能平台，为中小企业提供所需的数字化解决方案、产品和服务。引导有条件的中小企业应用先进智能装备和系统，建设智能生产线、智能车间和智能工厂，提升中小企业智能制造水平。加强工业互联网赋能,为中小企业提供数字化转型评价诊断服务和解决方案,助推中小企业上云用云。推动工业设计赋能,提升中小企业产品附加值。(省工业和信息化厅,各设区市人民政府按职责分工负责)

(十三)提升绿色发展能力。组织开展中小企业节能诊断,引导中小企业推行绿色标准、绿色管理、绿色生产,创建"绿色工厂",打造"绿色产品"。落实新版环评分类管理名录,简化中小企业项目环评管理,对符合条件的小微企业纳入环评审批正面清单和监督执法正面清单。(省工业和信息化厅、省生态环境厅,各设区市人民政府按职责分工负责)

(十四)提升人才队伍素质。支持高等院校、职业院校与中小企业深化合作,共建专业技能培训、实习实践基地,定向培养技能人才。依托省市创业人才培训体系和高校资源,深入开展中小企业家培训,提升中小企业经营管理水平和企业家素质。支持中小企业积极引进高端领军人才,在子女入学、住房保障等各方面提供扶持,鼓励中小企业专业技术人才积极申报职称。(省人力资源社会保障厅、省财政厅、省工业和信息化厅、省教育厅,各设区市人民政府按职责分工负责)

(十五)推进优质企业培育。深入开展专精特新中小企业、专业化"小巨人"企业、瞪羚(潜在)企业、高新技术企业、科技型中小企业培育工作,提升企业创新能力和专业化水平。深入实施企业上市"映山红行动",优选一批优质中小企业作为上市后备企业,推动对接多层次资本市场,助力企业上市挂牌融资。(省工业和信息化厅、省科技厅、省财政厅、省金融监管局、江西证监局,各设区市人民政府按职责分工负责)

三、切实强化中小企业服务支撑

(十六)深化放管服改革。深入推进营商环境改革"一号工程",持续精简行政审批事项,推进"互联网+政务服务",将更多涉企行政事项纳入"一网通办",为中小企业设立直通车、开辟绿色通道,提升办事效能。组织开展中小企业发展环境第三方评估工作,为中小企业发展营造良好环境。(省促进中小企业发展工作领导小组各成员单位,各设区市人民政府按职责分工

负责）

（十七）构建高效服务体系。加快推进中小企业公共服务示范平台、小微型企业创业创新示范基地建设，优化中小企业公共服务供给，提升政务服务、社会化服务和专业化服务能力。加强志愿服务队伍建设，积极开展志愿者服务行动。加快中小企业大数据平台建设，为中小企业提供一站式线上服务。利用国际中小微企业日、"双创"活动周、全国中小企业服务月等重要时间窗口，营造服务中小企业的良好氛围。（省工业和信息化厅、省发展改革委、省直有关部门，各设区市人民政府按职责分工负责）

（十八）健全帮扶服务机制。完善省市县三级领导挂点帮扶机制和驻企特派员制度，将专精特新中小企业作为帮扶服务的重点对象，做到"全覆盖""一对一"贴身服务，为企业及时协调解决发展问题。引导聚集社会化服务资源，为中小企业提供务实管用的管理咨询、技术创新、数字化转型、市场开拓等全方位服务。（省促进中小企业发展工作领导小组各成员单位，各设区市人民政府按职责分工负责）

（十九）落实办实事清单任务。认真落实《为专精特新中小企业办实事清单》（工信部企业〔2021〕170号）中的各项任务。同时各地、各部门要结合实际，制定本级本部门办实事清单，进一步整合资源，支持专精特新中小企业高质量发展，带动更多中小企业走专精特新发展之路。（省促进中小企业发展工作领导小组各成员单位，各设区市人民政府按职责分工负责）

（二十）加快惠企政策落地。加强国家和省出台的援企惠企政策宣贯，通过微信公众号、门户网站等有效形式，及时向中小企业推送，开展针对性政策咨询解读，提高政策知晓度。同时加快政策兑现落地，简化办理程序，使企业及时充分享受政策红利。（省促进中小企业发展工作领导小组各成员单位，各设区市人民政府按职责分工负责）

四、不断凝聚中小企业发展合力

（二十一）细化责任措施。各地、各部门要强化责任担当，结合实际，进一步细化助企纾困政策、细化促企提升措施，帮助中小企业走出困境，推动中小企业向专精特新方向发展，不断提升市场竞争力。（省促进中小企业发

展工作领导小组各成员单位,各设区市人民政府按职责分工负责)

(二十二)强化统筹推进。各地要进一步健全完善促进中小企业发展工作协调机制,充分发挥促进中小企业发展领导小组的统筹协调作用,强化横向协同、纵向联动,凝聚工作合力,扎实推动各项政策措施落地见效。工作进展落实情况要及时报送省促进中小企业发展工作领导小组办公室。(省促进中小企业发展工作领导小组各成员单位,各设区市人民政府按职责分工负责)

2022 年 1 月 25 日

江西省人民政府办公厅关于印发江西省打造全国传统产业转型升级高地实施方案(2022—2025年)的通知

赣府厅字〔2022〕24号

各市、县(区)人民政府,省政府各部门:

《江西省打造全国传统产业转型升级高地实施方案(2022—2025年)》已经省政府同意,现印发给你们,请认真贯彻执行。

2022年3月22日

江西省打造全国传统产业转型升级高地实施方案（2022—2025年）

传统产业是我省经济发展的重要支柱。为做优做强传统产业，着力把江西打造成为全国传统产业转型升级高地，加快推动我省经济高质量跨越式发展，特制订本实施方案。

一、总体要求

（一）指导思想。以习近平新时代中国特色社会主义思想为指导，全面贯彻党的十九大和十九届历次全会精神，深入贯彻习近平总书记视察江西重要讲话精神，按照省第十五次党代会部署，牢牢把握"稳住、进好、调优"的原则要求，以高端化、智能化、绿色化、融合化、服务化为导向，坚持调整存量与优化增量相结合，坚持市场主导和政府引导相促进，大力推动企业智能化改造、服务型制造、数字化转型、绿色化提升，打造一批创新平台、重大项目、优质企业、特色链条、先进集群、制造精品，再造我省传统产业竞争新优势，为全省工业高质量跨越式发展提供强有力支撑。

（二）主要目标。到2025年，我省有色金属、石化、建材、纺织、钢铁、食品、家具、船舶等传统产业进一步做强、做精、做优、做特，产业整体素质和综合竞争力大幅提升，打造成为全国传统产业转型升级高地和世界级有色金属产业基地。

——创新能力明显增强。传统产业技术创新能力明显提高，集成创新、引进消化吸收再创新能力大幅增强，新技术、新工艺、新材料、新设备得到充分转化应用，建设一批产业链科技创新联合体，突破和掌握一批具有国际领先水平和自主知识产权的产业核心技术，重点产业领域技术水平达到国内领先或国际先进水平。规模以上工业企业研发投入强度达到1.5%左右。技术改造投资占工业投资比重达到50%。

——数字转型明显深化。新一代信息技术与传统产业深度融合，传统制造业与生产性服务业联动发展，重点行业服务型制造新模式全覆盖，共享制造有效推进，服务化、网络化、智能化制造基本普及，信息安全保障水平不断提升。企业数字化研发设计工具普及率达到80%以上，重点领域关键工序数控化率达到60%以上，工业互联网平台普及率达到30%以上。省级服务型制造优质企业服务收入占营业收入比重达到30%左右。

——集聚水平明显提高。传统产业集聚效应和综合实力明显提升，打造一批具有国际竞争力和产业链韧性的特色优势产业链，培育一批具有生态主导力的链主企业和一批专精特新、专业化"小巨人"、制造业单项冠军企业，建设一批国内一流、国际领先的高水平产业公共服务平台。传统产业省级产业集群营业收入占全行业比重达到70%左右，集群发展能级显著提升。

——绿色动能明显提升。传统产业能源资源利用效率不断提升，绿色化水平显著提高，绿色制造推进力度进一步加大，推广一批绿色设计产品，创新应用一批绿色技术装备，创建一批绿色园区、绿色工厂、绿色供应链管理企业。推进钢铁、建材、石化、有色金属等行业碳达峰工作。加快淘汰落后产能。完成"十四五"规模以上单位工业增加值能耗下降12%目标任务，单位工业增加值用水量持续下降，工业固废综合利用水平进一步提高。

二、重点任务

（一）实施产业链协同创新工程。围绕产业链强化创新链，支持龙头企业牵头组建产业链科技创新联合体、技术协同创新研究院和产业技术创新战略联盟等，推动产业创新、产能协同、产品提升等方面有效联动。围绕产业链风险清单、重大装备等制造业核心领域，采取"目录引导、揭榜挂帅"方式，组织实施产业关键共性技术攻关30项以上，协同实施一批供应链安全备份项目，提升产业链主导力、控制力和供应链安全水平。加大首台（套）装备、首批次新材料和首版次软件产品推广应用力度，推动相关重大关键技术和先进成熟技术在省内率先转化。（省工业和信息化厅、省科技厅牵头，省工业强省建设工作领导小组相关成员单位和各市、县〔区〕人民政府按职责分工负责）

（二）实施数字化转型工程。大力实施数字经济"一号发展工程"，鼓励企业依托工业互联网平台的数字化管理工具，推动研发设计、组织计划、生产协调、销售服务等实现数字化管理。统筹实施"上云、用数、赋智"行动，引导企业加快工业设备联网上云、业务系统云化迁移，推进企业高水平上云、深层次用云，提升研发生产、管理运营、业务创新效率和水平。加快传统产业智能化改造，制定重点行业领域智能化路线图，分行业、分步骤开展数字化制造普及、网络化制造示范和智能化制造探索，建设一批升级版智能车间、智能工厂，培育一批智能制造标杆企业。（省工业和信息化厅牵头，省工业强省建设工作领导小组相关成员单位和各市、县〔区〕人民政府按职责分工负责）

（三）实施服务型制造工程。鼓励传统制造业企业大力发展网络化协同制造、个性化定制、服务型制造，拓展产品价值空间。实施企业设计能力提升专项行动，引导传统制造业企业加大对工业设计的投入，建立独立的工业设计中心，增强自主创新设计能力。支持有条件的企业面向行业上下游开展定制化服务、供应链管理、产品全生命周期管理和总集成总承包服务，培育100家以上省级服务型制造优质企业（项目、平台），打造一批国家级服务型制造示范企业（项目、平台）。积极推进共享制造平台建设，培育发展"平台接单、按工序分解、多工厂协同"的共享制造模式，支持行业龙头企业建设提供分时、计件、按价值计价等灵活服务的共享制造工厂。（省工业和信息化厅、省发展改革委牵头，省工业强省建设工作领导小组相关成员单位和各市、县〔区〕人民政府按职责分工负责）

（四）实施低碳绿色发展工程。制定工业领域碳达峰行动方案，推进钢铁、建材、石化、有色金属等行业碳达峰工作。加强传统产业重点耗能企业能源管理，开展工业节能监察和节能诊断服务，鼓励引导企业主动实施节能技术改造，提升能源利用效率。鼓励企业采用先进适用工艺技术和高效末端治理装备进行绿色化改造，降低污染物排放强度。加大资源综合利用先进适用技术推广应用力度，提高工业固废综合利用水平。贯彻落实国家和省有关产业结构调整政策，严格落实"三线一单"要求，严控"两高"项目盲目发展，加快淘汰落后生产工艺设备。大力推广绿色设计产品，建设绿色供应链管理企业,建成省级以上绿色园区50家以上、绿色工厂200家以上。(省工业和信息化厅、省发展改革委、省生态环境厅等部门和各市、县〔区〕人民政府按职责分工负责)

(五)实施重大项目引领工程。以工业领域"项目大会战"为抓手,组织实施一批产业层次高、发展前景好、对结构调整和产业升级具有引领作用的重大项目。实施新一轮企业技术改造行动,制订技术改造投资引导目录,建立省级工业企业技术改造重点项目库,分行业储备一批重点技改项目,每年滚动实施技改项目3000个以上,打造一批技改标杆项目。鼓励企业实施"机器换人"、设备更新、厂房改造、技术工艺升级等"零土地"技改。强化产业招商,重点招引国内外产业链头部企业、价值链高端企业、供应链枢纽企业,实现传统产业上下游配套本土化。(省工业和信息化厅、省发展改革委、省商务厅牵头,省工业强省建设工作领导小组相关成员单位和各市、县〔区〕人民政府按职责分工负责)

(六)实施产业集群提升工程。将传统产业改造升级和延伸产业链、发展上下游产业紧密结合起来,实施传统产业链延链强链补链工程,每年开展一批增强优势、补齐短板重点任务攻坚,着力打造20条左右细分领域特色优势产业链。开展产业集群综合评价,强化分类施策、分级管理,打造一批传统产业省级产业集群,推动优势产业集群创建国家级先进制造业集群,积极建设世界级产业集群。运用新一代信息技术提升完善集群生产、服务、配套体系,推动有条件的集群率先建设数字化集群。引导园区聚焦主导优势产业,深入实施集群式项目满园扩园、"两型三化"管理提标提档等行动,提升产业综合竞争力,打造一批五千亿级、千亿级优势园区和一批特色园区。(省工业和信息化厅牵头,省重点产业链链长制责任部门和各市、县〔区〕人民政府按职责分工负责)

(七)实施优质企业培育工程。实施大企业、大集团培育计划,着力打造一批品牌价值高、规模大、实力强、拥有核心技术和自主知识产权的大企业集团,形成30家左右超百亿元的传统产业龙头企业。强化专精特新中小企业梯度培育,健全中小企业公共服务体系,每年新增一批省级专精特新、专业化"小巨人"和制造业单项冠军企业,孵化培育一批独角兽(潜在、种子)、瞪羚（潜在）企业。深入推进企业管理创新工程,引导企业加强生产、物流、营销、计量、财务、人力资源等基础管理,建立完善现代企业制度。（省工业和信息化厅、省科技厅、省国资委等部门和各市、县〔区〕人民政府按职责分工负责）

（八）实施质量品牌塑造工程。引导优势企业建立健全先进质量管理体系、企业标准体系、计量检测体系和质量信用体系,鼓励龙头企业主导或参与国际、国家、行业、地方及团体标准的制（修）订。分行业发布重点传统产业技术、工艺、装备、产品、管理、信息化等先进标杆,引导传统企业对标达标。深入实施"增品种、提品质、创品牌"专项行动,引导企业制定实施质量品牌战略,抓好产业集群区域品牌建设。大力实施"赣出精品"工程,每年培育和推广应用一批影响力强的"赣出精品",打造一批具有国际国内知名度和影响力的"江西制造"品牌,建立完善品牌培育、发展和保护机制。（省工业和信息化厅、省市场监管局牵头,省工业强省建设工作领导小组相关成员单位和各市、县〔区〕人民政府按职责分工负责）

三、保障措施

（一）加强组织领导。省工业强省建设工作领导小组统筹推进全省传统产业转型升级工作,领导小组办公室具体抓好协调服务、督促落实、示范推广等工作。各地各有关部门要健全工作体系,密切协调配合,研究制定细化方案及配套政策,及时解决重大问题,全力推进传统产业转型升级。（省工业和信息化厅牵头,省工业强省建设工作领导小组成员单位和各市、县〔区〕人民政府按职责分工负责）

（二）强化政策扶持。全面落实首台（套）、首批次、首版次保险补偿、固定资产加速折旧、专用设备投资按比例抵免税额、研发费用加计扣除等政策。统筹安排使用省级相关专项资金,加大对传统产业重点项目的支持力度,积极争取国家专项资金支持。鼓励银行业机构增加对传统产业转型升级的信贷投放,并在贷款额度、贷款期限及贷款利率等方面依法依规给予倾斜。实行差别化用地政策,加大存量建设用地盘活力度,保障传统产业转型升级项目用地。（省工业和信息化厅、省发展改革委、省科技厅、省财政厅、省自然资源厅、省税务局、省金融监管局、省市场监管局、人行南昌中心支行、江西银保监局等部门和各市、县〔区〕人民政府按职责分工负责）

（三）推进标杆示范。开展对各地传统产业转型升级工作成效的评估评价，相关结果纳入江西省工业高质量发展考核评价体系。每年遴选一批转型路径明确、提升成效明显、产业特色鲜明、保障措施有力的市县为省级传统产业转型升级标杆市县，形成一批可推广、可复制的经验做法。每年以省工业强省建设工作领导小组名义对标杆市县进行通报表扬，并统筹省级工业发展专项资金予以支持，对符合条件的标杆市县重大工业项目，列入省重大项目调度会协调支持。（省工业和信息化厅牵头，省工业强省建设工作领导小组成员单位和各市、县〔区〕人民政府按职责分工负责）

（四）优化服务环境。大力推动实施营商环境优化升级"一号改革工程"，深化"放管服"改革，着力营造稳定、公平、透明、可预期的良好环境。进一步规范涉企收费和行政执法行为，切实减轻企业负担。鼓励引导行业协会和中介组织为传统产业转型升级提供便利、高效的服务。加强宣传引导，及时发现和总结推广一批传统产业转型升级经验典型，为打造传统产业转型升级高地营造良好氛围。（省工业和信息化厅、省委宣传部、省发展改革委、省政务服务办等部门和各市、县〔区〕人民政府按职责分工负责）

江西省人民政府办公厅关于印发江西省打造全国新兴产业培育发展高地实施方案(2022—2025年)的通知

赣府厅字〔2022〕69号

各市、县(区)人民政府,省政府各部门:

《江西省打造全国新兴产业培育发展高地实施方案(2022—2025年)》已经省政府同意,现印发给你们,请认真贯彻执行。

2022年7月20日

江西省打造全国新兴产业培育发展高地实施方案（2022—2025年）

新兴产业是引领我省经济转型升级，构建未来发展新优势的主引擎。为培育壮大新兴产业，着力打造全国新兴产业培育发展高地，加快推动我省经济高质量跨越式发展，特制订本实施方案。

一、总体要求

（一）指导思想。以习近平新时代中国特色社会主义思想为指导，全面贯彻党的十九大及十九届历次全会精神，深入贯彻习近平总书记视察江西重要讲话精神，聚焦"作示范、勇争先"的目标要求，按照省十五次党代会部署要求，把握"稳住、进好、调优"的原则，立足全国新兴产业培育发展高地定位，以体制机制改革为引领，加快新兴产业创新发展、集群发展、开放发展，做大做强优势型产业，培育壮大成长型产业，前瞻布局未来产业，形成新兴产业发展的良好生态，构筑产业发展新优势、新动能、新体系，为全省经济高质量发展提供强力支撑。

（二）主要目标。重点围绕做大做强航空、电子信息、装备制造、中医药、新能源、新材料等优势型产业，培育壮大新型数字、智能装备、生物医药、节能环保等成长型产业，前瞻布局氢能及装备、生命健康、柔性电子、微纳光学、量子科技等未来产业。到2025年底，全省新兴产业综合实力稳步增强，产业结构层次明显提高，优势型产业若干领域达到国内领先水平，成长型产业加速发展，未来产业初步布局，形成新兴产业健康发展、协调推进的基本格局，成为全国新兴产业培育发展高地。

产业规模持续壮大。战略性新兴产业增加值实现年均增长12%左右，力争到2025年占全省规模以上工业的比重达28%。电子信息产业规模突破 12000 亿元,装备制造产业规模达到 8000 亿元,新材料产业规模突破 6000 亿元,航空产业规模达到 2600 亿元,新能源产业规模达到 2500 亿元,中医药及生物医药产业规模突破 2000 亿元,新兴产业成为引领工业转型升级的重要支撑。

创新能力显著增强。聚焦新兴产业领域,打造一批产业链高能级创新平台,攻克一批产业关键核心技术,形成一批重大自主创新产品,支撑产业迈向中高端水平。新兴产业研发投入强度力争达到 2%,产业链供应链现代化水平明显提升。

产业集群明显提升。推进新兴产业集群提能升级,力争培育形成 8 个千亿级、15 个五百亿级以上新兴产业集群,建设一批新兴产业先导区、高质量发展试验区(示范区)、国家级先进制造业集群。

发展生态优势凸显。重点领域和关键环节改革取得重要进展,科技创新、现代金融、人才引育与产业发展协同性增强,营商环境品牌提升,新兴产业发展生态更加友好。

二、重点任务

(一)推进重大项目。实施新兴产业强链补链延链专项行动,梳理产业链短板弱项,动态发布招商目录,开展填空式、补位式、链条式精准招商,落地一批投资规模大、带动能力强的重大项目。持续推进省重点创新产业化升级工程,实施新兴产业倍增专项 150 项左右,加速新兴技术产业化。坚持"项目为王",加强重大项目储备和分类指导,完善重大项目调度管理平台,建立新兴产业项目分级调度和协调推进机制,实行全程跟踪服务。(责任单位:省发展改革委、省工业和信息化厅、省商务厅,各设区市人民政府。以下责任单位均包括各设区市人民政府,不再单独列出)

(二)培育优质企业。开展优质企业梯次培育专项行动,力争在新兴产业细分领域培育 8 家链主企业、15 家领航企业、100 家单项冠军企业和专精特新中小企业,构建大中小企业创新协同、产能共享、供应链互通的融通发展新格局。高质量培育 5000 家科技型中小企业、3000 家高新技术企业,聚焦新兴领域,培育一批以独角兽企业为代表的高成长性科技型企业,逐步壮大科技型企业梯队。(责任单位:省工业和信息化厅、省科技厅)

(三)壮大特色集群。实施重大新兴产业基地建设工程,聚焦优势产业,按照"一产一基地"原则,建设2—3个国家级战略性新兴产业集群,提升国际影响力。遴选10个左右县(市、区)推进制造业高质量发展试验区建设,力争创建一批国家级制造业高质量发展试验区。聚焦未来技术产业化,在区块链、类脑智能、量子信息等前沿领域探索建设一批未来产业先导区,加快形成新兴技术"研发+产业+应用"推进格局。(责任单位:省发展改革委、省工业和信息化厅、省科技厅、省商务厅)

(四)打造创新平台。开展高能级创新平台建设行动,构建多层次产业创新平台体系。引育创新"国家队",建设一批高端研发机构。做强做优省级创新平台,推进产业技术创新战略联盟和产业链科技创新联合体建设,建设重点实验室、技术创新中心、产业技术研究院、工程研究(技术)中心、企业技术中心等创新平台500家以上。培育新型研发机构,鼓励有实力的科研机构或企业建设"飞地"研究中心、创新孵化中心。培育建设产业创新服务综合体等一批高能级产业创新公共服务平台,提供技术研发、工业设计、试验验证、检测检验、技术转移、知识产权保护等全方位技术支撑。(责任单位:省科技厅、省工业和信息化厅、省发展改革委、省市场监管局)

(五)加快技术攻关。实施重大新兴产业专项,运用"揭榜挂帅""赛马制"等机制,突破一批"卡脖子"产业关键共性技术,畅通技术链。对接国家战略,在虚拟现实、稀土等优势领域加强应用基础研究,开展前沿、颠覆性技术的研究突破,打造新兴产业创新策源地。实施新产品、新技术、新工艺、新材料、新装备推广应用计划,在细分领域再培育一批新兴产业,促进现有产业新兴化。深入推进数字经济"一号发展工程",加快数字技术创新转化,实施应用场景"十百千"计划,培育壮大一批数字产业新赛道。促进军民融合,探索建立"研发—交易—孵化—落地"新模式,推进军民技术双向转移和转化应用。(责任单位:省科技厅、省工业和信息化厅、省发展改革委)

(六)夯实产业链条。实施重大新兴产业工程,增强产业链韧性,提升产业链竞争力。支持以产业链为纽带,加强上下游配套和分工协作,深化产业链对接,促进供应链多元化,维护供应链稳定。建立关键产业安全风险评估预警体系,建立同准备份、降准备份等替代机制,提高极端情况下重点产业链抗风险能力。强化数字赋能,推进新一代信息技术与制造业深度融合,实施企业"上云用数赋智",促进研发设计、经营管理、生产加工等产业链核心环节数字化转型。深入实施"赣出精品"工程,推进消费品工业"三品"行动,在新兴产业领域打造一批名品、名企和区域品牌。(责任单位:省工业和信息化厅、省发展改革委、省科技厅、省市场监管局)

(七)推动开放合作。深度对接长江经济带发展、长三角区域一体化发展、粤港澳大湾区建设等国家区域重大战略,高质量承接沿海发达地区新兴产业转移,加快建设一批区域产业合作载体,形成具有较强辐射带动能力的新兴产业发展共同体。深入实施"走出去"战略,在"一带一路"和《区域全面经济伙伴关系协定》(RCEP)框架下引导科技创新和新兴产业链的跨国合作,鼓励优势企业开展海外并购重组、开拓国外市场,深度融入全球产业链、价值链、供应链和创新链。(责任单位:省商务厅、省发展改革委、省科技厅、省工业和信息化厅、省国资委)

(八)优化生态体系。实施创新创业生态体系建设工程,一体建设创业苗圃、孵化器、加速器、新型创新创业服务组织等众创空间,提供从种子期、创业期到快速成长阶段的技术平台、投融资、市场拓展、人力资源等综合化服务,形成全产业链培育模式,打造新兴产业发展"辐射源"。开展服务型制造专项行动,鼓励商业模式创新,促进制造业和现代服务业相融相长、耦合共生,提升新兴产业价值含量。加大新兴技术典型应用示范推广,用好新型基础设施、清洁生产和绿色化改造、低空空域改革试点等政策机遇,拓展应用场景,推动先进技术和科技产品在产业升级、政务服务、社会治理等领域广泛应用,以应用需求拓宽市场空间。(责任单位:省发展改革委、省科技厅、省工业和信息化厅)

三、保障措施

(一)加强组织领导。省工业强省建设工作领导小组办公室统筹新兴产业推进工作,构建完善推进工作体系。强化部门协同,建立健全省、市、县三级联动工作机制,形成工作合力。完善新兴产业统计制度,建立新兴产业统计监测体系,定期对新兴产业发展情况和重大项目建设情况进行分析通报,开展产业链常态化风险监测评价。建立健全新兴产业考核评价机制,并纳入工业高质量发展考核体系,强化推动新兴产业发展正向激励。(责任单位:省工业强省建设工作领导小组成员单位)

（二）完善政策保障。用好省级相关专项资金,支持新兴产业重点基地、重大工程和重大专项等建设。发挥政府产业基金作用,积极发展科技金融、供应链金融等新业态,建立新兴产业企业、项目与金融机构对接机制,带动社会资本、金融资源向新兴产业集聚。探索首购首用政策,落实好首台（套）、首批次、首版次等政府采购鼓励政策,支持新兴产业产品应用。落实研发费用加计扣除、高新技术企业、创业投资等税费优惠政策,支持新兴产业企业发展。用好增存挂钩政策,最大程度保障新兴产业项目用地需求。强化能耗强度目标,增强能源消费总量弹性管理,支持新兴产业优质项目建设。加快形成公平普惠新兴产业政策体系。(责任单位:省工业和信息化厅、省财政厅、省发展改革委、省科技厅、省金融监管局、省税务局、省自然资源厅、省生态环境厅)

（三）强化人才支撑。聚焦新兴产业重点领域和关键环节,实施人才集聚强链计划,编制重点产业链急需紧缺人才目录,靶向招引和精准培育一批急需紧缺人才和创新团队,打造顶尖科技人才队伍。推动产教深度融合,建立完善高校专业学科设置、招生计划安排与制造业人才需求联动机制,深化新工科建设,推进研究生工作站、现代产业学院、现代学徒制等新模式、新机制,推行"企业招、学校训、毕业后企业接"的人才循环链模式,培养适应新兴产业发展需求的复合型创新人才和订单式技能人才。(责任单位:省委人才办、省人力资源社会保障厅、省教育厅、省发展改革委、省科技厅、省工业和信息化厅)

（四）创优营商环境。大力实施营商环境优化升级"一号改革工程",推进"五型"政府建设,对新业态、新模式等实施包容审慎监管。深化"放管服"改革,加大要素市场化配置改革力度,加快建设高标准市场体系,实现要素价格市场决定、流动自主有序、配置高效公平。深化领导挂点联系开发区、重点企业帮扶工作专班、企业特派员等经验做法,完善惠企纾困长效机制。强化企业、企业家权益保护,规范涉企执法行为,支持企业合规经营、健康发展。(责任单位:省发展改革委、省政务服务办、省工业和信息化厅、省市场监管局、省商务厅、省司法厅)

江西省工业和信息化厅关于印发推进数字经济做优做强"一号发展工程"实施方案的通知

赣工信信推字〔2022〕68号

各设区市工信局、赣江新区经发局,有关设区市大数据局,各有关单位:

为贯彻落实《关于深入推进数字经济做优做强"一号发展工程"的意见》(赣发〔2022〕4号)文件精神,促进数字产业化和产业数字化,培育壮大发展新动能,推动我省数字经济高质量跨越式发展,现制定本实施方案。

一、总体要求

(一)工作思路

坚持以习近平新时代中国特色社会主义思想为指导,深入贯彻习近平总书记视察江西重要讲话精神,立足新发展阶段、贯彻新发展理念、构建新发展格局,全面贯彻落实全省深化发展和改革双"一号工程"工作部署和要求,集成政策、集聚资源、集中要素,推进数字产业化和产业数字化,实施一批数字产业规划,推动一批行业数字化转型,培育一批数字应用场景,打造一批数字经济产业集聚区,在奋力打造全国构建新发展格局重要战略支点、筑牢未来竞争优势方面"作示范、勇争先"。

(二)主要目标

到2025年,工业和信息化部门作为数字经济发展主力军的作用更加突显,助推我省数字经济发展迈上新台阶。

——数字产业赛道实现能级跃迁。全省数字经济核心产业增加值占全省GDP比重达到10%以上,涌现出一批市场占有率全国排名前列的产业赛道。基础赛道规模不断壮大,全省软件和信息技术服务业营业收入突破600亿元,电子信息产业规模超万亿元,力争达到1.2万亿元;新兴赛道取得重大突破,虚拟现实、物联网产业营业收入分别超过1500亿元、3000亿元;融合赛道取得重大进展,建成光伏、锂电工业互联网标识解析二级节点。

——制造业数字化转型迈上新台阶。两化融合发展指数超过全国平均水平,通过两化融合管理体系评定企业数量超过 1000 家,5G 企业用户普及率达到 50% 以上,培育 3—4 个在全国有一定影响力的行业级工业互联网平台,建成 20 个以上工业互联网标识解析二级节点,工业企业上云上平台数超过 8 万家,企业制造装备上网数量达到 10 万台(套)以上,工业互联网促进传统产业数字化转型取得积极成效,智能制造成熟度达到全国中上水平。

——场景应用全面拓展。5G、人工智能等新一代信息技术融入各行各业,在各行业领域分别打造 100 个以上应用场景,形成一批新技术新产品新模式新业态,努力形成一批营业收入超百亿元乃至上千亿元的集聚区,力争成为在全国具有影响力的场景应用示范区。

二、主要任务

(一)数字技术创新能力提升行动

1. 强化创新平台建设。聚焦 VR、移动物联网、LED(发光二极管)等领域,创建一批国家技术创新中心、产业创新中心、制造业创新中心等平台。在人工智能、5G、智能网联汽车、工业互联网等领域,部署建设一批省级工程(技术)研究中心、省级企业技术中心等创新平台。推进中国工业互联网研究院江西分院、中国信通院江西研究院等建设及运营,推动中国电信物联网创新中心、中国移动虚拟现实创新中心、中国联通(江西)工业互联网研究院、北航江西研究院等创新平台加快发展。

2. 加强核心技术攻关。聚焦新材料、智能终端等新兴技术,制定产业关键共性技术发展指引。针对产业薄弱环节征集重大技术需求,启动实施重点领域技术攻关"揭榜挂帅"项目,在新型半导体、高密度电路板、光电材料等数字技术研发和产业化方面取得新进展。深入推进国家"03 专项"成果转移转化,加快突破智能感知、新型短距离通信、高精度定位等物联网产业关键共性技术。统筹 VR、AR(增强现实)、MR(混合现实)发展,支持突破近眼显示、感知交互、渲染处理等核心关键技术,支撑相关软硬件设备取得新突破。鼓励企业、科研院所、行业协会等积极参与两化融合、信息安全、VR、移动物联网等重点领域的标准制定。

3. 强化人才队伍建设。推动高校和职业院校布局数字经济和新一代信息技术相关专业,建设面向数字经济的"新工科"产业学院。推动数字经济人才队伍建设政策出台,培育和引进数字经济人才(团队)。制定制造业数字化"十百千万"人才培养行动计划,开展数字化转型人才"十百千万"培训,面向十个重点行业,覆盖一百个区县、深入一千家企业、培训一万人次,大力培养5G、工业互联网、大数据等专业人才。

(二)数字产业赛道赶超行动

4. 发展壮大数字细分产业。推进"十四五"数字经济有关规划实施,出台5G、电子信息、工业互联网、大数据、人工智能、软件产业、信息安全等产业专项发展行动计划。编制出台大数据产业、未来产业等发展规划,积极谋划量子信息、类脑智能、第三代半导体、"元宇宙"等战略性前瞻性领域。加大对专业芯片、电子材料、电子元器件、半导体照明、智能终端、信创、软件及信息技术服务等产业基础赛道指导,依托京九(江西)电子信息产业带,研究制定移动智能终端(装备)、电子材料、半导体照明等招商指南。加快发展移动物联网、区块链、无人机、智能网联汽车、信息安全等新兴产业赛道,推进产业链补链延链强链。支持企业研发生产一批VR终端,着力培育壮大虚拟现实硬件配套产业。深入实施创业创新,加快形成技术突破、产品制造、市场推广、产业发展"一条龙"的转移转化模式。在大数据、云计算、5G、VR、物联网、人工智能、区块链、量子信息等赛道,培育新技术、新产品、新解决方案,形成"产品清单"。

5. 培育发展企业梯队。实施中小企业数字化赋能专项行动,研究落实措施,支持中小企业实施数字化改造,引导企业专精特新发展,打造一批数字经济领域专精特新中小企业、专业化"小巨人"企业、制造业单项冠军企业。支持企业加大研发投入,强化资本市场对接,力争在数字经济领域孵化一批独角兽、瞪羚企业。聚焦集成电路、新型显示、智能终端、电子元器件和新型材料等优势产业发展,培育具有国际竞争力的领航龙头企业。推动行业领军企业、国有企业实施平台化发展战略,培育具有产业链控制力的生态主导型企业。

（三）制造业数字化转型行动

6. 推进两化深度融合。组织开展全省两化融合度普查,制定两化融合度评价实施方案,开展融合度评价宣贯培训,开发融合度评价系统及APP,开展千名数字专员入万企行动,深入全省规上企业开展两化融合度评价普查。建立省级两化融合服务平台,开展数字化转型关键指标监测。实施企业上云上平台行动,出台企业上云上平台行动计划,开展企业上云宣贯、上云培训、供需对接等活动,推动企业规模上云用数赋智,培育一批深度上云标杆工厂。开展两化融合深度示范,结合数字经济发展要求,修订省级两化融合示范企业管理办法,遴选示范企业和园区。持续开展两化融合管理体系贯标,推进企业两化融合自评估、自诊断、自贯标,打造1000家以上两化融合管理体系达标企业。

7. 推进发展工业互联网。深入实施"互联网+先进制造业",大力推进工业互联网发展,制定出台工业互联网强体提能实施意见,完善工业互联网网络、平台、安全支撑体系,推进企业内网改造,支持建设5G企业专网,建设工业互联网标识解析二级节点。制定江西省工业互联网平台培育细则,培育具有竞争力的工业互联网平台企业,建设跨行业跨领域的综合型平台、面向重点行业区域的特色型平台以及面向特定技术和场景的专业型平台。选取产业集中度高的行业,开展"产业大脑"建设应用试点,形成"一行业一大脑"的发展格局。推进工业企业和软件企业合作,推动工业APP的开发与应用,培育一批面向特定应用场景的工业APP。

8. 推进行业数字化转型。围绕"2+6+N"等产业,出台产业数字化转型实施意见、行业数字化转型及"产业大脑"揭榜挂帅实施方案等政策,分行业分领域推动制造业数字化转型,实施"一企一策""一产一策""一园一策""一链一策",形成"1+X"政策支撑体系。发布数字化转型标杆工厂建设指南,培育数字化转型成长型企业,打造省内龙头骨干企业成为"灯塔工厂"。加强与省国资委合作,签订推进企业数字化合作协议,推动成立省级数字集团,推进国有企业"一企一战略"数字化转型,打造企业数字化转型标杆工厂。持续实施智能制造升级工程,培育行业细分领域智能制造标杆,打造2000个以上升级版智能工厂和数字化车间,总结推广示范工厂建设方案。

9. 推进开发区数字化转型。制定开发区数字化转型实施方案,推动开发区建设5G、工业互联网数字基础设施,增强信息网络综合承载能力。培育建设两化融合示范园区,打造一批数字化开发区标杆。推进平台企业与开发区联合运营,丰富技术、数据、平台、供应链等服务供给,提升线上线下相结合的资源共享水平。完善全省统一的开发区数字化管理服务平台,打造"园区+工业互联网平台"管理服务机制,提升区域制造资源和创新资源的共享和协作水平。

(四)应用场景培育推广行动

10. 加快应用场景培育。深化VR技术创新应用,打造"VR+教育""VR+培训""AR+巡检"等应用场景。出台5G应用"扬帆"行动计划,在工业制造、医疗、教育、文旅等领域深入推进5G应用,打造一批"5G+工业互联网""5G+医疗健康""5G+智慧教育"等应用场景,开展制造业数字化转型应用场景征集揭榜。出台推动区块链技术应用和产业发展的实施意见,在实体经济和民生服务等领域,遴选推广能力强的区块链应用试点项目,形成一批可复制可推广的"区块链+"应用场景。开展智能制造示范,打造一批国家级智能制造优秀场景。

11. 培育发展数字化服务商。面向全国征集优秀数字化服务商,遴选具有较大产业影响力或在细分领域有代表性、成长性、示范性的解决方案供应商,加强数字化服务商动态管理。推进数字化服务商、科研院所、企业组建场景建设联合体,协同开展数字化场景建设,发布一批制造业数字化转型解决方案,创建一批数字化转型促进中心,建设制造业数字化转型服务商资源池。支持行业龙头企业剥离信息化支撑中心,组建行业数字化解决方案服务公司,为行业提供数字化服务。

12. 建立供需对接机制。组建数字化转型专家咨询委员会,推进智能制造系统解决方案供应商与企业加强供需互动,为企业免费提供产线智能化改造"一对一"辅导服务,提供个性化解决方案。通过举办场景沙龙、产业对接会、专业论坛等主题活动,促进数字化服务机构与企业现场对接,挖掘、推广企业场景需求,分行业领域发布一批"场景清单",深化典型场景应用,将应用场景转化为市场机会。

（五）数字经济布局优化行动

13. 促进数字产业集群发展。加强产业培育和集聚发展，打造在全国具有影响力的数字产业集群，发布数字产业发展集聚区建设指南，组织开展5G、电子信息、智能终端、信息安全、虚拟现实、大数据等产业基地培育。对接京津冀、粤港澳大湾区、长三角等数字经济发达区域，积极承接数字产业梯度转移，在赣州、吉安等地创建数字经济承接产业转移示范区。大力推动南昌、赣州、宜春大数据产业发展，支持上饶、抚州国家级大数据产业示范基地建设。编制京九（江西）电子信息产业带三年行动计划，做大做强京九沿线九江、南昌、吉安、赣州电子信息产业带。依托南昌VR、电子信息、软件等产业基础和优势，在九龙湖区域建设"元宇宙"试验区。

14. 打造数字经济集聚区。结合各地特色创建一批数字经济产业发展集聚区，支持南昌虚拟现实及新型显示、赣州区块链及智能家居、吉安智能终端、九江电子元器件、上饶数字文娱、抚州大数据、景德镇数字文创、宜春智慧新能源、新余智能安防、萍乡智慧旅游等数字经济特色产业集聚发展，打造各具特色、协同发展的产业格局。支持知名数字经济企业落户赣江新区。支持鹰潭打造"智联鹰潭2.0"版，建设千亿级的全链条物联网产业集聚区。推进区块链技术应用，打造一批区块链名企、名品、名园、名人、名会等区块链品牌，培育区块链发展先行区。

（六）数据要素价值释放行动

15. 加强高质量数据要素供给。支持市场主体依法合规开展数据采集，聚焦数据的标注、清洗、脱敏、脱密、聚合、分析等环节，培育壮大数据服务产业。推动工业数据分类分级管理，支持企业加强数据采集、整合、分析，提升数据规模和质量，强化数据安全风险评估、监测预警和应急处置。加强数据评估管理，推动数据资源标准体系建设。探索开展企业数据管理能力成熟度评估，遴选推广一批企业数据管理优秀案例，提升企业数据管理能力。依据国家政策，争取建立有色、中医药等面向全国的数据交易平台。

16. 强化数据安全保护。推广应用区块链、数据安全沙盒、隐私计算等技术，保障数据隐私和数据安全。建立健全工业数据安全管理制度，开展工业数据安全管理试点，强化数据安全管理。强化企业法律意识，指导企业依法依规开展数据采集、流通业务。建成江西省工业信息安全态势平台,打造我省工业信息安全监测平台,提升企业数据安全防护综合能力及信息安全应急处置水平。

(七)数字新基建夯实行动

17.推进建设信息基础设施。全面推进"双千兆"网络建设,支持运营商和企业合作,建设5G全连接工厂。推进IPv6在工业领域应用部署,提升IPv6流量规模及服务能力。积极对接"东数西算"工程,推进国家工业互联网大数据中心江西分中心、南昌国家级互联网骨干直联点、国际互联网数据专用通道、新型互联网交换中心等建设。科学合理布局全省数据中心建设,引导数据中心向规模化、集约化、绿色化发展,按照适度超前的原则,规划全省数据中心"一核四副两备"(南昌为核心,九江、上饶、赣州、宜春为补充,抚州、鹰潭为备份的数据中心布局)布局。

18.布局数智融合基础设施。出台工业互联网标识解析体系建设实施方案,推动工业互联网标识解析二级节点、递归节点和应用公共服务平台建设,打造数字孪生工厂。着力推进物联网、卫星互联网、车联网等基础设施建设,出台推进物联网新型基础设施建设意见。制定人工智能创新发展实施方案,开展人工智能基础设施布局,建设高质量数据集和开源工具库,提升支撑"智能+"发展的行业赋能能力。推动构建区块链基础网络,建设基于区块链技术的公共服务平台和应用研发中心。

(八)对外合作交流行动

19.深化与头部企业合作。瞄准世界500强、大型跨国企业、全国电子信息百强、软件百强、互联网百强等企业和研究机构,聚焦产业链关键环节,开展精准招商和补链招商。纵深推进省政府与华为、中兴、中国电子等战略合作,共同建设产业平台、研发项目、数字人才培训基地。加强与国家级研究机构、联盟等合作,力争推动中国工业互联网产业联盟江西分盟、国家5G应用产业方阵江西分阵等成立。深化与中国电信、中国移动、中国联通等战略合作,推动江西成为基础电信企业转型升级的先导区。

20.夯实对外开放合作平台。积极参与数字丝绸之路建设,鼓励企业开展国际数字技术合作交流。高水平举办世界VR产业大会、江西国际移动物联网博览会等活动，打造数字经济全球重要会展和高端对话平台。召开数字化转型创新发展大会，分行业举办制造业数字化转型供需对接会，开展粤港澳大湾区数字经济类专题推介活动。深度参与长江中游城市群合作发展，推动数字服务基础设施共建共享。

三、保障措施

（一）加强组织领导。把深入推进数字经济做优做强"一号发展工程"作为"一把手"工程，建立推进机制，成立厅发展数字经济领导小组，由厅主要领导为组长，其他厅领导为副组长，各业务处室主要负责人为成员的领导小组。领导小组下设数字化转型、产业赛道、场景应用、理论制度研究4个工作组，抽调专门人员，具体推进各项工作。

（二）集成政策要素。统筹省级工业发展专项（省级中小企业发展专项）资金，设立数字经济培育专题，同时积极争取国家资金和产业基金，加大对数字经济发展重点场景、重大平台、重大项目及试点示范等支持力度。推进全面落实减税系列政策，进一步降低数字经济企业成本，支持装备首台套、材料首批次、软件首版次示范应用。针对数字经济领域开展专门课题研究，为有关配套政策出台提供保障，加快推动数字经济领域地方立法。

（三）加强监测评价。建立健全数字经济运行监测机制，定期发布数字经济运行监测分析报告，每年发布全省数字经济白皮书。结合工作任务分工，制定对应的政策举措，形成数字经济配套政策清单。建立工作台账，加强调度督导，把发展数字经济相关工作纳入年度考核内容。

（四）加大宣传推介。加强数字经济经验模式总结和宣传推广，推广示范标杆建设标准和优秀案例，举办好各类行业展会、产业大会、博览会，积极营造数字经济健康发展社会氛围。

江西省工业和信息化厅
2022年3月30日

后　记

2022年，全省工信系统在省委、省政府坚强领导下，认真贯彻"疫情要防住、经济要稳住、发展要安全"重要要求，聚焦工业强省战略，坚持"三新一高"总要求，积极应对不利因素多重叠加的影响，聚精会神抓工业，全力以赴稳增长，新兴工业强省建设实现良好开局。为总结工作，更好地推动全省工业和信息化高质量发展，省工业和信息化厅组织编写了《江西省工业和信息化发展报告（2023）》。

《江西省工业和信息化发展报告（2023）》兼具工作指导性、业务权威性、资料收藏性于一体，由领导讲话、工作报告、地区发展报告、专题发展报告、产业发展报告和重要文件六部分组成，主要收录了全省工业和信息化2022年发展成效、2023年发展重点以及2022年国家、省里出台的涉及工业和信息化方面重要文件等，其主要目的在于帮助全省工业和信息化战线及有关方面深入了解、全面把握工业和信息化工作。

《江西省工业和信息化发展报告（2023）》各部分内容分别由省工业和信息化厅相关处室和各设区市工信局、赣江新区经发局提供。由于编者水平和时间有限，本书如有不妥之处，敬请读者批评指正，以便今后继续完善充实。

本书编辑部
2023年6月

《江西省工业和信息化发展报告(2023)》编辑部

主　任

辛清华

副主任

陈焕标

编　辑

黄伟新　梅　斌　刘　林　胡　伟　李天昊

编撰人员

（按姓氏笔画排列）

王海军	艾九江	成　薇	朱友杰	朱杰华	刘军华
刘振忠	江　涛	江　海	孙　杰	苏　泽	李　业
李克沅	李湘丽	李　聪	杨　涛	何晓霞	何　磊
余时财	余　浪	邹东宇	邹海波	沈俊辉	张　露
陈　飞	陈中云	范文劼	范亚文	罗兰钦	周中石
周建超	周思贤	郑宜涛	殷　超	陶皓然	黄小尧
黄文涛	章俊帆	梁　静	喻　煌	程福星	曾　军
曾　玮	雷　挺	蔡明亮	廖赛韩	熊承皇	熊博文
		熊　燕	缪妩霞